# 360°
# 매일매일
# 한 줄 인문학

360°
# 매일매일
# 한 줄 인문학

초판 1쇄 발행  2021년 6월 1일

지 은 이   이상준
발 행 인   권선복
편   집   유수정
디 자 인   김소영
전 자 책   오지영
발 행 처   도서출판 행복에너지
출판등록   제315-2011-000035호
주   소   (07679) 서울특별시 강서구 화곡로 232
전   화   0505-666-5555
팩   스   0303-0799-1560
홈페이지   www.happybook.or.kr
이 메 일   ksbdata@daum.net

값 18,000원
ISBN 979-11-5602-893-2    (03130)

도서출판 행복에너지는 독자 여러분의 아이디어와 원고 투고를 기다립니다. 책으로 만들기를
원하는 콘텐츠가 있으신 분은 이메일이나 홈페이지를 통해 간단한 기획서와 기획의도, 연락
처 등을 보내주십시오. 행복에너지의 문은 언제나 활짝 열려 있습니다.

인문학으로 배우는 21세기 인생수업

360°
매일매일
한 줄 인문학

이상준(靑翼) 박사 저

도서
출판 행복에너지

## 책 소개

◇◇◇◇◇◇◇

본서는 우리 인생의 주인이 되기 위한 철학적 지혜가 담겨 있어 부모와 자녀가 함께 읽을 수 있는 감동적인 인문학 바이블이다. 저자는 죽음보다 더한 굶주림과 가난했던 삶을 통해 주어진 삶이 얼마나 값진 것인지 배웠다. 웃음과 해학이 실린 이 책을 통해 우리의 삶이 매일매일 감동과 기적이 일어나는 소중한 인생임을 직감하길 바란다.

인문학을 통해 지적인 도전을 멈추지 않는 지혜로운 사람이 되자.

인문학 마케팅으로 성공한 부자들의 성장 과정을 배우고 창의적 지성인이 되어 부를 축적할 수 있다. 프리미엄 마케팅으로 가격을 두 배 이상 올릴 수 있다. 흑염소 탕(7,000원), 지리산 흑염소 탕(10,000원), 산삼을 먹인 지리산 흑염소 탕(15,000원)이 있다면 세 번째 문구가 바로 인문학이다.

미래학자 앨빈 토플러는 커뮤니케이션 갈등을 극복하고 정보 격차를 줄인 덕분에 성공했다. 그는 보이는 부보다 보이지 않는 부가 세상을 이끌어 간다는 신묘한 부자 마인드를 활용한 인문학 마케팅으로 성공했다.

우리 삶을 만들어가는 것은 바로 우리의 "생각"이다. 그 생각은 인문학에서 비롯된다. 빠르게 변화하는 시장의 트렌드를 찾아내고 고객들이 오기도 전에 준비하여 맞이하는 기업이 성공할 수 있다. 시각, 청각, 촉각 등 사람들의 욕구를 자극하는 감성 마케팅이 매 순간 변화되기 때문이다.

인도의 경제학자이자 노벨상 수상자인 아마르티아 쿠마르 센은 "가난은 단순히 돈이 부족한 상태가 아니라 한 인간이 자신의 잠재력을 온전히 실현할 가능성이 없는 재능 낭비"를 뜻한다고 했다.

이 책은 『논어(論語)』, 『대학(大學)』, 『중용(中庸)』, 『맹자(孟子)』와 오경에 속하는 『역경(易經)』, 『서경(書經)』, 『시경(詩經)』, 『예기(禮記)』, 『춘추(春秋)』와 공자, 맹자, 석가모니, 소크라테스 같은 4대 성인 및 역사, 종교, 철학, 『채근담』, 『명심보감』으로 배우는 인문학 인생 수업에 관해 다룬다. 『효경』, 『성경』, 『불경』, 『동몽선습』, 『채근담』, 『노자』, 『장자』, 『사기』, 『열전』, 『좌전』, 『삼국지의』 같은 인문학으로 배우는 21세기 인생수업이며, 각종 사회 이슈들까지 아우른 책으로 옛것을 통해 현대를 배우는 온고지신(溫故知新) 수업이다.

일이 뜻대로 풀리지 않을 때는 이보다 못한 상황을 생각하면 원망과 불평이 저절로 사라진다.

우리 몸이 게을러질 때는 보다 앞서가는 생각을 하면 정신이 몸을 이끌어 저절로 분발하게 된다.

평온한 일상에서 찾은 다양한 키워드를 인문학적 이야기로 풀어내 삶이 명쾌해지고 책을 읽는 내내 흐뭇하고 기분이 좋아지며 세상은 아직도 살 만한 가치가 있는 것들이 정말 많다는 생각이 들게 한다!

가볍게 읽으면서도 지식이 아닌 지혜와 지성을 얻을 수 있는 인문학 교양서!

"세상 모든 인생사는 안정된 것이 하나도 없음을 기억하라. 그러므로 성공했다고 들뜨지 말 것이며 역경이 왔다고 의기소침 하지 말라"는 소크라테스의 말을 기억하자.

저자는 어린 시절 가난했기에 부지런함을 배웠고 은행에서 30년 재직 중에 대학교와 대학원을 졸업하고 박사 학위를 받았으며, 각종 금융자격증은 물론 사회복지사, 상담 심리사, 아동 심리, 노인 심리, 심리학개론을 공부하며 인문학 강의를 준비해 왔다. 그리고 자신의 생각에 따라 행복과 불행이 결정된다는 지혜를 얻었다. 따라서 매일 아침 일어나면 '오늘은 또 무슨 기적같이 즐거운 일이 일어날까?' 생각하며 하루를 시작하고 있다. 사람의 미래는 자신이 생각하는 비전과 간절한 꿈에 의해 결정되기 때문이다.

저자는 어렵고 복잡한 인문학이 아닌 우리 주변에서 일어나는 소소한 이야기에 고전을 접목시켜 친근하고 실용적인 인문학의 세계로 우리의 삶을 현자의 길로 밝게 안내하고 있다.

고전부터 역사, 종교, 철학, 예술 같은 인문학부터 일상생활에서 일어나는 다양하고 따뜻한 이야기와 고전 속 인물들을 접목시켰다. 또한 숨겨진 이야기를 흥미로운 주제로 엮어낸 글로 독자들 머릿속에 잠재된 생각과 지성을 이끌어내는 삶의 메시지를 전달한다.

저자는『논어』,『맹자』,『대학』,『중용』,『시경』,『서경』,『역경』, 『명심보감』등 다양한 고전에서 여러 가지 이야기와 소재를 취하고 철학, 수학, 역사, 과학, 종교, 지리, 예술 등 다양한 분야의 책을 수천 권 읽었다. 이렇게 쌓인 해박한 지혜와 지식으로 머릿속에 잠자는 지성을 일깨워 독자들이 이해하기 쉽게 풀어놓았다.

흥미롭고, 재미있고, 감동적이고, 유쾌하고, 풍성한 이야기는 하루 8시간, 주 40시간 40년을 바쁘게 살아오며 무심히 지나쳐 버렸던 우리의 뇌를 긍정적인 생각으로 촘촘히 채워줄 것이다. 모든 것이 가능하다는 생각으로 장애물을 해결하고 결과를 이끌어 낼 수 있기 때문이다.

"도전하면 결과는 있다."
"더 이상 망설이지 말고 지금 바로 준비하고 시작하자."
"실패와 좌절은 우리를 더 강인하게 만들어준다."
"열심히 최선을 다하지만 그 결과를 얻기란 쉽지 않다."
"그러나 인문학은 생물처럼 진보하고 진화하기에 우리 마음과 가슴은 더 따뜻해지고 세상은 밝아지고 있다."

곰팡이가 득실거리던 반지하 빌라에서 재테크를 시작하며 종잣돈을 모았던 시절과 법원 집달관들이 집안 온갖 집기와 비품에 빨간 딱지를 붙였던 처참했던 과거가 이제는 고맙기만 하다. 그런 경험과 고통이 아름다운 삶으로 재탄생되었기 때문이다.

삶이 힘들어 한강이나 북한산 최고봉에서 투신하려고 했을 때 다시 한 번 재기(再起)하려고 장례식장과 중환자실과 요양병원 중환자실을 돌며 다시 한 번 비전을 선포하고 삶에 도전했다. 이제 눈물 흘리는 밥을 먹어본 사람에게 다시 묻는다.

"일어나 도전하세요. 바람이 거세게 불어야 뱃놀이가 즐겁고 더 멀리 갈 수 있습니다. 새로 도전하기에 우리는 충분히 젊습니다. 실패와 좌절을 받아들이지 못하고 비현실적인 부정을 하기에 우리 인생은 너무도 아름답습니다. 다시 한 번 힘차게 도전하세요."

"아파트 옥상 난간에서 한 발만 더 앞으로 나가 버리자, 그리고 삶을 마감하자."고 다짐하는 사람들에게 "사람은 실패의 경험으로 성장하고 실패는 삶의 원동력이 된다는 사실을 깨닫고 내 안에 잠자는 거인을 끄집어내자."고 당부한다.

인문학으로 성공한 사람들의 비밀 노트!
그 감동적이고 행복한 이야기!
이제 다음 주인공은 바로 당신이다.

## 추천사

◇◇◇◇◇◇◇

## 이상엽

건국대학교 융합인재학과 교수
건국대학교 대외부총장, 한국연구재단 학술진흥본부장 역임

저자 이상준 박사의 박사 학위 논문을 지도했다. 목표에 대한 집중력이 강하다. 이박사와 함께하면 저절로 힘이 솟는다. 에너지가 넘치기 때문이다. 부동산 투자법과 관련된 저서를 많이 출간했는데, 이번엔 고전 속에서 인생 지침서를 발간하였다. 코로나19로 답답한 세상에 희망을 전하는 '해피 바이러스'가 되길 기대한다.

**김영국**
단국대학교 경영대학원 주임교수

　노후를 책임지는 수익형 부동산 투자법으로 100세 시대를 고민하는 많은 사람들을 신흥 부자의 길로 인도하여 슈퍼리치를 탄생시키고 수많은 제자를 양성하는 이상준 교수가 이제 호모 사피엔스가 아닌 인문학으로 대한민국 역사에 새롭게 노크했다. 성공, 사랑, 행복, 가족, 친구, 정치, 복지, 철학, 예술 등이 종합적으로 살린 이 책은 미래를 함께 할 수많은 젊은이들의 삶에 이정표가 될 것이다. 끈기를 대적할 적은 없다. 고전과 현대를 아우르는 현자들의 말을 통해 저자가 들려주려는 희망의 메시지는 꿈, 비전, 희망이다. 4차 산업혁명 시대 미래를 예측하기 쉽지 않은 젊은이와 성인들에게 유용한 안내서가 될 것이다.

**최현일**

한국열린사이버대 학과장 교수,

『1% 저금리 시대 수익형 부동산이 답이다』저자

인문학을 통해 우리 자녀들이 좋은 습관을 쉽게 쌓고 포기하지 않게 하는 정신력 코칭 지도서! 썩은 나무로는 아무것도 조각할 수 없다는 깨달음과 정갈한 맛을 느끼게 해주는 책이다. 다양한 재테크(NPL경매-부실채권,GPL-정상채권, 특수물건, 돈 되는 재개발 재건축)의 전도사가 되더니 감성이 풍부한 이상준교수가 그동안 숨겨 놓았던 이야기보따리를 풀었다. "인문학으로 배우는 21세기 인생수업"으로 자신의 꿈을 향해 쉽게 포기하지 말고 새롭게 도전하라는 희망의 메시지를 전하고 있다. 이상준교수는 본 책에서 알 수 있듯이 흙수저로 태어나 평범한 사람도 부자가 될 수 있다는 용기를 주고 있다. 저자의 진심이 책 전체에서 전해진다. 감동과 전율이 흐르는 고전에 현대를 접목시킨 쉼표가 있는 인문학 이야기이다. 이 책을 청소년과 성인 누구에게나 추천하고 싶다.

### 김규동

한국법률경제신문 발행인, 메리트 법무법인 변호사

옛것을 익히고 새것을 알면 남의 스승이 될 수 있다.(溫故而知新, 可以爲師矣)

– 『논어(論語)』, 〈위정(爲政)〉

옛것을 깊이 배움으로써 새로운 것을 알게 되는 온고지신(溫故知新)의 길은 언제나 고통 속에서 피어난다. 마치 겨울을 이겨낸 향기 나는 꽃처럼 새로움을 알게 해주는 책이다. 상준 형님을 처음 만나고 새로운 가치를 창조해 내시는 용기와 열정을 보고 이런 고향 선배도 있구나! 생각했다. 전율이 감동으로 느껴졌다. 어려운 가정환경에서 새로운 것들을 하나하나 이루어 내시고도 또 다른 비전을 찾아 도약하시는 모습에서 더 큰 성공자의 미래를 보았다. 올해 목표는 인문학 책을 발간하여 따뜻한 세상에 마중물이 되고 싶다는 진솔한 마음을 보았는데 실제 이 책은 수많은 독자에게 따뜻한 삶의 이야기를 전달해 주는 봄비 같은 책이라는 확신이 든다. "하늘에서 비가 온다. 그 비가 하늘에서 내려주는 천복이라면 어떻게 이 복을 다 받을 수 있을까?" 방법은 우주를 품안에 담을 수 있는 그릇을 키우는 법이다. 상준 형님은 그런 넓은 마음을 가지고 계시는 분이시다.

신지식인이자 인맥의 왕 **박희영** 이사장
서울경제연합회 및 사색의 향기(173만 회원)의 회원

인문학 전도사에 새롭게 도전장을 내민 이상준 교수의 도전이 어디까지인지 찬사를 보내고 싶다. 누구나 부자가 될 수 있는 비밀노트를 풀어 주더니 이제는 고전과 옛 성인들의 이야기를 현대식으로 풀어 누구나 읽기 쉽게 아름다운 인생을 맛보게 해주는 저자의 수고에 아낌없는 박수를 보낸다. 부실채권 투자 카페 및 아카데미의 정통 전도사로 소문이 나 있는 저자는 재테크에 관한 여러 권의 책을 출간하면서 많은 사람들이 재테크에 도전하도록 격려했다. 이 책은 지금까지 저자가 반평생 이상을 살아오면서 일어났던 다양한 인문학적인 사례를 바탕으로 본인 또는 수강생들 그리고 주변인의 감동적인 이야기를 다양하게 담고 있다. 새로운 분야의 인문학이지만 저자의 신비한 마력으로 독자를 사로잡는 흡입력을 가진 책이다.

## 소순창

건국대학교 교수, 한국지방자치학회 학회장

이상준 박사님을 생각하면 가장 먼저 떠오르는 단어가 있다.
"열정", "실천", "성과"

오늘도 식지 않는 열정으로 삶에 영혼을 불어 넣으며 또 다른 성과를 맺으려고 실천하는 모습이 눈앞에 선하다. 문득 '왜 이 사람은 인문학에 이렇게 관심이 많은 걸까?'라는 생각이 들었다. 이 책에 그 답이 있었다. 누구에게나 연극의 주인공으로 성공할만한 이야기를 갖고 있다. 그런 주인공들과 삶을 나누면서 그들의 이야기를 담았다. 많은 사람들에게 '비루투스'(덕망)의 인문학을 전하면서 따뜻한 세상을 펼쳐내는 모습에서 진솔한 삶을 엿보았다. 이 책을 통하여 우리 모두가 꿈꾸는 행복한 미래를 꿈꾸길 간절히 소망한다.

◇◇◇◇◇◇◇

# 우리 스스로 명품이 되자

남녀 각각 5명(1호~5호)이 만나 서로에게 자신을 어필하며 짝을 찾는 〈짝〉이라는 방송 프로그램이 있었다. 부산에서 올라온 20대 후반 남자는 최종 학력이 고졸이었다. 같이 출연한 나머지 4명의 남자는 SKY대학을 나와 대기업을 다니거나 큰 사업체를 이끌었고 출연한 여자 4명은 이대, 성균관대, 고대, 유학파로 미모와 학력이 출중한 사람들이었다.

고졸 출신의 경상도 부산 사나이는 자기소개 시간에 "저는 고졸 출신으로 평범한 순대국밥집을 운영하는 사람입니다. 저는 다른 사람에 비해 내세울 게 전혀 없는 평범한 사람입니다."라며 셔츠를 벗었다. "하지만 저는 건강한 체력과 올바른 정신을 가지고 있습니다. 그래서 제가 입고 있는 셔츠 천 원짜리가 10만 원으로 보입니다."라고 했다. "저랑 결혼해 주신다면 주변의 모든 환경을 명품으로 만들어 드리겠습니다. 저는 명품을 부러워하는 인생이 되지 말고 내 삶 자체를 명품으로 만들려고 노력합니다."라고 자기소개를 마치자, 4명의 여자 출연자들이 최우선으로 원하는 데이트 선택권 1순위로 등극했다.

우리는 명품을 사려고 부단히 아끼고 절약하여 1년 혹은 3년 동안 모은 자산으로 명품 브랜드를 구입한다. 명품도 좋다. 자신에게 주는 특별한 상일 수도 있다. 하지만 자신의 인생 자체가 귀하고 값어치 있는 명품과 같은 삶을 살아가기 위해서 옷이나 가방, 신발로 치장하는 것이 아니라 자신의 삶을 명품으로 만드는 사람이 결국에는 마음도 몸도 명품이 될 수 있다.

명품을 부러워하는 인생을 살기보다는 내 삶 자체를 명품이 되게 노력하자.


"지혜가 없는 지식은 공허하고 지성이 없는 생각은 허무하다!"

지금은 지식 과잉의 시대다. 네이버에 질문하면 수많은 정보가 쏟아지고 무수한 장르의 유투브와 백과사전이 나열되는 시대다! 지식이 늘어나도 교양이 부족하면 세상을 제대로 읽지 못한다. 더 객관적으로 세상을 바라보고 해석하는 힘을 얻으려면 인문학적 소양을 쌓아야 한다. 저자는 '인문학 교양', 즉 '인문학'으로 풀어 쓴 인생 수업을 이렇게 정의했다.


2천 5백 년 전 현자에게 배우는 인문학과 진리로 우주를 품을 수 있는 넓은 마음의 능력자가 되자. 결국 올바른 방향으로 밝은 세상을 보는 능력을 키우는 힘이 바로 '교양 있는 인생 수업'의 힘이다.

다양한 언어와 문화를 소재로 삼는 인문학의 범주는 생각보다 크다. 인간의 에너지 파장을 학문으로 풀어내기란 여간 쉬운 일이 아니다. 인문학 수업은 어렵고 복잡한 책을 읽어야만 얻을 수 있는 것이 아니다. 필자는 드넓은 우주에서 때론 사막의 모래에 묻은 먼지에서 혹은 깊은 수심 속 지혜의 바다에서 오늘을 살아가는 우리가 한 번쯤 곱씹어야 할 인문학 이야기만 인생 수업으로 골라냈다.

거미가 거미줄을 풀어내듯 흥미롭고 감동적인 이야기로 풀어내는 인문학 이야기, 고전으로 배우는 인생 수업, 세상에서 가장 쉽게 인문학을 통해 배우는 인생 수업이다.

독자들이 쉽게 접근하고 이해할 수 있도록 고전을 현대적으로 해석해서 읽는 재미를 더했다.

4대 성인과 제자 간의 대화를 통해 배우는 고전과 정치, 경제, 사회, 예술, 철학, 과학 등 흥미로운 분야의 이야기들을 지루할 틈 없이 읽다보면 지혜와 지성이 자연스럽게 쌓이고, 과거 고전을 통해 현재를 관통하는 깊이 있는 통찰력으로 이어진다.

저자가 다양하게 풀어놓은 이야기들을 읽으면 명품 같은 브랜드의 가치로 현실을 바라보게 된다.

독자 각자가 직면한 현실적인 문제점을 인문학으로 어떻게 바라보고 해석할 것인가?

나아가 어떤 시각으로 삶을 살아갈 것인가 고민하게 한다.


현실적인 고민에 시달리는 독자들은 현자의 말을 빌린 비슷한 이야기와 자신의 고민을 비교해서 제3자의 입장으로 상황을 들여다보고, 생각의 크기를 넓혀 삶을 더 단단하게 채우기를 바란다.


감동적인 이야기와 실속 있는 정보가 담긴 글 속에서 지금 처한 문제점의 해결 방법을 어떻게 바라보고 해석할 것인가? 더 나아가 어떤 시각으로 삶의 방향을 잡을 것인가? 고민해 보자. 고전과 현대가 접목된 인문학으로 풀어 쓴 인생 수업을 접하는 독자들이라면 이 책이 지혜와 지성의 관점을 넓히는 좋은 출발점이 되기를 바란다.

# 목차

[제1강]

# 인문학人文學 그 쉼표의 미학美學

**[제2강]**

# 향기香氣 나는 인문학人文學 스프로
# 삶을 다이어트하자

◇◇◇◇◇◇◇◇

**[제3강]**

# 인문학人文學에서 배우는
# 마지막 인생수업人生授業

◇◇◇◇◇◇◇◇

[제4강]

# 인문학人文學으로 엿보는 사색思索의 향기香氣

◇◇◇◇◇◇◇◇

[제5강]

# 인문학으로 배우는 21세기 인생수업

◇◇◇◇◇◇◇◇

# 인문학 人文學
# 그 쉼표의
# 미학 美學

새로운 도전을 멈추지 않는 사람이 세상의 주인이 될 수 있다. 우리의 삶을 만들어 가는 것은 바로 우리의 생각이다. 정글에도 법칙이 있듯 인문학에는 품격이 있다. 품격 있는 삶의 인문학은 『채근담』에 기록된 글로 알 수 있다.

"남의 작은 잘못을 꾸짖지 말고 남의 비밀을 들추어 내지 않으며 남의 지난 잘못을 마라. 이 세 가지를 실천하면 덕을 기를 수 있으며 재앙 역시 멀리할 수 있다."

필자가 보고 듣고 경험한 웃음과 감동이 있는 우리 주변의 아름다운 이야기로 세상의 마중물 역할을 해줄 방법이 없을까? 필자는 그동안 고민하고 고심해 왔다. 그리고 이런 인문학 책을 쓰기로 결심하고 펜을 들었다. 빠르게 변화하는 세상에서 승자가 되는 방법과 우리를 부자로 만들어 주는 방법은 인문학 속에 있다.

필자는 〈나는 자연인이다〉라는 TV프로를 보며 세상을 보는 지혜를 얻었다. 그리고 착한 사람이 왜 힘들게 사는지 그 이유를 찾았다. 친구나 동업자의 배신, 타인으로부터 마음에 상처를 받고 복잡한 세상을 피해 도시를 떠나 은둔생활을 하며 살아가는 자연인들의 지나온 시간에 감동받고 그들의 이야기로 마음이 정화되기 시작하였다.

자연인들의 삶에서 깨달은 사실은 내가 변하지 않으면 세상은 변하지 않고 나의 삶이 불행해질 수 있다는 것이다. 우리는 모두 부모님의 사랑을 받고 살아왔다. 사랑을 받으며 성장했기 때문에 다른 사람에게 사랑을 줄 수 있는 마음이 있다. 마음에 미움이 가득해서 다른 사람을 회피하는 사람이라도 사랑을 주고받으려는 마음을 갖고 있게 마련이다. 전혀 피가 섞이지 않은 타인에게 신장을 주고 가족처럼 살아가는 사람이 있는가 하면 해외여행 갔다 돌아오면서 배우자를 위해 명품 가방을 사다 주지는 못할망정 성병을 옮기는 사람도 있다. 사람은 사람의 도리를 해야 하고 '인간 냄새'가 있어야 마땅하지만 '짐승 냄새'가 나는 사람도 더러 있다.

"물을 먹어야 땅은 열매를 맺고, 여물을 먹어야 황소는 힘을 내고, 뽕잎을 먹어야 누에는 실크를 토해냅니다. 마찬가지로 사람은 사랑을 먹고 살아야 사랑을 다시 사회에 주고 사회는 정화됩니다. 사랑을 많이 받으면 많이, 깊게 받으면 깊게, 크게 받으면 크게 사랑하게 됩니다."라는 어느 목사님의 말씀이 생각난다.

필자는 늘 새로운 감성과 잃어버린 순수함을 찾고 싶었다. 주변에서 흔히 들을 수 있었던 사람들 간에 얽힌 감동적인 이야기를 인문학과 접목시켜 쉼표의 미학으로 힘들고 지친 사람들에게 다시 한번 자신을 되돌아보고 "아직도 세상에는 살 만한 가치가 있다."는 진솔한 이야기를 이 책을 통해 전해 주고 싶다.

## 01

◇◇◇◇

# 느슨함과 구속하지 않는 기다림으로
# 새 희망(希望)을 보다

인간은 이성적으로 이해하기 쉽지 않은 경우가 많다. "말 한마디에 천 냥 빚도 갚는다."라는 속담에서 말은 단순히 의미를 전달하는 수단이 아니라 사람의 감정을 자극하고, 설득하는 도구에 해당한다. 사회생활을 하면서 의사소통을 위해 사용하는 말의 중요성을 강조한 속담이지만 곤란한 상황에 처했을 때, 말을 잘함으로써 위기를 벗어날 수 있다는 논리적으로 설명 못할 감정이 사람에게 있다는 뜻이다.

　子曰, 爲善者는 天報之以福하고 爲不善者는 天報之以禍니라.
　공자께서 말씀하시기를 "착한 일을 하는 사람에게는 하늘에서 복을 주시고 악한 일을 하는 사람에게는 하늘에서 재앙이 따르리라."

子曰(자왈) – 공자가 말하길

爲善者(위선자)는 – 착한 일을 하는 사람은

天報之以福(천보지이복)하고 – 하늘이 복을 주고

爲不善者(위불선자)는 – 착하지 않은 사람은

天報之以禍(천보지이화)니라 – 하늘에서 재앙을 내린다.


의역하면 '착하게 살면 복이 오고 나쁘게 살면 벌을 받는다.'는 의미다.


꽃동네의 서영남 수사(2013년 포스코 청암상 봉사상 수상자)님이 은퇴 후 전 재산 3백만 원으로 인천동구 화수동에 "민들레 국수집"을 차려 놓고 국수를 삶아 노숙자에게 대접하는 모습이 〈인생극장〉 이라는 TV프로에 방영되면서 이곳은 많은 분들이 봉사하러 가는 곳이 되었다.


자원봉사는 라틴어 'Voluntas(자유 의지)'라는 단어에서 유래하였 으며, 한자로는 '자기 스스로[自] 원하여서[願] 받들고[奉] 섬긴다 [仕].'는 뜻이 있다. 즉, 자원봉사 활동은 어려운 이웃을 단순히 '돕 는 것'이 아니라 '받드는 것'으로, 다른 사람의 인격을 존중하면서 자발적으로 도와줘야 한다는 것을 의미한다.


"자원봉사의 의미는 시대에 따라 달라진다. 과거에는 주로 어 려운 이웃을 섬기고 돕는 행위로 자원봉사를 이해했지만, 오늘날에는 돌봄과 연대의 정신을 통해 사회 문제를 해결하는 활동으로 이해한다. 이렇게 확대된 의미의 자원봉사는 지역사회 문제나 국가의 공익사업에 자발적으로 참여해 공동체 문제를 함께 해결하는 활동이 된다. 그리고 이를 통해 다른 사람을 돕고자 하는 욕구를 충족하면서 삶의 의미를 찾고 자아를 실현할 수도 있다."라고 고등교과서 사회과목에 정의되어 있다.

나눔과 기부를 많이 하는 기부천사 김장훈의 말이 생각난다. 본인은 전셋집에 살면서 사회에 사랑을 많이 주고 사는 김장훈에게 어느 기자가 물었다. "본인은 집도 없는데 어떻게 다른 사람을 많이 도와주고 사세요?"라고 묻자, "저는 누구를 도와주는 것이 아닙니다. 제가 가진 물질적인 것과 예능을 나누는 것이지 도와준다는 생각은 하지 않습니다."라고 대답하는 김장훈을 보고 "인성이 갖추어진 가수구나, 저 가수는 돈을 많이 벌면 좋겠다. 더 많이 나누고 살 수 있기를…"이라고 생각한 적이 있다. 어감이 다를 수 있지만 김장훈의 말에서 따뜻한 세상의 온기를 느꼈다.

필자는 친구에게 "자신이 행복해지기 위해서는 봉사 활동을 해야 된다."는 말을 들었다.

"만약 도움의 손이 필요하다는 사실을 깨닫는다면, 너의 팔 끝에 있는 손을 사용하라. 또 나이가 들면 손이 두 개라는 것을 발견하게 될 것이다. 한 손은 나 자신을 돕는 손이고, 다른 한 손은 다른 사람을 돕는 손이다…"『오드리 햅번의 유언』중에 있는 글이다.

　필자는 글로벌 봉사단체와 '해뜰마루', '섬김의 집'에서 자투리 시간을 활용하여 봉사 활동을 하고 있다. 처음 봉사하러 갔을 때 메마른 두 눈에 눈물이 그렁그렁 맺히더니 두 뺨을 타고 흘러 내렸다. 여기에 오셔서 식사를 대접 받으러 오시는 노숙자, 가족과 집이 없거나 직업이 없는 많은 사람들을 보고 나에게 주어진 것이 얼마나 소중한지 감사함을 느꼈다.

　아침에 눈을 떴다는 사실에 감사하고, 편안하게 숨 쉴 수 있음에 감사하고, 내가 원하는 곳으로 걸어갈 수 있는 건강한 두 다리가 있음에 감사하고, 멀쩡한 두 손으로 라면이라도 먹을 수 있음에 감사하고, 따뜻한 햇볕과 푸른 하늘을 바라볼 수 있음에 감사하고, 이렇게 건강해서 편안히 숨 쉴 수 있도록 이 세상에 태어나게 해주신 부모님께 감사하고, 주어진 환경 속에 범사에 감사하고 살아가는 인생은 참 행복을 얻고 사는 인생이 아닐까?

## 우리동네 돌보기

### 세계봉사단, 인천 탈북민 위해 백미 1천20kg 지원

세계봉사단은 27일 인천 사회복지공동모금회를 찾아 탈북민을 위해 써달라며 백미 1천20kg을 기탁했다.

세계봉사단은 '가슴에 사랑을 손길에 나눔을 봉사에 사랑을 싣고'의 슬로건으로 각종 봉사활동을 펼치고 있다. 지난해 7월 쉼터 청소년을 위한 백미를 기부한데 이어 이번에는 인천 하나센터에 탈북민을 위한 백미를 지원하게 됐다.

구재규 세계봉사단장은 "어려운 시기에도 봉사단원들의 따뜻한 마음을 다시 느낄 수 있었으며, 탈북민들의 삶의 질 향상을 위해 노력하겠다"고 말했다.이범수기자

# '가슴에 사랑을, 손길에 나눔을'

## 세계봉사단, 북한이탈주민 위한 쌀 나눔

인천지역에 거주중인 북한이탈주민을 위한 사랑을 가슴에 품고 나무를 손길을 펼친 이들이 있어 설 명절을 앞두고 훈훈하게 하고 있다.

바로 세계봉사단(단장 구재규)이 지난 27일 백미 10kg 102포(약 300만원 상당)를 인천사회복지공동모금회에 전달했다.

이번에 전달된 사랑의 쌀은 북한이탈주민 지역적응센터인 인천하나센터(박철성 센터장)를 통해 설 명절 전 북한이탈주민 가정에 전달할 예정이다.

무엇보다 세계봉사단이 전달한 사랑의 쌀은 지난해 연말 우리보다 더 어려운 이웃들에게 사랑을 전하기 위해 십시일반 마음을 모아 사랑의 쌀을 전달할 수 있었다.

구재규 단장은 "코로나19사태에도 봉사를 멈출 수 없어 단원들과 함께 작은 사랑을 모으다보니 기대했던 것보다 더 큰 사랑이 되었다"며 "모두가 어려운 상황이지만 나눔에 함께해준 봉사단원들에게 감사드리며 앞으로도 우리 이웃의 어려움을 함께하며 봉사에 앞장서는 세계봉사단이 될수 있도록 최선을 다하겠다"고 말했다.

한편 세계봉사단은 봉사의 마음을 품은 변호사, 직장인, 주부, 자영업자 등 지역사회에서 평범하게 살아가는 70여명의 회원이 함께하고 있는데 단원들은 자신보다 더 어려운 이웃에게 도움의 손길을 내밀고 소외된 이들에게 용기를 북돋아 주는 일이 이들의 소소한 행복이다.

지난해 코로나19의 어려움 가운데에서도 도움이 필요한 이들을 직접 찾았으며, 지역경제 활성화와 건강한 가정 만들기에도 솔선수범하고 있다.

지난해 가출청소년 쉼터에 후원금을 전달하고 사할린동포 어른신들에게 식사 대접, 외국인 노동자 식료품전달, 노숙자 및 사랑의 빨간밥차 쌀전달 등 사랑나눔과 봉사를 꾸준히 이어가고 있다.

〈필자가 속해 있는 세계봉사단에서 탈북민과 사할린동포, 그늘진 곳을 위해 백미 1,000Kg 이상 기증하였다〉

# 02

◇◇◇◇

# 무계획(無計劃)은 실패(失敗)를
# 계획한 바와 다름없다

게으르면서 행복한 사람은 많지 않은 듯하다. 행복(happiness)은 'hap(우연)'에서 나온 단어다. 행복의 본질이 우연이라는 생각은 우리가 성공을 향해 노력하고 앞으로 나아가기 위해 애쓰도록 하는 모든 궁극적인 목표만으로도 '행복한 삶'에 있어 매우 중요하다는 징표가 된다.

행복에는 합리적으로 풀지 못하는 형이상학적인 요소들이 많다. 예컨대 '만족', '기쁨', '즐거움', '재미', '웃음', '보람', '가치', '평온', '안정', '의욕', '희망을 그림' 등의 여러 요소가 포함된다. 이들 각각의 단어들이 의미하는 행복은 미묘하게 조금씩 다르다. 이들은 모두 일정한 정도의 좋다는 느낌을 나타낸다. 어떤 한 의미를 기준으로 그 희망이 실현되면 만족을 얻는다고 할 수 있다. 또 먼저 희망이 없었더라도 현재의 상태에서 좋음을 느끼면 그 부분을 만족이라 할 수 있다.

예를 들어 사랑하는 사람을 기다리면서 좋은 일이 생길 것이라는 기대에는 좋음과 기쁨의 느낌이 있다. 이는 단순한 좋음과 달리 강한 만족의 상태라 할 수 있다. 또 다양한 좋음이 서로 조화를 이루는 상태를 즐거움이라고 할 수 있다. 좋아하는 반려동물을 데리고 산책을 하거나 향이 가득한 커피를 마시거나 맛있는 음식을 먹을 때 '즐겁다'라고 표현한다.

긍정적인 모멘텀의 좋은 느낌이 시간적으로 오랜 기간 방해받지 않고 장기간 유지될 때 초조해지는 상태가 나타난다. 사람은 무엇인가 노력하고 성취하고 이루어질 때 가치를 느끼기 때문이다. 이렇게 가치를 느끼기에 의욕이 앞서는 사람은 작은 목표를 짜고 시간을 쪼개 달성하는 계획된 목표를 세운다.

미래에 더 좋은 상태를 꿈꾸고 그려보며, 희망을 불러일으키는 상태를 의욕이라고 표현하는데 5년 후 10년 후 30년 후 60대 이후 자신이 좋아하는 상태를 추상적으로 또는 구체적으로 마음속으로 그리며 좋은 느낌을 얻는 상태도 행복이라고 부를 수 있다.

어떤 일에 도전하기 위해서는 자신의 능력에 맞추어 목표를 세운 후, 그 목표를 달성하기 위한 계획을 세워야 한다. 목표를 세울 때에는 구체적인 목표를 정하되, 실현 가능하면서도 조금은 어려운 목표를 정하는 것이 좋다.

도전 계획을 세울 때에는 도전 목표와 함께 도전하는 과정에서 겪게 될 어려움을 예상하면서 마음의 준비를 한다. 또한 도전 목표 및 결과를 기록해 자신의 기록이 어떻게 향상되고 있는지 살펴보고, 도전을 끝낸 후에는 친구들과 함께 잘된 점과 잘못된 점을 서로 이야기하여 다음 도전을 계획할 때 수정하고 참고해야 한다.

**우선 구체적인 목표를 정해야 한다.**

목표가 없거나 '열심히 하자' 또는 '최선을 다하자' 등의 애매한 목표를 설정하는 것은 바람직하지 않다. 측정이 가능하도록 구체적으로 정해야 한다. 간절한 꿈이 있어야 열정적으로 움직일 수 있기 때문이다. 우리의 행복은 우리가 만들어나가는 마음의 습관과 계획에 달려 있다.

공자의 〈삼계도〉에 이르기를 일생의 계획은 어릴 때 있고, 한 해의 계획은 봄에 있고, 하루의 계획은 새벽에 있나니, 어려서 배우지 않으면 늙어서 아는 것이 없으며 봄에 밭을 갈지 않으면 가을에 거둘 것이 없다. 새벽에 일어나지 않으면 하루의 일이 제대로 되지 않을 것이니라.

제(齊)나라 관중(管仲)이 지은『관자(管子)』라는 책에 기록되기를,

一日之計在於晨, 一年之計在於春 (일일지계재어신, 일년지계재어춘)

하루의 계획은 새벽에 있고, 일 년의 계획은 봄에 있다는 말이 있다.

一年之計, 莫如樹穀 (일년지계 막여수곡)

한 해를 위한 계획으로는 곡식(穀食)을 심는 것 만한 것이 없고,

十年之計, 莫如樹木 (십년지계 막여수목)

십 년을 위한 계획으로는 나무를 심는 것 만한 것이 없고,

百年之計, 莫如樹人 (백년지계 막여수인)

백 년 동안을 위한 계획으로는 사람을 심는 것 만한 것이 없다.


많은 사람들이 신년이 되면 단주, 금연, 살 빼기, 운동 등 1년 동안의 계획을 세운다. 그러나 작심삼일이라고 1주일도 안 되서 정신이 몸을 이기지 못하고 게으름으로 빠져 든다. 1년 계획을 세우고 시간을 접목시키면 매일매일 새로운 계획을 세우고 내 인생을 생각한 대로 설계할 수 있다. 하지만 많은 사람들이 실천으로 목표점에 갈 수 있다고 믿지만, 결국 삶은 자신의 계획한 대로 움직여지지 않는다. 그리고 전처럼 또 내년을 기약한다. 이런 삶을 우리는 몇 십 년을 반복하며 살고 있다.


젊어서 꿈을 잃고 그저 배만 채우다 죽음 앞에 이르렀을 때 왜 조금이라도 젊은 날에 더 성실히 살지 못하고 살았을까? 후회를 많이 하게 된다. 계획대로 실천에 옮겨 자신이 목표한 곳에서 꿈

을 이루고 행복한 삶을 살아가는 이들과 그저 살아내는 것에 의미를 둔 후회하는 삶을 살아가는 사람들과 무엇이 다를까?

필자는 간절함에 있다고 본다. 그 간절함 속에는 열정이 숨어 있다. 왜 '헝그리 정신'을 외치는 것일까? 필자는 항상 부족함을 깨닫고 조금씩 하나하나 채워오면서 지금의 명예와 사회적 지위, 돈 걱정이 없는 삶을 누리게 되었다.

子曰, 富而可求也, 雖執鞭之士, 吾亦爲之. 如不可求, 從吾所好.

공자님이 말씀하시기를. **"부유함이 구해서 얻을 수 있는 것이라면, 비록 채찍을 잡는 일이라도 나는 그것을 하겠다. 하지만 추구해서 얻을 수 없을 것 같으면, 차라리 내가 좋아하는 바를 따르겠다."**

『명심보감(明心寶鑑)』〈성심(省心)편〉에서 "큰 부자는 하늘에 달려 있고, 작은 부자는 부지런한 데서 온다(大富由天, 小富由勤)"라고 하였다.

부는 권력과 재능이 사회적 환경과 맞아떨어질 때 형성된다. 요즘 같은 코로나19 시대에 배달 음식이나 인터넷 사업으로 부유해지는 사람들이 있는가 하면, 여행사, 노래방, PC방은 손실이 커서 폐업을 하는 경우가 많다. '부익부빈익빈' 현상은 시간이 지나면서 더욱더 많이 발생하게 된다. 부는 이러한 사회적 환경과 관계속에서 주어지는 것이며 큰 부는 개인의 노력으로 결정되는 것이 아니다. 총제적인 시스템으로 결정되기 때문이다.

부(富)는 물과 같은 에너지 속성이 있다. 많은 물을 담으려면 큰 그릇이 있어야 한다. 그래서 큰 부자가 되려면 우주를 마음에 담을 수 있는 큰 그릇을 키워야 한다. 그것은 곧 사회적 권능이기도 하다. 그러나 아무리 큰 그릇을 준비하더라도 세상 부의 물결을 다 담아낼 수는 없다.

아무리 사회적 권능과 재능을 가지고 있더라도 한계에 부딪칠 수밖에 없다. 내 그릇에 금이 가 있거나 깨져 있다면 넘치는 물은 담아 낼 수 없게 되며, 넘치는 물이 흘러내려가 이웃마을에 모내기로 활용되는 혜택이 있다면 그 물은 덕으로 다시 돌아오게 된다. 그릇이 작은 사람이 어느 날 수십억 로또 당첨자가 된 경우 불행한 삶을 살아가는 이유는 그 돈을 자신의 욕심을 위해서 썼기 때문이다.

부천의 오리 요리 음식점에서 숯불을 갈아주는 평범한 직원이 있었다. 어느 날, 이분이 로또에 당첨되었다. 대부분의 로또 당첨자들은 새로운 집을 사거나 근사한 차를 사거나 배우자가 바뀌기도 한다. 그런데 이 겸손한 사람은 그 오리집을 매입해서 많은 어르신들에게 무료 점심을 대접하고 돈이 없는 사람들에게 음식으로 덕을 베푸는 행복한 삶을 살아가고 있다. 사회적 환경이나 부의 노예가 되지 않고 이리저리 휩쓸리지 않는 멘탈은 그분이 태어날 때부터 갖추고 태어난 인성과 선한 성격에서 나온 것이다.

공자님도 富를 부정하지 않았다. "부자가 될 수 있다면 험난한 일이라도 하겠다."고 말씀하셨다. 만일 공자님께서 돈에 욕심이 많아 부자가 되었다면 혼자서 부를 가두려고 욕심내지 않고 흘려보낼 테니 많은 백성이 수혜를 입을 것이다.

필자가 '좋아하는 일'이란 무엇일까? 아마도 '공부'일 것이다. 많은 성인들도 호학(好學)은 우주의 진리를 터득하는 일이며 진리는 우주의 시작과 끝에 관한 이야기라고 했다. 부는 인간사회에서 만들어진 역사물이다. 만일 성인이 된 당신에게 "공부하라 그러면 부자가 될 것이다."라고 한다면 좋아하겠는가? 그러나 공부를 좋아하는 사람에게 부자가 될 확신을 준다면 공부를 하찮게 여기지는 않을 것이다.

필자에게 기회가 주어진다면 방송에서 그 사실을 증명할 날이 오리라 기대해 본다.

부자들의 사주에는 **식신생재**(食神生財) 사주가 있다고 한다.

명리학자 조용헌 선생의 말씀에 따르면 부자들은 모두 식신생재(食神生財) 사주를 갖고 있는데 이는 잘 베푸는 기질이다. 베풀어야 돈이 생긴다. 무심코 베풀었던 것이 시간이 흘러 큰 재물이 되어 자기에게 되돌아오는 것이다. 자식을 위해서 할 수 있는 최선의 행위도 바로 베풀고 나누는 것이다. 이런 것들이 쌓여 자식에게 간다.

고 정주영 회장의 사주도 식신생재 사주여서 많이 베풀고 살아온 덕으로 지금의 현대를 만들어 낼 수 있었다. 서태지의 임오일주 사주는 木火가 뭉쳐 있거나, 천간이나 지지에 나무가 '갑인, 갑오, 을미' 형태로 **식신생재**나 **상관생재**를 하면 돈은 어느 정도 쌓이는 명이다.

태백시내 중심부인 황지동 25-2번지에는 둘레 100m가량의 '황지연못'이 있다. 상지, 중지, 하지로 구분돼 있는 이 연못은 낙동강의 발원지다. 황지 연못에선 하루 5,000t가량의 물이 용출된다. 연못에서 솟아나는 물은 1,300리에 달하는 낙동강으로 도도히 흘러내려 간다.

황지(黃池)란 지명은 황 부자의 전설에서 유래했다.

옛날 황지 연못 터에 황동지란 부자가 살았다. 노랑이였던 황 부자가 어느 날 외양간에서 쇠똥을 쳐내고 있는데 남루한 차림의 한 노승이 찾아와 염불을 하며 시주를 청했다. 시주할 양식이 없다고 거절했는데도 불구하고 말없이 염불만 하고 서 있는 노승을 본 황 부자는 그만 심술이 나 치우고 있던 쇠똥을 한 가래 퍼서 바릿대에 담아 주었다. 마침 방아를 찧던 며느리가 이를 보고 놀라 시아버지의 잘못을 빌며 쇠똥을 털어 내고 몰래 쌀을 한 바가지 시주했다. 노승은 "이 집의 운이 다하여 곧 큰 변고가 있을 터이니 살고 싶다면 날 따라 오라, 절대로 뒤를 돌아봐서는 안 된다."라고 말했다.

며느리는 노승의 말을 듣고 뒤따라가던 중 도계읍 구사리 산등에 이르렀을 때 자기 집 쪽에서 천지가 무너지는 소리에 뒤를 돌아보고 말았다. 이때 집이 땅 밑으로 꺼져 내려가 큰 연못이 되어 버렸고 황 부자는 큰 이무기가 되어 연못 속에 살게 되었다. 집터는 세 개의 연못으로 변했는데 제일 위쪽의 큰 연못이 집터, 중지가 방앗간 터, 하지가 화장실 자리라 한다.

**부처님 말씀에도 "내가 가진 것은 영원히 남의 것이요. 남에게 주어버린 것은 영원히 내 것이다." 라고 하지 않았던가? 투자 대비 효과가 가장 큰 행위가 바로 베풂이다.**

필자도 벌면서 많이 베풀고 살아 더 큰 복으로 돌아오지 않았나 싶다.

# 03

# 모든 사물(事物)의 시발점(始發點)은 작다

"거미가 그물을 만들기 위해서는 첫 줄이 가장 중요하다."

첫 줄이 질기고 강해야 다음 줄을 계속 엮을 수 있기 때문이다. 그래서 거미는 첫 줄을 칠 때 가장 많은 힘을 쏟아붓는다. 약하다 싶으면 걷어내고 다시 온 힘을 다해 첫 줄을 친다. 또 약하다 싶으면 미련 없이 걷어낸다. 그렇게 몇 차례 줄을 치고 걷어내기를 반복하여 가장 질기고 강한 첫 줄을 완성한다.

우리 삶은 어느 공간에 첫발을 내딛느냐에 의해 좌우된다. 사람이 태어나면 서울로 보내고 말이 태어나면 제주도로 보내라는 말은 요즘 집값 상승이 주는 부의 불균형과 부익부빈익빈 상태를 보면 이해할 수 있다.

우리는 지금 어디로 향하고 있는가?

초로와 같은 내 인생을 어떻게 구성하고 있나?


어떤 의도로 첫 말을 꺼내나, 첫인상을 어떻게 심어주느냐에 따라 그 이후의 삶이 좌우된다. 우리 인생의 첫 시간은 아침이다. 아침을 어떻게 다루느냐에 따라 삶의 목표 달성도 더 빠르게 가까워질 수 있다.


사람을 포함한 포유류 개·돼지·소·고래·박쥐·토끼 등은 모두 새끼를 낳아 젖으로 기른다. 포유류란 젖을 먹는 동물이란 뜻이다. 척추동물 중에서도 포유류는 새끼가 어미 몸속에서 일정기간 자란 다음에 태어나는 특징이 있다.

이때는 어미로부터 영양을 공급받으므로 난자 속에 난황이 많을 필요가 없다. 따라서 난자가 매우 작다. 사람의 난자는 지름이 겨우 0.13mm 정도이므로, 뾰족한 연필 끝으로 흰 종이에 살짝 표시한 정도밖에 안 된다. 사람의 난소에서 방출된 난자는 나팔관을 거쳐 수란관으로 나온다. 난자가 수란관으로 운반되는 초기에 정자를 만나면 수정이 된다.

수정된 난자, 즉 수정란은 분열을 시작하면서 서서히 자궁 쪽으로 내려온다. 자궁으로 온 수정란은 자궁벽에 착상한다. 그리고 양분을 흡수하면서 자라기 시작한다. 점점 자라면서 태반이 형성되고 모체와 태아가 탯줄로 이어진다. 탯줄을 통해 태아는 모체로부터 양분과 산소를 공급받고, 태아의 노폐물과 이산화탄소를 모체로 넘겨준다. 그러므로 태아의 모든 조건은 전적으로 모체에 의존한다. 모체가 영양이 나쁘면 태아도 영양이 나쁘고, 모체가 영양이 좋으면 태아도 영양 상태가 좋다. 따라서 임신한 어머니는 영양 관리에 주의해야 한다.

원칙적으로 태반을 경계로 하여 태아의 혈관과 모체의 혈관이 뒤섞일 수는 없다. 그러나 태아가 점점 커짐에 따라 압력을 받게 되므로 일부 모세혈관이 파괴되어 섞이는 경우가 종종 있다. 태아가 뱃속에 있을 때, 태아를 싸고 있는 물이 있는데, 이것이 양수다. 양수는 태아를 보호하는 의미도 있고 충격을 완화한다는 의미도 있다. 양수는 바닷물과 똑같은 소금의 농도, 무기염류의 농도를 갖추고 있다. 이 양수를 싸고 있는 막이 양막이며, 양막은 다시 장막이라는 두꺼운 막에 싸여 있다. 수정란으로부터 태아가 나올 때까지 모체의 자궁 속에서 자라는 기간은 약 270일 정도이다. 한국에서는 임신기간을 10개월이라고 하지만, 외국에서는 9개월로 계산한다.

태아가 모체로부터 태어날 때는 자궁의 수축 운동에 의해 양막이 터져서 양수가 몸 밖으로 나오는데, 이것을 보고 태아가 나올 시간이 가까웠다는 것을 알 수 있다. 태아가 어머니의 몸으로부터 태어나는 것을 출산이라 한다. 태아가 출산된 후 태아를 싸고 있던 양막, 장막 그리고 태반 같은 것이 나오게 되는데, 이것을 후산이라 한다.

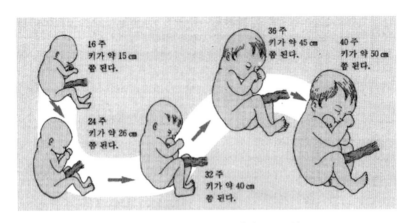

전국시대의 대학자 순자(荀子)는 아무리 가까운 거리라도 걷지 않으면 도달할 수 없고 아무리 간단한 일도 실천하지 않으면 이루지 못한다고 말했다. 중요한 것은 일단 시작하는 것이다. 그리고 포기하지 않는 것이다.

천리지행시어족하(千里之行始於足下. 千里之行始于足下, qiān lǐ zhī xíng shǐ yú zú xià)
천릿길도 발아래에서 시작된다.
모든 일은 기본적인 것부터 시작해야 한다는 것을 비유하는 말이다.

아름드리나무도 털끝 같은 씨앗에서 나오고, 높은 누대도 한 무더기 흙을 쌓는 데에서 시작되고, 천릿길도 한 걸음에서 시작된다.

— 노자(老子)

위대함은 흔하고 사소한 데에서 시작된다. 세상의 그 어떤 위대한 일도 작은 시작에서 비롯되는 것이니, 작고 보잘것없어 보이더라도 담대하게 첫 걸음을 내딛으라는 가르침이다.

성공학의 대가 '오그 만디노'는 "성공의 비결은 평범한 사람보다 조금, 아주 조금만 더 잘하는 것!"이라고 했다. 위대함을 만드는 것은 실제로는 평범함과 종이 한 장의 차이에 불과하다.

"안정되었을 때 지니기 쉽고, 아직 기미가 나타나지 않았을 때 꾀하기 쉬우며, 연약할 때 깨기 쉽고, 작을 때 흩어 버리기 쉽다. 아직 생기기 전에 일을 처리하고, 어지러워지기 전에 다스려야 한다.
커다란 아름드리나무도 터럭만 한 싹에서부터 생겨나고, 아홉 층 누대도 흙을 쌓아 올려 세워지며, 천릿길도 한 걸음부터 시작되는 법이다.
억지로 하려는 자는 실패할 것이며, 집착하는 자는 잃게 될 것이다. 이런 까닭에 성인은 억지로 하지 않으므로 실패하지 않고, 집착하지 않으므로 잃는 것이 없다.
사람들이 일을 할 때 항상 거의 이룰 때쯤 실패하고 마는데, 마지막을 신중하게 하기를 처음과 같이 한다면 실패하는 일이 없을 것이다.
이 때문에 성인은 사람들이 욕심내지 않는 것을 욕심내며, 얻기 어려운 재물을 귀하게 여기지 않는다. 사람들이 배우지 않는 것을 배우고, 사람들이 지나쳐 버리는 것을 회복시킴으로써 만물이 절로 그러함을 돕지, 억지로 하지 않는다."

(其安易持, 其未兆易謀, 其脆易破, 其微易散. 爲之於未有, 治之於未亂. 合抱之木,
生於毫末, 九層之臺, 起於累土, 千里之行, 始於足下. 爲者敗之, 執者失之. 是以聖人
無爲故無敗, 無執故無失. 民之從事, 常於幾成而敗之. 愼終如始, 則無敗事. 是以聖人
欲無欲, 不貴難得之貨, 學不學, 復衆人之所過, 以輔萬物之自然而不敢爲.)

이 말은『노자(老子)』64장에 나오는데, 여기에서 유래하여 '모든
일은 작은 일이 쌓여서 큰 성과를 이루게 됨(천리지행 시어족하)'을 비
유하는 고사성어가 되었다. 우리 속담 '천릿길도 한 걸음부터'와
같은 말이다.

배를 띄울 정도의 큰 강물도 그 근원은 술잔을 띄울 정도의 작은 물이었다.
모든 사물의 시발점은 작다.

이 말은 공자가 그의 제자 자로(子路)를 훈계하여 "원래 양쯔강
은 민산에서 시작되는데, 그것이 시작될 때의 물은 겨우 술잔을
띄울 만하였다(昔者 江出於岷山 其始出也 其源可以濫觴)."라고 한 데서 비
롯하였다.

남상(濫觴)은 공자님께서 말씀하셨듯이 사소한 계기와 출발의
중요성으로 첫 달 혹은 처음을 뜻하기도 하고 '넘치는 술잔'을 뜻
할 때도 있다. "배를 띄울 만큼 큰 강물도 술잔을 겨우 띄울 정도
로 작은 물에서 시작된다."는 가르침으로 효시의 중요성을 이야

기하셨다.

효시(嚆矢)라는 말은 "전쟁(戰爭)터에서 우는 화살을 쏘아 개전(開戰)의 신호(信號)로 삼다."라는 뜻으로, 모든 일의 시초(始初)를 말하는데, 『장자(莊子)』 〈재유(在宥)〉에 나오는 말이다.

노자의 제자 최구(崔瞿)는 천하를 다스리지 않는다면 어떻게 사람들의 마음이 좋아질 수 있는지에 대해 노자에게 질문하였다.

그러자 노자가 말했다. "공연히 사람의 마음을 묶지 않도록 삼가하시게, 사람의 마음을 억누르면 가라앉고, 치켜 올리면 올라가는데, 오르락내리락하다가는 쇠잔해지네. 부드러움으로 굳센 것을 유연하게 만들고 날카로운 것으로 파고 새겨 상처를 내지. 또 뜨거워지면 불길처럼 타오르고 차가워지면 얼음처럼 꽁꽁 언다네."

사람의 마음을 묶는다는 것은 유가(儒家)에서 말하는 인의(仁義)와 같은 것으로 구속을 말한다. 노자는 사람의 마음이란 인위적으로 다스려지는 것이 아니라 자연 그대로 놓아두면 다스려진다고 말하고 있다. 하지만 그 효시는 사람을 존중하고 배려하는 작은 마음에서 시작된다.

"천하난사 필작어이, 천하대사 필작어세(天下難事 必作於易, 天下大事 必作於

細)"라고 실려 있다.

"천하의 어려운 일도 쉬운 일에서 시작하고 천하의 큰일도 그 시작은 미약하다."라는 뜻이다.

– 『도덕경』 63장

만약 본인이 지극히 평범하여 성공할 수 없다고 처음부터 시도조차 하지 않고 한탄하고 있는 사람이 있다면 오히려 성공의 조건을 새롭게 채워 그 큰 뜻을 이룰 수 있는 준비가 되어 있다고 볼 수 있으니 기뻐해야 될 일이다.

아무리 하찮은 일이라고 해도 시작하지 않으면 아무것도 이룰 수 없다. 사람은 작은 돌부리에는 넘어지지만 큰 바위에는 넘어지는 법이 없다. 그 이유는 큰 바위는 눈에 보여 돌아가기 때문이다. 아무것도 하지 않고 넘어질까 두려워 집안에 두문불출하고 있어 시작조차 하지 않고 있다면 그 결과는 불 보듯 뻔한 일이다.

자, 이제부터 어떤 일이든 뜻을 세우고 시작하면서 한 걸음이라도 갈 수 있는 '시작'의 용기를 내보자. 처음부터 잘할 수는 없지만 조금씩 시도하면 어느새 목적지는 내 앞에 와 있을 것이다.

필자의 강의를 수강했던 인상 깊은 공인중개사 김 대표가 떠오른다. 그는 처음 강의실에 출석했을 때 오른손을 항상 허리만큼 올린 채였으며 제대로 걸을 수도 없는 장애인이었다. 나이는 50대 후반 정도였는데, 나중에 강의가 끝나고 만나서 이야기를 할 일이 있어서 그분의 사연을 듣게 되었다.

  건설업으로 사업이 잘나가고 있었는데, 지인들과 골프 라운딩 후 집에 와서 쉬고 있다가 뒷목이 뻐근하고 근육을 쓸 수 없는 느낌에 머리가 쥐어짜듯 아파서 약사 친구에게 전화하여 그 증상을 설명했다. 빨리 병원에 가라는 친구의 권유로 119에 신고 후 의식을 잃게 되었다. 눈을 떠보니 병원에 입원하였고 수술을 받은 사실을 알게 되었다. 일어나려고 해도 몸은 움직여지지 않았고 오른손을 들어 올리려는데 100킬로 무게의 돌덩어리가 손을 짓누르는 듯 무거워서 꼼짝할 수가 없었다.

  무신론자였던 그는 환상 속에서 하나님을 보는 경험을 하고 사모님과 같이 교회에 나가기 시작했다. 신앙생활을 시작했을 때 처음에는 10미터를 걷는 데 1시간이 걸렸다. 그 이후 부인의 도움을 받아 꾸준히 운동하며 근육에 힘을 키워서 100미터를 1시간 동안 걸으며(남들이 보기에는 처음부터 장애인으로 알고 있겠지만) 지금의 평온한 걸음을 걷게 되었다. 재활치료 중에 공인중개사 시험에 합격하고 인천 청라에서 부동산중개업소를 운영하고 있다.

  만약 김 대표가 처음부터 좌절하여 시도조차 하지 않았다면 지금까지 방에만 누워 생활하는 사람이 되었을 것이다.

  우리 사회에는 자신의 재능보다 빠른 성공을 원하고, 노력 없이 큰 성공을 얻으려다 다른 사람을 다치게 하는 사람들이 많다. 원하는 돈이 모여지지 않아 조바심을 내거나 직장에서 입사 동기보다 빨리 승진하기 위해 조급하게 일을 처리하다 잘못돼서 승진도 늦어지고 금전적인 손실로 쉽게 실망하는 사람을 많이 보게 된다.

우리 인생은 장기전이다. 시작은 미약하더라도, 남들보다 조금은 뒤처지고 늦어지더라도 그게 끝이 아니다. 시간을 두고 꾸준히 공부하고 실력을 쌓다 보면 반드시 결실을 맺는 영광스런 날이 올 것이다.

"물방울이 모여 내를 이루고 벼 이삭이 모여 한 다발이 된다." 는 인도의 격언을 생각하자.

## 04.
◇◇◇◇

# 뜻을 가지고 있는 사람(有志者)은
# 마침내 성공한다(事竟成)

유지자 사경성(有志者 事竟成).

뜻이 있는 사람은 결국 큰일을 이룬다.


'성공하려면 인연을 소중히 하라.'

국내 기업의 최고 경영자(CEO)들이 평생 교훈으로 삼았던 사자성어는 순망치한(脣亡齒寒)이다. 이것의 의미는 '입술이 없으면 이가 시리다.'는 뜻이다. 이를 풀이하면 '하나가 없으면 다른 것도 온전하기 어렵다.' 의역하면 '사람과의 인연을 소중히 여긴다.'는 뜻이다.


불교 원리 체계의 중심에는 '인연'이라는 것이 있다. 여기에서 인(因)은 결과를 부르는 직접적인 원인이며 연(緣)은 인을 도와 결과를 낳는 간접적인 원인이다. 또는 인과 연에 의해 정해진 모든 생멸(生滅)의 관계이기도 하다. 다른 인연에 의한 것, 다른 사람에게 의존하는 관계로 해석하기도 한다.

성공하는 사람들의 인연법은 확실히 다르다. 자신에게 덕이 되고 자신이 본받아야 할 사람에게는 철저하게 자신을 낮추어 배운다. 그들은 비록 단 한 번의 만남일지라도 반드시 자신의 사람으로 만드는 그들만의 법칙이 있다. 그들은 무엇보다도 자기 자신을 남에게 철저하게 각인시킨다. 그것이 바로 성공하는 사람들의 노하우라고 보면 된다. 그러기 위해서는 자신만의 확실한 신념이 필요하다.

[성공하는 사람들의 일곱 개의 습관]이란 대개 이렇다.

첫째 자기 자신에게 진실하고 남에게도 진실할 것,
둘째 항상 성실할 것,
셋째 신뢰를 그 무엇보다 우선으로 여길 것,
넷째 항상 최선을 다할 것,
다섯째 날마다 새로운 것을 생각할 것,
여섯째 좋은 친구를 사귈 것,
일곱째 끊임없이 더 나은 미래를 꿈꿀 것 등이다.

확실히 오늘날같이 다변화된 사회 속에서 자기 혼자만의 노력으로는 성공하기 불가능하다. 중요한 것은 미완성인 나를 인도해 줄 다른 스승이 필요하다는 말이다. 성공하는 사람들을 두고 그들은 '단지 운이 좋아서' 혹은 '사람을 잘 만나서'라고 폄하하기 쉽다. 그러나 절대로 그렇지 않다는 것을 알아야 한다.

오늘날의 인간에게도 '무리'라는 것이 있다. '무리'란 생각과 이념이 같은 사람이 모인 집단을 이르는 말인데 오늘날에는 '어떤 무리 속에 속하느냐'에 따라 성공과 실패가 나눠진다고 한다. 좋은 '무리' 속에 포함되기 위해서는 그만한 실력과 그만한 노력이 전제가 되어야만 한다.

오늘날 학벌을 속인 유명인들의 이야기가 심심찮게 회자되고 있다. 학벌을 속여서 많은 일들이 일어나고 있다. 이것은 사실 학벌 만능주의 때문이 아니라 개인의 욕심이 부른 결과다. 단적으로 말하자면 '성공한 집단의 무리 속에 나를 포함시키기 위한 거짓말'에 불과하다. 겉모습에 치중한 이중인격을 드러낸 결과다.

세상을 살아가다 보면 선한 인연이든, 악한 인연이든 우리는 수많은 인연을 만든다. 그 인연을 받아들이는 마음의 자세가 무엇보다도 중요하다. 악한 연은 빨리 끊어 버리고 좋은 인연은 나의 것으로 만들어야 한다. 부처님은 "인간은 정직하게 자기를 닦은 만큼 그 인연이 따라오며, 철저한 인과응보의 법칙을 따른다. 그러므로 자기 자신에게 다가오는 티끌의 인연조차도 가볍게 넘기지 말라."고 하셨다. 14세에 청담 대종사님을 은사로 모시고 삼각산 도선사에서 출가하신 선묵혜자 스님의 부처님 법구경 말씀이다.

무엇을 하겠다고 뜻을 굳히면 강인한 의지로 실천해야 한다. 鴻鵠之志(홍곡지지: 큰 기러기와 고니)나 呑舟之魚(탄주지어: 배를 삼킬 만한 큰 물고기)의 포부를 가진 사람은 주위의 흔들림에 상관없이 밀고 나간다.

"뜻이 있는 곳에 길이 있다(Where there's a will, there's a way)"라는 서양의 유명한 격언이 있다. 이 격언을 믿는 사람들은 "諸葛亮(제갈량)이 소나기 때문에 火攻(화공)을 실패하고 탄식하며, 계략을 꾸미는 것은 사람이지만 그 일을 이루게 하는 것은 하늘(謀事在人 成事在天(모사재인 성사재천))"이란 말을 싫어한다.

"뜻을 가지고 있는 사람(有志者)은 마침내 성공한다(事竟成)"는 이 말은 范曄(범엽)이 쓴『後漢書(후한서)』가 출전이다. 줄여서 유지사경성(有志事竟成) 혹은 유지경성(有志竟成)이라 해도 같다.

중국 前漢(전한)말기 외척 王莽(왕망. 莽은 풀 망)이 나라를 찬탈하고 新(신)나라를 세웠다. 정통이 아닌 데다 급격한 개혁으로 민심이 돌아서서 곳곳에서 왕망을 타도하려는 세력들이 나타났다. 왕족의 핏줄인 劉秀(유수)가 한 왕조의 재건을 기치로 내걸자 많은 인물들이 모여들었다. 유수의 휘하에 耿弇(경엄. 弇은 사람이름 엄)이란 장수도 들어왔다.

　경엄은 어려서부터 병서를 읽고 무예를 익혔기에 단번에 두각을 드러내 유수가 光武帝(광무제)로 즉위하는데 큰 공을 세웠다. 경엄은 각 지역의 세력들을 타도하는 웅대한 계획을 건의했으나 유수는 실현 가능한지 의구심이 일었다.
　마지막으로 山東(산동)지역의 막강한 張步(장보)군과 싸울 때는 많은 사상자를 내고 경엄도 화살을 맞아 중상을 입었다.
　악전고투 끝에 적진을 함락하자 유수가 이전의 계책을 말할 때는 어렵게 생각되던 것을 끝내 이룩해 냈다면서 노고를 치하했다. "뜻을 가진 사람이 결국 일을 성공시키는구려(有志者事竟成也/유지자 사경성야)."

　가난하고 먹을 것이 없었던 시절, 어려운 환경을 이기고 뜻을 세워 노력하여 목적을 달성한 사람의 전기가 바로 立志傳(입지전)이다. 고 노무현 대통령도 이와 같다. 개천에서 용 난 사람들의 이야기는 많다.

　오늘날엔 빈부의 격차가 크고 단계적인 신분상승도 쉽지 않은 환경에 처해 있다. 파레토의 법칙인 '20대 80'과 더 진화된 슈퍼 파레토의 법칙인 '5대 95'가 성행하고 있다. 서울대를 졸업하고 토익 900점대를 받아도 취직이 쉽지 않고, 청소부를 모집하는데 대졸, 대학원 졸업생들이 몰려드는 이유는 아마 안정적인 공무원 신분의 직업을 원하기 때문일 것이다.


　젊은이들이 절망하는 3포 시대가 왜 도래했을까? 희망이 없기 때문이다. 필자가 살아온 시대에는 공부하고 노력하면 원하는 직장에 들어갈 수 있었다.

　어떻게 하면 소득을 높여 잘 살 수 있고 100세 시대에 안정적인 인생을 살 수 있을까? 정치, 경제, 사회, 문화, 역사, 철학 등 전반에 걸쳐 개인은 물론이고 대통령과 국회의원, 기업대표, 전문가들이 고민하고 또 고민해야 할 것이다.


　겨울이 없는 나라의 나무는 나이테가 없다. 겨울이 없는 봄은 행복하거나 즐겁지가 않다. 만약 우리 삶에 고난과 역경이 없다면 성공의 열매 역시 달지도 않을 것이다. 힘들다고 좌절하지 말고 두 손을 잃었지만 최선을 다해 살아오신 목사님처럼 열심히 노력하며 살아야 하지 않을까?

# 05.
◇◇◇◇

# 진실한 마음이 함께하는 말은
# 그 냄새가 난초(蘭草)와 같다(同心之言其臭如蘭)

同心之言其臭如蘭(동심지언기취여란).

"마음을 함께하는 말은 그 냄새가 난초(蘭草)와 같다."

평소에 자주 사용하는 말을 아주 중요하게 생각해야 한다. 말은 향기가 되어 많은 사람을 감동시키기 때문이다.

지란지교(芝蘭之交)는 지초(芝草)와 난초(蘭草)의 사귐이라는 뜻으로, 벗 사이의 높고 맑은 사귐을 이르는 말이다.

유안진의 『지란지교(芝蘭之交)를 꿈꾸며』를 살펴보자.

나는 많은 사람을 사랑하고 싶지 않다. 많은 사람과 사귀기도 원치 않는다.

　나의 일생에 한두 사람과 끊어지지 않는 아름답고 향기로운 인연으로 죽기까지 지속되길 바란다.

　세월이 흐르거든 묻힌 자리에서 더 고운 품종의 지란이 피고지어 맑고 높은 향기로 다시 만나지리라.


　유안진 선생의 글에서 지초도 난초도 고고한 향기를 내뿜는 식물로 묘사되었다.


　공자님은 난초처럼 향기로운 친구 간의 사귐을 금란지교(金蘭之交)로 표현했다. 쇠같이 단단하고 난초처럼 향기로운 아주 친한 친구 사이를 이르는 말이다.


　두 사람이 마음을 같이하면 그 예리함이 쇠를 자를 수 있고, 마음을 같이하여 하는 말은 그 향기가 난초와 같다(二人同心, 其利斷金, 同心之言, 其臭如蘭.)
　　　　　　　　　　　　　　　　　　　－ 『주역(周易)』 〈계사전(繫辭傳)〉


　위 주역 글에서도 보듯이 우리 조상은 난초를 향기가 좋은 식물로 인식하고 있다는 것을 알 수 있다. 그런데 세상이 변하고 시대가 달라지면서 난초에 대한 인식도 점점 변하는 것 또한 사실이다.

　향기가 매력인 동양란에 이어, 모양이 크고 화려한 서양란이 요즘은 새롭게 인기를 끌고 있다.

난은 식물학적으로 난과의 식물 집단에 속한다. 식물계에서 가장 큰 집단으로 약 700속 2만 5천여 종이 포함되며, 극지를 제외한 세계 전 지역에 분포하는데 주로 열대 지방에 밀집되어 있다.

생태적으로 보자면 땅속에 뿌리를 내리고 생활하는 난초를 지생란이라고 하며 춘란, 제주한란 등의 동양란들이 여기에 해당한다. 바위나 나무에 뿌리를 붙이고 공기 중 수분을 빨아들여 생활하는 난을 착생란이라고 하는데 석곡, 풍란 등의 동양란과 열대지방의 서양란들이 여기에 속한다. 이상 난초의 향기에 대해서 상식적인 발자취를 더듬어 봤다.

난초는 식물계에서 꽤 상위 진화단계에 속한다고 한다. 그래서 인간들 삶에 더 깊숙이 들어와 있는지도 모르겠다. 난초와 사람의 문화적 공생 관계는 서로 공존하며 진화되어 왔다.

매일 아침 일어날 때마다 생각해 보라. 내가 오늘 살아 있어 행운이고 소중한 인생을 살고 있으니, 나는 그것을 낭비하지 않을 것이라고 말한 달라이 라마의 긍정적인 말을 가슴에 새기고 살아가자.

다음은 자신이 했던 말과 불렀던 노래들처럼 인생을 살아간 사람들을 연구한 내용들이다.

"아 재수 없어, 아 신경질 나, 짜증나, 난 하는 일마다 매일 이 모양이야" 이런 말을 자주하면 그 말이 청각기관을 거쳐 뇌에 입력된다. 또한 그 생각이 뇌에 저장되면서 자기 자신이 가장 먼저 부정적인 생각으로 스트레스를 받고 치명적인 암을 유발하기도 한다.

신송(申松)의 〈삶의 이야기〉에서 슬픈 노래를 부른 가수들은 대부분 일찍 타계했다는 논문이 있다. 가수의 수명, 부, 즐거움과 노래 가사는 상관관계가 있다고 혹자는 말한다. 신나고 즐거운 노래를 부른 가수들은 장수하고 고통, 이별, 죽음, 슬픔, 한탄의 노래를 부른 가수들은 단명할 가능성이 높다.

"말의 힘이 어느 정도인가?" 이를 조사하기 위해 가수 100명을 대상으로 히트곡이 운명에 어떤 영향을 미쳤는지 조사한 적이 있다. 놀랍게도 91명의 가수가 자신의 히트곡과 같은 운명을 만들었고 요절한 가수들은 너나없이 죽음과 연관된 노래를 불렀다는 사실을 발견했다.

노래는 말에 곡조를 실은 것이어서 말보다 더 큰 영향력을 발휘한다.

"밝고 힘찬 노래만 불러라. 그것이 성공 행진곡이다. 슬픈 노래를 부르지 말라. 그 노래는 복 나가는 노래다. 밝고 신나는 노래를 불러라. 노래대로 운명이 만들어진다."

'한국노랫말연구회'에서 슬픈 노래를 부른 가수들은 일찍 죽거나 슬픈 운명의 길을 걷는다는 사실을 발표했다. "마음이 밝은 곡조의 노래를 불러라" 우리의 '마음의 파장'이 파장에 맞는 일을 끌어들인다. 우리의 마음의 파장이 '기쁜 곡조'를 연주한다면 '기쁜 일'이 모일 것이고, 우리들 마음의 파장이 '공포의 곡조'를 연주한다면 '두려워해야 할 일'이 일어날 것이다.

말은 그대로 된다.

우리 입에서 부정적인 말이 나오면 모든 상황이 부정적으로 바뀌고, 긍정적인 말이 나오면 상황이 긍정적으로 바뀔 수 있다. 그러므로 우리는 항상 긍정적인 말을 많이 해야 한다.

얼마나 부정적인 말이 많았는가? 자녀에게 실망했다고 '빌어먹을 놈'이라고 하면 자녀는 절대 '베푸는 사람'이 되지 않고 '빌어먹을 놈'만 될 것이다. 그리고 흔히 내뱉는 "죽겠다!"는 말도 문제다. "배고파 죽겠다, 귀찮아 죽겠다."고 하면 죽을 일만 생기게 된다. 아무리 어려워도 "살 만하다!"라고 해야 한다.

수필가 이어령 교수는 한국이 이만큼 잘살게 된 이유가 코흘리개 아이들 때문이었다고 한다. 아이들이 코를 흘리니까, 어른들이 "얘야! 흥해라!"고 했다. 그런 말을 많이 해서 우리나라가 흥하게 되었다는 것이다.

필자가 소속된 '길 따라 떠도는 도보여행' 카페에서 흥미로운 글을 옮겨왔는데 너무 긴 내용이어서 간략하게 요약했다.

"오늘도 잘될 거야!" 크게 외치고 긍정의 힘으로 하루를 즐겁게 시작해 보시기 바랍니다. 20년 동안 통산 61전 56승(37KO) 5패를 기록한 프로 권투선수 무하마드 알리는 **"내 승리의 반은 주먹이 아닌 말에 있었다."**라는 말로 유명하다.

말은 자기 암시와 자기 세뇌를 일으킨다. 긍정적인 말은 믿음과 자신감을 심어주지만, 부정적인 말은 그나마 있는 믿음과 자신감마저 사그라지게 한다.

외국의 어느 경영자는 매일 아침 일어날 때마다 "오늘은 내 생애 최고로 좋은 날이다. 분명 좋은 일이 가득할 거야."라며 자기 암시를 한다고 한다.

심지어 누군가와 내기를 해서 지더라도 "내가 졌어."라고 하지 않고 "자네가 이겼어."라고 말한다. 소극적이고 부정적인 말을 하지 않기 위해서라고 한다.

이처럼 한 사람의 언어는 그 사람의 인생을 만들어 가는 기초가 될 수도 있다고 한다. "말이 씨가 된다."는 말은 "숲이 좋으면 새가 날아든다."고 하신 칼럼니스트 정복규 선생님의 글에서 확인할 수 있다.

프랑스의 약사 에밀 쿠에는 1950년에 '플라시보 이펙트(Placebo Effect, 위약(僞藥) 효과)'를 발견했다.

어느 날 쿠에가 잘 아는 사람이 늦은 시간에 의사의 처방전 없이 찾아왔다. 몹시 아파 죽을 지경이니 약을 지어달라고 했다. 쿠에는 처음에 당연히 거절했다. 그러나 그 사람은 지금 당장 아파 죽겠는데 내일까지 어떻게 기다리느냐고 하소연했다. 쿠에는 할 수 없이 거짓말을 했다. 통증과는 실제로 아무 상관도 없고 인체에 아무런 해도 끼치지 않는 알약을 지어주며, "우선 이 약을 좀 먹으면 많이 좋아질 것이다. 그리고 내일 병원에 가보라."고 하고 돌려보냈다.

며칠 후 쿠에가 그 사람을 만났다. 그 사람은 "다음 날 병원에 갈 필요도 없이 그 약을 먹고 말끔히 나았어요."라고 했다. 약사와 약에 대한 믿음, 그리고 나을 것이라는 확신으로 병이 나았던 것이다.

쿠에는 이 우연한 발견을 정신 영역에도 적용할 수 있도록 간단한 공식 하나를 개발했다. 그것은 몇 개의 간단한 단어로 만들어진 공식이다. "나는 내가 좋다. 나는 날마다 점점 더 나아지고 있다. 오늘이 일생을 통해서 가장 좋은 날이다"라고 되뇌는 것이다.

일일신우일신(日日新又日新, 날마다 새롭고 또 새로워지는 삶)과 같은 말이다. 쿠에는 이 공식을 하루에 스무 번씩 큰 소리로 외치라고 했다. 쿠에의 공식의 핵심은 자기 암시를 통한 자기 확신에 있다. 시합을 앞둔 운동선수들에게 "나는 이길 것이다."라는 말을 천 번

되풀이시키니까 우승 확률이 상당히 높아졌다는 연구결과도 나왔다. 자기 암시의 황금률은 반복이다. 쿠에 공식의 최고 효과를 얻으려면 매일 열심히 반복해야 한다. 가장 좋은 시간은 묵상 기도 시간, 잠들기 직전, 혹은 잠자리에서 일어난 직후가 가장 좋다.

우리 삶의 에너지 중에 큰 부분을 차지하는 것이 말과 행동이다. 말은 에너지의 발산이다. 어떤 곳으로 투여된 에너지는 또 다른 에너지를 발생시킨다. 따라서 지금 하고 있는 말이 다른 곳으로 에너지를 투입하거나 이동시킨다고 생각해야 한다.

'아' 다르고 '어' 다르다는 말이 있다. 같은 말인데도 느낌이 전혀 다른 경우가 많다. 우리는 대부분 은행에 돈을 맡긴다고 이야기한다. 그러나 예금이나 적금을 통해 은행에다 대출을 해준다고 말할 수 있다. 은행이 나의 채무자가 되어 버리는 셈이다. 말은 쏟아 내는 것이 아니다. 어떠한 대상에다 에너지를 투여하거나 혹은 투자하는 것이다. 에너지를 어디에 투입한다고 생각해 보자. 말 한마디 한마디에 신중할 수밖에 없다.

"말 속에 씨가 있다."고 한다.
'씨'는 무엇인가? 씨가 자라서 싹이 되고 싹이 자라서 나무가 되고 열매를 맺고 떨어져 또 다른 씨를 만든다. 이처럼 말은 "생물처럼 공기 중에 우주의 기운을 빨아 들여 적극적인 순환 고리"를 가진다.

말에는 세상을 창조할 수 있는 초능력적인 힘이 들어 있다. 그래서 "말 한마디로 천 냥 빚을 갚는다."거나 "말이 씨가 된다."는 옛 속담이 있는 것이다.

우리는 가끔 상대방과 대화를 하다 보면 '이 사람 참 말을 많이 하는 것을 보면 말하는 것을 좋아하네.' 또는 '이 사람은 참 말수가 적군.' 이런 생각이 들 때가 있다.

상대방의 말을 경청하기보다는 자신의 말을 더 많이 하는 사람도 있다. 음양오행에서 태어난 년, 월, 일, 시에 따라 성향이 다르기도 하지만 환경에 의해 달라지기도 한다. 말이 마음의 알갱이에서 나온다면 마음의 여유도 내가 하는 말에서 시작된다는 생각을 가져야 한다. 말을 많이 하는 것도 좋지만 상대방의 말을 잘 들어주는 것도 배려하는 마음이다.

## 06

◇◇◇◇

# 채근담(菜根譚)에서 배우는
# 인생지혜(人生智慧)

『채근담(菜根譚)』은 **마음을 달래주는 글과 고통을 덜어주는 글**이라는 의미의 짧은 격언 모음집이다.

중국 명나라 신종 때인 만력(萬曆) 시기(1573~1619)에 홍자성은 일찍이 양신을 스승으로 섬겼다. 홍자성의 본명은 응명이고, 자(字)는 자성(自誠)이며 호는 환초(還初)다. 평생 불우한 선비였으나 『채근담』한 권으로 명성이 현재에까지 이르렀다. 저자는 이 책에서 자신의 사상을 유교에 두고 있지만 노장의 도교와 불교 사상까지도 폭넓게 흡수해서 중용에 맞는 진리를 설파하고 있다.

『채근담(菜根譚)』은 명나라 때 홍자성이 "人常咬得菜根, 則百事可做(사람이 늘 풀뿌리를 씹어 먹을 수 있다면 세상 무슨 일이라도 할 수 있다)"라고 얘기한 왕신민의 말을 제목으로 엮은 예지 모음이다.

자신이 터득한 〈우주론〉과 〈수양론〉, 〈본체론〉, 〈자연론〉을 담고 있으며, 도가적 사상을 내세워 '세상을 소유하지 말고 자족하는 데서 참된 가치를 찾으라.'는 '음(陰)의 적극성'을 주장했다.

자신의 소박한 삶을 인정한다면 누구나 온갖 일들이 순탄해지리라는 뜻으로 받아들여도 좋을 듯하다.

많은 사람들은 이를 두고 어려운 일을 겪어내면 그 어떤 일도 이겨낼 수 있다는 뜻으로 보았다. 즉 단련과 감내는 고통에서 나온다는 것이다. 한편 소박한 삶을 인정하고 그런 환경이 자신의 것이라 여긴다면 세상 온갖 일도 당연히 그러함을 인정하고 고개를 끄덕일 수 있다고 볼 수도 있다.

『채근담(菜根譚)』에 **"우리 삶은 인생역정의 고통과 시련 속에 있으니 힘든 환경에 굴하지 말고 다음을 기약하라."**는 구절이 있다.

伏久者飛必高(복구자비필고),
開先者謝獨早(개선자사독조),
知此 可以免蹭蹬之憂(지차 가이면층등지우),
可以消躁急之念(가이소조급지념),

오랫동안 안 엎드린 새는 반드시 높이 날갯짓할 것이며

먼저 핀 꽃은 홀로 일찍 떨어진다.


이 사실을 알면 발을 잘못 디뎌 길을 잃을 근심을 면할 것이고

조급한 생각도 사라질 수 있다.


고통은 아름답다.

– 〈따뜻한 하루〉


영국의 식물학자 알프레드 러셀 윌리스가 자신의 연구실에서 고치에서 빠져나오려고 애쓰는 나방의 모습을 관찰하고 있었다. 나방은 바늘구멍만 한 구멍을 뚫고 그 틈으로 나오기 위해 꼬박 한나절을 애쓰고 있었다. 고치에서 빠져나오는 것은 생사가 걸린 중대한 문제였다. 그렇게 아주 힘든 고통의 시간을 보낸 후 번데기는 나방이 되어 나오더니 공중으로 훨훨 날갯짓하며 날아갔다. 이렇게 힘들게 애쓰며 나오는 나방을 지켜보던 윌리스는 이를 안쓰럽게 여긴 나머지, 나방이 쉽게 빠져나올 수 있도록 칼로 고치의 옆 부분을 살짝 그어 주었다. 나방은 고치에서 쉽게 쑥 나올 수 있었다. 하지만 좁은 구멍으로 나오려고 안간힘을 쓰던 나방은 영롱한 빛깔의 날개를 가지고 힘차게 날아가는 반면, 쉽게 구멍에서 나온 나방은 무늬나 빛깔이 곱지 않았다. 그리고 몇 차례 힘없는 날갯짓을 하고는 그만 죽고 말았다. 오랜 고통과 시련의 좁은 틈새를 뚫고 나와야만 진정한 나방이 될 수 있었던 것이다.

톨스토이의『인생독본』은 우리가 의문을 느끼고 해답을 구해야 할 삶의 문제들을 세분화하여 그에 대한 숱한 사상들을 집대성한 책이다. 12개의 장으로 구성되어 있으며, 독서, 정신, 공포, 영역, 신념, 불원, 본원, 분별, 주초, 재산, 자긍, 여성 등에 대한 내용을 수록하고 있다.

『인생독본』은 톨스토이가 구상에서 집필까지 십오 년에 걸쳐 동서고금 성현들의 인생철학을 집대성한 기념비적 앤솔러지다. 인생 후반에 이르러 톨스토이는 새로이 샘솟는 창작 열정으로 세계의 경전과 문학작품을 비롯해 사대성인부터 소로, 에머슨, 파스칼, 스피노자, 쇼펜하우어, 칸트, 니체, 고골에 이르기까지 300명에 가까운 사상가, 철학자, 종교가 등의 사색과 통찰이 깃든 말과 글을 자신의 글과 함께 일 년의 일기 형식으로 구성했다. 이렇게 방대한 작업으로 "수세기의 지혜를 한 권에 모으는" 오랜 꿈과 함께 생애 마지막 업적을 이루었다. 머리말만 백 번 넘게 퇴고하며 완성에 심혈을 기울였던 톨스토이는 눈을 감기 전까지 늘 이 책을 곁에 두고 다시 읽었고 "내가 쓴 모든 것이 잊힌다 해도 이 책은 결코 잊히지 않을 것"이라고 말하기도 했다.

성장하는 삶과 성찰하는 삶을 다시 묻는다. 최고 행복은 1년이 지난 뒤 자신이 좀 더 발전했다고 느낄 때다. 톨스토이의『인생독본』은 늘 성장하는 삶을 지향하고 있다. 이 책을 읽는 독자에게 『인생독본』을 추천하고 싶다.

# 07

# 효(孝)는 백 가지 행실(行實)의 근원(根源)이다(孝行 百行之本)

효행 백행지본(孝行 百行之本). 효(孝)는 인륜의 근본이 되는 덕목으로 우리 조상들은 효를 백 가지 행실의 근본이자 사람의 됨됨을 판단하는 기준으로 삼았다. 효도는 부모를 잘 섬기는 도리로서 효라 함은 보통 자녀가 부모를 잘 모시는 것도 포함되지만 불손한 언행으로 타인에게 오르락내리락하는 일을 피하는 것도 포함된다.

유가의 효에 대한 이야기를 시경에서 살펴보면,

詩에 曰 父兮生我하시고 母兮鞠我하시니 哀哀父母여 生我劬勞셨다. 欲報之德 昊天罔極이로다.

『시경』에 이르기를, "아버지 나를 낳으시고 어머니 나를 기르셨네. 가엾으신 아버지 어머니여 나를 낳으시며 애쓰고 수고하셨네.

그 은덕을 갚으려면 하늘처럼 끝이 없네."라고 했다.


子曰 孝子之事親也 居則致其敬하고 養則致其樂하고 病則致其憂하고 喪
則致其哀하고 祭則致其嚴이니라.

공자님이 이르기를, "효자가 어버이를 섬김에 있어, 거처에 공
경을 다하고 봉양에는 즐거움을 다하고 병중에는 근심을 다하
고 상중에는 슬픔을 다하고 제사에는 엄숙함을 다해야 하는 것이
다."라고 하셨다.


曾子가 曰 父母愛之어든 喜而不忘하고 父母惡之어든 懼而不怨하고 父母
有過어시든 諫而不逆이니라.

－『시경』 중 〈소아 곡풍〉에 실린 시
증자가 이르기를, "부모가 사랑하시거든 기뻐하여 잊지 말고,
부모가 미워하시거든 마음으로 두려워하되 원망하지 말고, 부모
가 허물이 있으면 간하되 거슬리지 말아야 한다."라고 했다.


『시경』은 5경 중 하나로 조선시대 과거시험 과목 가운데 하나였
다. 공자님이 현실에서 널리 애송되고 있는 시 중에서 305편을 뽑
아 편집하였다. 공자님은 "시 삼백 편이면 한마디로 말해서 생각
에 사악함이 없다."라고 말씀하셨다.

－『논어』 중 〈위정편〉


성리학의 효에 대한 말을 살펴보면,

羅仲素가 曰 天下가 無不是底父母라 하니 養子라야 方知父母恩이니라.

나중소는 "천하에 옳지 않은 부모가 없다 하였으니 자식을 길러야 부모의 은덕을 알 것이다." 말하였다.

나중소는 중국 남송시대의 성리학자로 이름은 종언이며 양시, 이동과 더불어 남검삼 선생의 한 사람으로 예장선생이라고도 불렸으며 주희에게 영향을 끼쳤다.

退溪先生이 曰 孝爲百行之源이니 一行이 有虧면 則孝不得純孝矣니라.

이퇴계 선생님은 "효도는 백 가지 행실의 근원이 되므로 한 행실이 어그러지면 그 효도는 온전한 효도가 될 수 없다."라고 말씀하셨다.

퇴계의 이름은 이황, 율곡과 더불어 조선시대 성리학의 쌍벽이었으며 영남학파를 이루었다.

太公이 曰 孝於親이면 子亦孝之하나니 身旣不孝면 子何孝焉이리오.

孝順은 還生孝順子요 五逆은 還生五逆子하나니 不信이거든 但看簷頭水하라 點點滴滴不差移니라.

강태공이 이르기를 "어버이에게 효도하면 자식 또한 효도하나니 자신이 이미 불효하다면 자식이 어찌 효도하겠는가? 효순한(부모님께 효도하고 순종하는) 사람은 다시 효순한 자식을 낳을 것이요, 오역한(어긋나고 거스르는) 사람은 다시 오역한 자식을 낳나니 믿지 못할 것 같으면 다만 처마 끝의 낙수를 보라, 방울방울 떨어짐이 어굿남이 없느니라."

〈위대한 아버지 그리고 철이 덜 든 딸〉

필자의 강의를 들었던 신지식인이 기억에 남는다.

강의가 끝나자 고맙다고 술 한 잔 대접하겠다며 서울교대 후문 '서초갈비'에서 술자리를 마련했다. 수강생은 술이 과해지자 딸 이야기를 꺼냈는데 의사가 되었으면 하는 바람으로 딸 하나를 키웠다고 한다. 아버지의 소망에는 미치지 못했지만 딸은 한의사가 되었다.

딸은 연봉으로 1억 원 이상을 벌었는데 아버지는 딸의 마음을 떠보기 위해 "아버지 나이가 73세이고 더 이상 수입이 없는데 우리 딸이 돈도 잘 버니 매월 250만 원으로 생활비를 좀 보태면 안 되겠니?"라고 물었다. 그러나 딸은 침묵으로 아버지의 대답을 회피했다. 결국 싸늘한 감정만 남기고 그날을 넘겼는데 어느 날 딸이 결혼할 남자를 데려왔다. 10년 동안 딸을 따라다녔던 남자였다고 하는데 딸보다는 아버지의 기대에 못 미치는 직업을 가지고 있어 실망했지만 딸이 좋아하는 사람이라 거절을 못하고 결혼을 시켰다.

결혼 전 딸 앞으로 분양받은 서울 숲 주변 아파트를 어떻게 할까 고민하다 등기를 아버지가 넘겨받기도 그렇고 하여 내가 죽으면 이 아파트는 너희들 것이니 매달 얼마씩의 생활비를 요청하였다. 그런데 그 사위가 "아파트는 명의가 저희 것이니 그냥 주시면 안 되나요?"라고 해서 또 한 번 실망하였다고 한다.

세상사가 다 그렇듯 자녀가 부모를 실망시켜도 내리사랑은 어떻게 할 수 없듯 미운 사위에게 7,500만 원을 주고 벤츠를 사줬다고 말씀하신다. 이 땅의 위대한 부모님의 마음이 그럴 것이다.

〈철이 너무 일찍 든 초등학교 4학년 아들〉
초등학교 4학년 아들이 어느 날 "엄마 제가 사랑하는 여자가 생겼어요. 그 여자에게 편지를 썼는데 어머니가 한번 읽어 주세요."라고 말했다. 어머니는 걱정 반 기쁨 반 걱정하는 마음으로 "벌써 우리아들이 이성에 눈을 뜬 것일까?"라는 걱정을 하며 편지를 읽었다.

〈편지 제목 −사랑하는 그녀에게−〉
1994년 12월 17일 나는 그녀를 처음 만났다.
입가에 항상 웃음이 있고 정성과 설렘이 있는 단발머리의 그녀가 좋다.
내 인생의 전부가 되어준 그녀가 내 하나만의 사랑으로 남아 줘서 난 너무 행복하다.
죽는 그날까지 그녀 옆에서 그녀를 사랑하고 지켜주고 싶다.

마지막 글에는 나의 사랑하는 어머니 이렇게 저를 태어나게 해 줘서 감사합니다.
사랑하는 그녀는 어머니였고 아들이 엄마에게 보낸 편지였다.
어머니는 이 편지를 읽고 아들을 부둥켜안고 "엉엉" 울었다고 했다.

　초등학교 4학년인 아들은 저녁 6시가 되면 문자를 보내는데 허머니 오늘 일 다 마치셨어요? 오늘도 고생 많이 하셨어요. 얼른 집에 오세요. 제가 안마해 드리고 발 씻겨 드릴게요." 어머니는 초등학교 4학년인 이런 아들이 있어 너무 자랑스럽다고 필자에게 말씀하셨다.

　자녀들아 주 안에서 너희 부모에게 순종하라 이것이 옳으니라. 네 아버지와 어머니를 공경하라.

　이것은 약속이 있는 첫 계명이니 이로써 네가 잘되고 땅에서 장수하리라.

– 엡 6:1–3

[제2강]

# 향기香氣 나는
# 인문학人文學 스프로
# 삶을 다이어트하자

인문학은 추운 겨울에도 꽃을 피우는, 사람 냄새나는 삶에 관한 이야기다.

인문학은 지식을 얻는 독서와 달리 사람이 사용하는 언어에 옷을 입히고 사람마다 다른 표현으로 감동과 전율을 얻게 해준다. 같은 주제를 이야기해도 책이나 영상의 표현이 다르고 매끄럽게 사는 방법을 배우기도 한다. 그래서 향기 나는 인문학을 먹으며 인생이 달라진다고 필자는 이야기한다.

인문학을 대할 때는 고전의 시대적 배경과 특징을 잘 살려 생각을 담아야 한다.

다른 사람의 단점으로 상처를 주는 말은 평생에 치유되지 않는 마음의 상처가 되거나 언젠가 그 말이 더욱 더 날카로운 검으로 나에게 돌아올 수 있다. 반면 누군가의 장점을 말하고 단점은 감싸주면 그 말은 향기로 나에게 돌아온다.

지혜롭게 사는 것은 소중한 것을 잘 헤아릴 줄 아는 것이다.

고전에서 배우는 삶의 다양한 지혜와 간접경험으로 우리들에게 돌아오는 그 가치와 중요성은 현대에 이를수록 더 중요하게 느껴진다. 그렇기 때문에 '인문학의 향기'는 메마른 우리의 삶에 꼭 필요하다.

필자는 회원 수가 173만 명인 '사색의 향기'와 '명랑문화재단'과 'CEO 인문학 포럼(서울경제연합 박희영 회장님이 주관)'에 한 달에 3번 정도 참석하고 있다.

인문학 책을 9권 집필하시고 TV 활동도 활발하게 하시는 신지식인 인문학 강사 정병태 교수님께서 강의하시는 '인문학 강의'는 고전으로 배우는 인문학 포럼이다.

오늘은 '섹시 마케팅'을 학습했다. 코카콜라가 여인의 아름다운 허리를 디자인으로 사용하면서 매출액이 상승하고 맛이 더 있어졌다는 내용이다.

지적인 도전을 멈추지 않는 것이 진짜 지혜로운 사람이다.

정병태 교수님은 "인간은 누구를 만나느냐?에 의해 삶이 좌우된다. 성공자가 성장한 비밀을 나누는 소모임 인문학 스프는 우리마음을 신이 내리는 무한한 지성을 품을 수 있게 하여 인생의 창의적 여행을 떠나게 한다."고 하셨다.

미래학자 앨빈 토플러는 보이는 부보다 보이지 않는 부가 세상을 이끌어 간다는 신묘한 부자 마인드의 인문학 마케팅으로 성공한 사람이다.

CEO 인문학 포럼(Pm 4시~7시)인문학 수업이 진행되었다.

인문학 강사 정병태 교수(목사)님은『코로나19 이가는 HK면역 주치의』,『부자마인드』,『감사하다가 성공해버렸다』,『아브라카 다브라』,『소통의 기술』,『파워스피치 연설법』,『이기는 대적기도 200』,『내 인생을 바꾼 성경읽기 혁명』,『설교 스피치』등 인문학 책 9권을 출간하신 대단하신 분이다.

우리 삶을 만들어가는 것은 바로 우리의 '생각'이다. 그 생각은 인문학에서 비롯된다.
빠르게 변화하는 시장의 트렌드를 찾아내고 고객들이 오기도 전에 준비하여 맞이하는 기업이 성공할 수 있다. 시각, 청각, 촉각 등 사람들의 욕구를 자극하는 감성 마케팅이 매일 매일 변화되기 때문이다.

인도 경제학자이자 노벨상 수상자인 아마르티아 쿠마르 센이 "가난은 단순히 돈이 부족한 상태가 아니라 한 인간이 자신의 잠재력을 온전히 실현할 가능성이 없는 재능 낭비를 뜻한다."라고 말한 강좌에서 필자는 인문학적인 접근의 필요성을 새롭게 알았다.

공자는 "옛것을 활성화시켜 새것을 안다면 스승이 될 자격이 있다"고 말했다. 문학, 역사, 철학 등 인문학의 향기가 바탕이 될 때 미래를 알아가는 재미가 생기고 감동이 일어난다. 그리고 우리도 모르는 사이 그 사색의 향기는 벌과 나비를 불러들이게 된다.

덕이 많은 군자는 친구가 많고 외롭지 않은 이유가 향기 나는 말을 하기 때문이다.

우리는 이런 인문학을 통해 미래를 바꿀 수 있고 '신흥부자'가 될 수 있다.

타인을 아는 사람은 지혜롭지만 자신을 아는 사람은 현명하다. 타인을 이기는 사람은 힘이 있지만 자신을 이기는 사람은 강하다.

— 『도덕경』

# 08

# 사람(人)이 멀리 생각하지 아니하면
# 큰일을 이룰 수 없다(人無遠慮難成大業)

자신의 꿈이 실현되지 않았다고 불쌍하다고 생각하지 말라.

정말 불쌍한 것은 한 번도 꿈을 꾸어보지 않았던 사람들이다.

― 에센바흐

人無遠慮 難成大業(인무원려 난성대업).

사람이 먼 장래를 생각하지 않으면 큰일을 이룰 수 없다.

안중근 의사가 여순감옥에서 형장의 이슬로 사라지기 전, 『논어』〈헌문〉편을 인용해서 쓴 글귀인데 필자가 좌우명으로 삶을 만큼 수십 년 동안 곱씹고 되새기며 살아가고 있다.

필자는 중학교 1학년 여름 빚만 남기고 갑작스럽게 세상을 떠난 아버지 때문에 지독히도 가난한 유년시절을 보냈다.

먹을 것이 없어 칡뿌리, 민들레, 쑥으로 배를 채우고 살았던 적도 있었다. 강아지, 토끼, 병아리, 돼지새끼를 키우며 어렵게 삶을 영위하다 초등학교(당시 국민학교)에 들어갔는데 운동부에 들어가면 훈련을 마치고 라면과 계란을 먹을 수 있어서 육상부에 들어가 굶주린 배를 채웠다.

중학교에 입학하기 전 천자문을 독파하고 운동을 그만두고 고전과 철학에 빠져들었다.

남송 때 주희가 말한 것처럼 책을 읽을 때, 口到(구도)로서 입으로 소리를 내어 읽고, 眼到(안도)로서 눈으로 읽으며, 心到(심도)로서 마음을 집중하여 책을 제대로 이해하는 독서삼도(讀書三到)를 실천하였다.

이렇게 『논어』, 『맹자』, 『대학』, 『중용』, 『시경』, 『서경』, 『역경』, 『연해자평정해』, 『격암유록』 등을 공부하고 삶에 큰 깨달음을 얻었다.

두보(杜甫) 시 〈증위좌승(贈韋左丞)〉에, "만 권의 책을 독파하고 나니 붓을 들어 글을 짓는 것이 신들린 것 같더라(讀書破萬卷 下筆如有神)"라고 하였다. 자신의 공부를 술회하였듯 독서파만권 하필약유신(讀書破萬卷 下筆若有神) 이후 다양한 글을 적어 집필했지만 그 흔적은 가난으로 어디에 있는지 알 수가 없었다.

필자는 고등학교 입학 당시 인문계를 포기하고 실업계 상고에 입학했다.

고등학교에 입학 후 철학과 인문학에 심취하고 당시 친구들로 부터 '공자'라는 별명을 듣고 살았다.

고3때 집안 생활비를 대주시던 형님이 교통사고를 당해 사망한 후 실의에 빠져 고등학교를 졸업하고 바로 군에 입대하였다.

필자는 강원도 최전방 강원도 인제군 원통면 서화리 민통선에 서 군인 시절을 보냈는데 민간인을 볼 수 없는 곳이었다. 많은 선 임병들에게 연애편지와 대대장 연설문 써주고 군대 내에서는 '문 학소년'이라는 별명을 얻었다.

필자는 '반공의 날'에 웅변대회에서 직접 쓴 글로 최우수상을 받아 특별휴가를 받았다.

군대를 제대하고 동양철학과 서양철학을 독파하다 생계를 위해 서울 종로시험 센터에 들렀다가 우연히 신문에 신입행원 모집시 험을 보고 영어, 상식, 수산개론, 시험을 보고 차석으로 입행했다.

입행 시 쓴 자기소개서는 화제가 되었다.

어떻게 이런 인재가 우리 직장에 들어왔냐며 화제를 낳기도 했다.

그냥 평상시 올바른 생각과 인성으로 책을 많이 읽었을 뿐이었 는데….

입사 후 못다 한 공부를 위해 서울 고척동 누나 집에서 출퇴근을 하며 주경야독(晝耕夜讀)하였다.

낮에는 일하고 밤에는 글을 읽으며 바쁘고 어려운 중에도 꿋꿋이 공부했다.

처음 입사 후 직장상사는 업무가 끝나면 매일같이 술집에 데리고 다니며 술을 가르쳤다.

처음에는 왜 이렇게 쓰디 쓴 소주를 마시며 사람들은 즐거워하는 것일까? 이해를 못했지만 아버지의 피는 속일 수가 없었다.

그렇게 술 마시며 즐기느라 잠시 공부를 게을리하며 10년을 허송세월로 보냈다.

"야~ 상준아 넌 뭘 그렇게 세상 어렵게 사냐! 뭔 공부야, 그냥 인생을 즐기며 살아, 이 형을 봐. 재미있게 인생을 풍미하여 세월을 낚으며 노래도 부르며 즐겁게 살잖아~ 우리 아우도 힘들게 세상 살지 말고 즐기며 살아 언제 어떻게 될지가 모르는 게 인생이야~"

직장 상사의 이런 말을 듣고 이 사람이라면 승진도 시켜주고 직장에서 성공도 하겠구나 싶어, 술과 풍류를 즐기며 10년을 보냈다. 그러던 중 필자를 승진 시켜줄 것 같은 과장, 지점장은 직장을 용퇴하고 나갔다.

필자는 어이가 없었다. "이 사람의 말을 듣고 덧없이 흘려보낸 10년의 삶을 누구도 보상해 주지 않는 구나~"

후회하고 있을 무렵 어려서 같은 동네에서 자란 친구로부터 삶을 바꿀 충격적인 말을 듣게 되었다.

이 친구는 동아일보 사진부기자로 입사하였고 지금은 부장으로 재직하고 있는데, "난 기자가 천직이야."라면서 자신의 직업에 만족하고 있었다.

친구가 하루는 직장동료의 부친상 때문에 인천에 온다며 시간을 비워 달라는 연락을 했다. 우리는 길병원 영안실 1층 커피숍에서 반갑게 맞이하고 커피를 한 잔 마셨다.

그때 친구가 필자에게 던진 충격적인 말로 내 삶은 완전히 바뀌었다. "상준아! 너는 고등학교밖에 안 나왔는데 은행에서 대리도 달고 잘하고 있는 거야." 친구는 잘한다고 용기의 말을 전했지만 필자는 충격을 받았다.

친구의 아버지는 고등학교 서무과장으로 재직을 하셨고 집안도 동네에서는 부유했다. TV가 없었던 시절 이 친구 집 뒷밭에 가서 잡초를 뽑아주고 저녁에 TV를 봤다. 초등학교 숙제를 하지 못하면 이 친구 집에 가서 전과를 빌려 숙제를 하였고, 친구 집에서 잔치가 있던 날 처음으로 달콤새큼하고 묘한 탕수육 맛을 보았다.

친구와 헤어지고 집에 와서 필자는 긴 한숨과 함께 다짐을 했다.

**人無遠慮 難成大業**(인무원려 난성대업) '사람은 먼 장래를 생각하지 않으면 큰일을 이룰 수 없다.'는 글을 붓으로 적으며 결단을 내렸다.

가위로 오려낸다는 뜻이 있는 결단은 과거와의 단절 그리고 내 자신과의 약속이다.

필자는 습관과 생각을 바꾸고 50세 전까지 박사 학위를 받으려는 계획을 짰다. 시간을 쪼개 도전한 결과 45세에 박사 학위를 받았다.

인무원려 난성대업
보물 제569-8호

人無遠慮 難成大業
사람이 멀리 생각지 못하면 큰일을 이루기 어렵다.

「논어」 헌문(憲問) 편에서 인용

135.8cm×33.5cm, 숭실대학교 한국기독교박물관 소장, 보물 지정일: 1972. 8. 16.

〈필의 강의 듣고 공부하여 박사학위 취득한 전북은행 윤만식 박사에게 보낸 축하난〉

일과 공부를 병행하여 성공의 길을 가는 필자를 좋아하고 반기며 축하해 주는 직원들은 많지 않았다. 음해하는 직원으로 인하여 입사 20년 만에 평직원으로 발령이 나는 시련을 겪기도 했다. 입사 동료는 지점장을 달고 있었는데 말이다.

• 필자는 주경야독으로 야간 대학에서 경제학과 경영학을 공부하고 졸업하였다.

- 일은 점점 늘고 해야 할 공부는 쌓여서 주경야독을 하며 대학원에서 국제금융 MBA를 졸업하고 박사학위를 취득하였다.

공부는 결코 내 인생을 배반하지 않았다. 야간대학을 졸업하고 곧바로 한국외국어대학교 국제금융MBA(경영대학원)을 졸업한 후 행정학으로 박사 학위를 받고 책을 쓰기로 결심했다. 『스마트한 연애사용법』이라는 연애와 관련된 책을 처음 출간한 후, 경매 관련 책으로 『평범한 샐러리 맨 투잡 경매로 5년에 10억 벌다』를 출간하며 다양한 책을 집필했다. 지금도 이렇게 인문학 책을 출간하며 많은 것을 도전하고 있다.

필자는 『인문학으로 배우는 21세기 인생수업』으로 독자들에게 수많은 지식을 전하고 독자들의 지혜와 지성을 일깨워 주는 동시에 다양한 연령대의 사람들과 소통하며 인문학을 전파하고 있다.

실패를 두려워하지 말라. 실패를 덮으려 힘쓰지 말라. 실패로부터 배우고 다음을 도전하라. 실패해도 괜찮다. 실패하지 않으면 성장할 수 없다.

— H. 스탠리 저드

# 09.

◇◇◇◇

# 썩은 나무에는 아무것도
# 조각(彫刻)할 수 없다(朽木不可雕也)


아무리 좋은 글을 읽고 아무리 좋은 말을 들어도 행동하지 않으면 무슨 소용이 있겠는가?

― 붓다


朽木不可雕也 糞土之牆 不可오也 於予與何誅 썩은 나무에는 조각을 할 수 없고 썩은 흙으로 쌓은 담은 흙손질을 하지 못한다.


『논어』〈공야장(公冶長)〉에 나오는 글귀다.


宰予晝寢이어늘

재여주침

子曰 朽木은 不可雕也요 糞土之墻은 不可朽也니

자왈 후목 불가조야 분토지장 불가오야

於予與에 何誅리오

어여여 하주

子曰始吾於人也에 聽其言而信其行이러니

자왈시오어인야 청기언이신기행

今吾於人也에 聽其言而觀其行하노니

금오어인야 청기언이관기행

於予與에 改是로라

어여여 개시


재여가 낮잠을 잤더니 공자께서 말씀하셨다.

"썩은 나무에는 조각을 할 수 없고, 썩은 흙 담장에는 흙손질을 할 수 없다. 낮잠이나 자는 재여에게 무엇이라 꾸짖겠는가? 내가 처음에는 사람을 대할 때, 그 사람의 말을 듣고는 이내 그 행실을 믿었었다. 이제 나는 그 사람의 말을 듣고도 믿음이 가지 않아 그 행실을 살피게 되었는데, 재여 때문에 그렇게 바뀌었다."


본문의 재여는 게으르고 말이 앞서는 까닭에 몹시 혼이 나고 있다.

재여는 공자의 제자로서 이름은 여(予), 자는 자아(子我)인데, 특히 언변이 뛰어났던 사람이다.

그러나 행실이 말에 미치지 못했던 듯하다.

본문은 믿었던 제자에게 실망하여 단호하게 꾸짖는 스승의 모습을 보여준다.

이 꾸지람을 들은 재여가 어떠했을까?

주위에 있던 다른 제자들은 또 얼마나 몸 둘 바를 몰랐을까?

때로는 엄한 스승의 매서운 회초리가 제자를 분발하게 하여 바른 길로 이끄는 것이다.

『논어』에 공자가 제자를 이렇게까지 무섭게 나무라는 일은 많지 않은데,

그중 하나로 〈선진(先進)〉 편에서 염구(冉求)가 혼이 나는 장면이 있다.

염구가 당시 노나라의 실권자 계씨의 가신이 되어서 백성으로부터 혹독하게 세금을 거둬 계씨를 더욱 부유하게 하자, 공자는 "염구는 이제 우리 무리가 아니다. 제자들아. 북을 울려서 그의 죄를 성토함이 옳다."고 엄하게 책망했다. '우리 무리가 아니다'라고 한 것은 더 이상 제자로 인정하지 않겠다는 파문의 선언이나 다름이 없다. 염구로서는 차라리 회초리로 종아리를 맞는 것이 더 마음 편한 일일 것이다.

공자의 언행과 그의 제자들에 관해 기록한 책인『논어』와『공자가어』,『사기』,『중니제자열전』등을 살펴보면 공자와 같은 좋은 스승에게 가르침을 받은 제자라고 해서 모두 훌륭한 사람이 되는

것은 아니라는 대표적인 사례를 재여와 염구를 통해 확인할 수 있다. 제자의 덕목이란 스승의 가르침과 뜻을 잘 배우고 받드는 것이다.

여기에서 더 나아가 스스로 학문과 실천에 힘써 끊임없이 앞으로 나아가도록 노력한다면 그보다 더 좋은 제자는 없을 것이다.

스승이 아무리 좋은 가르침과 엄청난 지식을 전해주어도 스스로 노력하지 않으면 결코 자신의 것이 될 수 없다. 그런 의미에서 스스로 노력하는 제자만큼 좋은 제자는 없다고 할 수 있다. 공자가 보기에 자신의 제자 중 안연, 자로, 증자 등은 '스스로 노력하는 제자'였다. 공자에게 그들은 좋은 제자였다고 볼 수 있다. 반면 '스스로 노력하지도 않고 잘못이 있어도 고치려고 하지 않는 제자'는 나쁜 제자라고 할 수 있다.

『사기』, 『중니제자열전』에는 재여에게 크게 실망한 공자의 또 다른 일화가 기록되어 있다.

뛰어난 말솜씨를 자랑한 재여는 어느 날 공자에게 가르침을 받다가 따지듯이 질문했다.

"3년 상(喪)은 너무나 깁니다. 군자(君子)가 3년이나 예(禮)를 닦지 않으면 예(禮)는 반드시 무너질 것입니다. 또 3년 동안이나 음악을 멀리한다면 음악은 반드시 무너질 것입니다. 1년이면 묵은 곡식은 이미 떨어지고 햇곡식이 나옵니다. 나무를 비벼 얻은 불씨도 1년이면 새로운 나무로 바꾸어 불씨를 일으킵니다. 저는 1년 상(喪)

이면 충분하다고 생각합니다."이에 공자가 재여에게 물었다.

"(3년 상을 치르지 않고) 쌀밥을 먹고 비단옷을 입는 것이 너는 편안하겠느냐?" 그러자 재여는 "편안합니다."라고 대답했다. 어이가 없어서 말문이 막힌 공자는 "네가 편안하다면 그렇게 해라. 군자는 부모의 상중(喪中)에 맛있는 음식을 먹어도 맛이 없고, 좋은 음악을 들어도 즐겁지 않다. 따라서 맛있는 음식을 먹지 않고 좋은 음악을 듣지 않을 뿐이다."라고 했다. 그리고 재여가 나간 후 공자는 "재여는 참으로 어질지 못한 사람이다."라고 했다.

"자식은 태어난 후 3년이 지나야 부모의 품에서 벗어난다. 그래서 세상은 3년 상(喪)을 치르는 예의를 갖춘 것이다. 재여도 자신의 부모에게 3년 동안 사랑을 받았을 텐데…"라며 크게 탄식했다고 한다.

공자는 "달변(達辯)보다 어눌(語訥)한 사람이 더 어진 사람에 가깝다"는 말을 자주 했다.

아마도 재여를 지목한 말인 듯하다.
화려한 말솜씨와 논변에 능숙했던 재여는 아무리 공자가 가르치고 꾸짖어도 도통 자신의 잘못과 단점을 고치려고 하지 않았기 때문이다.

결국 재여는 제(齊)나라의 대부(大夫) 전상(田常)의 반역 사건에 가담하여 집안이 멸망하는 재앙을 당했다.

재여의 죽음을 보면 그가 공자의 제자 중 '최악의 제자'였다는 사실을 다시 한번 확인할 수 있다. 재여는 죽으면서까지 공자를 부끄럽게 만들었다.

그의 부끄러운 죽음은 『공자가어』〈칠십이제자해(七十二弟子解)〉 편에 이렇게 기록되어 있다.

"재여는 자(字)가 자아로 노(魯)나라 사람이다. 제나라에서 임궤 (臨簣)의 대부가 되었다.

전상과 난을 일으켜 삼족(三族)이 죽임을 당했다.

공자는 이 사건을 크게 부끄럽게 여겼다.

공자는 "이 재앙의 뿌리는 다른 곳에 있지 않다. 재여 자신에게 있었다."라고 말했다.

재여는 아무리 좋은 스승을 만나도 스스로 노력하고 고치지 않으면 아무것도 얻는 것이 없다는 사실을 단적으로 보여준 사례다. 좋은 스승을 만나는 것도 중요하지만 그보다는 힘써 배우고 스스로 노력하는 것이 학문과 공적을 이루는 데 훨씬 큰 역할을 한다는 것이 재여의 이야기가 주는 가르침이다."

사람은 늘 새롭게 태어나야 한다. 아침에 샤워를 할 때 염산에 샤워 후 온몸이 녹아 없어지고 나를 기억하는 마음까지 요술 보자기로 날려 보내는 마음으로 매일 새롭게 태어나야 한다.

마치 창공을 처음 날아가는 새처럼, 처음으로 대지에 발을 내딛는 동물처럼 우리는 매일 허물을 벗고 새롭게 태어나는 뱀처럼 허물을 벗고 새롭게 태어나자. 허물을 벗지 않는 뱀은 결국 죽고 만다.

인간도 이와 같다. 니체는 "낡은 사고의 허물 속에 언제까지고 갇혀 있으면, 성장은 고사하고 안쪽부터 썩기 시작해 끝내 죽고 만다. 늘 새롭게 살아가기 위해 우리는 사고의 신진대사를 하지 않으면 안 된다."고 했다.

"모두가 세상을 변화시키려고 생각하지만, 정작 스스로 변하겠다고 생각하는 사람은 없다." 톨스토이의 명언처럼 남들은 변해야 한다고 생각하면서 정작 자신은 변화하려고 노력하지 않으면 그처럼 위험한 생각은 없을 것이다.

'일신우일신'하는 마음으로 허물을 벗고 고해성사를 통해 새롭게 태어나듯, 허물을 벗듯 매일 새로운 생각과 삶을 가져보면 어떨까?

# 10

# 가치(價値)없는 돌이 황금(黃金)술잔에 상처(傷處)를 내더라도 금(金)의 가치(價値) 감소되지 않는다

당신이 말할 때는 이미 알고 있는 것을 반복하는 것이지만

당신이 들을 때는 몰랐던 새로운 것을 배울 수 있다.

― 달라이 라마

경제학에서는 인간의 행위를 재화·용역을 사용·소비하는 것이라고 정의한다. 재화나 용역을 사용하면 일정한 효용을 얻게 되므로 그 당사자는 당연히 그 사물을 '효용 있는 것', '가치 있는 것'이라고 여긴다. 경제학 초창기에는 재화나 용역이 원래부터 객관적 효용 또는 가치를 지닌 것으로 생각하기도 했는데, 이러한 가치의 개념을 '사용 가치'라고 표현한다.

사용 가치는 애덤스미스 이래 많은 학자들이 핵심 논제로 다루었다.

어떤 재화·용역을 통해 효용을 얻는다면, 그것을 사용·소비하기 이전에는 그 효용의 크기를 곧 불만족의 지표로 볼 수 있다. 바로 이러한 생각을 토대로 재화·용역에는 인간의 욕망을 충족시키는 기능이 있으며 그 기능의 크기나 강도가 곧 사용 가치라고 주장되었다. 대부분 재화나 용역의 사용량은 측정해서 수치로 나타낼 수 있다. 따라서 효용의 크기도 수량으로 명시할 수만 있다면, 재화·용역 1단위당 얻어지는 효용의 평균치를 사용 가치라고 할 수 있을 것이다.

첫눈이 올 때면 서산대사님이 입적하시기 전에 읊은 해탈시(解脫詩)가 생각난다.

踏雪野中去(답설야중거하야), 눈 내린 들판 한가운데를 걸어갈 때에도

不須胡行(불수호란행이라). 발걸음을 함부로 어지러이 걷지 말지어다.

今日我亂行跡(금일아행적은), 오늘 내가 걸어간 발자국은

遂作後人程(수작후인정이라). 반드시 훗날 뒷사람의 이정표가 되리니.

生也一片浮雲起(생야일편부운기), 삶은 한 조각 구름의 일어남이고

死也一片浮雲滅(사야일편부운멸). 죽음은 구름의 사라짐이다.

浮雲自體本無實(부운자체본무실), 뜬 구름은 본시 실체가 없으니

生死去來亦如然(생사거래역여연). 살고 죽고 오고감 또한 그와 같도다.

근심 걱정 없는 사람 누구인가, 출세하기 싫은 사람 누구인가.

시기 질투 없는 사람 누구인가, 흉허물 없는 사람 어디 있겠소?

가난하다 서러워 말고 장애를 가졌다고 기죽지 말고

못 배웠다고 주눅 들지 마소, 세상살이 거기서 거기외다.


가진 것 많다 유세 떨지 말고, 건강하다 큰소리치지 말고

명예 얻었다 목에 힘주지 마소, 세상에 영원한 것은 없더이다.


잠시 잠깐 다니러온 이 세상 있고 없음을 편 가르지 말고

잘나고 못남을 평가하지 말고 얼기설기 어우러져 살다가 가세 다 바람 같은 거라오


뭘 그렇게 고민하오, 만남의 기쁨이건 이별의 슬픔이건 다 한순간이오.

사랑이 아무리 깊어도 산들 바람이고 오해가 아무리 커도 비바람이오.

외로움이 지독해도 눈보라일 뿐이오. 폭풍이 아무리세도 지난 뒤엔 고요하듯

아무리 지극한 자연도 지난 뒤엔 쓸쓸한 바람만 맴돈다오, 다 바람이라오.

버릴 것은 버려야지 내 것이 아닌 것을 가지고 있으면 무엇하리오.

줄게 있으면 주어야지 가지고 있으면 뭐 하노 내 것도 아닌데 삶도 내 것이라 하지마소.

잠시 머물다가는 것일 뿐 묶어둔다고 그냥 있겠소, 흐르는 세월 붙잡는다고 아니 가겠소.

그저 부질없는 욕심일 뿐 삶에 억눌려 허리 한 번 못 펴고

인생 계급장 이마에 붙이고 뭐 그리 잘났다고 남의 것 탐내시오.

훤한 대낮이 있으면 까만 밤하늘도 있지 않소.

낮과 밤이 바뀐다고 뭐 다른 게 있소 살다 보면 기쁜 일도 슬픈 일도 다 있는 것.

잠시 대역 연기 하는 것일 뿐 슬픈 표정 짓는다 하여 뭐 달라지는 게 있소.

기쁜 표정 짓는다 하여 모든 게 기쁜 것만은 아니오.


내 인생에 네 인생에 뭐 별거랍니까, 바람처럼 구름처럼

흐르고 불다 보면 멈추기도 하지 않소 그렇게 사는 겁니다.


삶이란 한 조각 구름이 일어남이요. 죽음이란 한 조각 구름이 스러짐이다.

구름은 본시 실체가 없는 것 죽고살고 오고감이 모두 그와 같도다.


이 시는 서산대사의 시로 잘 알려져 있으며, 백범 김구 선생도 좌우명으로 애송한 시로 유명하다. 마곡사는 김구 선생이 명성황후 시해에 참가한 일본인 장교를 처단해 살인죄로 옥살이하다 고종황제의 특사로 풀려난 뒤 한때 출가했던 절이다. 위와 같은 글과 그림이 걸려 있는 마곡사는 많은 승려와 화가를 배출했다.


백범 김구 선생이 쓰신 글에도 서산대사의 시로 나와 있고 지은 이를 서산대사로 명시한 데다 이 시를 새겨놓은 빗돌도 있어서 예전부터 서산대사의 시로 알려져 있다. 하지만 서산대사의 글 모음집인『청허당집(淸虛堂集)』에 이 시가 실리지 않아서 작자에 대해 의문이 있다.

한문학자 안대회 교수는 『임연당별집(臨淵堂別集)』과 1917년에 장지연이 편찬한 『대동시선(大東詩選)』 등에 이 시가 순조 때 활동한 시인 이양연(1771 영조47~1853 철종4)의 작품으로 나와 있다고 했다.

『대동시선(大東詩選)』 8권(卷之八) 30장(張三十)에 나와 있는 이 시는 제목이 '穿雪(천설)'로 되어 있고 내용 중 '답(踏)'자가 '천(穿)'자로, '일(日)'자가 '조(朝)'자로 되어 있다. 두 글자만 다를 뿐 의미는 똑같다.


어느 대학 경영학 교수가 강의 도중 갑자기 오만 원짜리 지폐를 꺼내 들었다.


그리고 "이거 가질 사람 손 들어 보세요."라고 했더니 2/3가 넘는 학생들이 손을 들었다.


그걸 본 교수는 갑자기 오만 원짜리 지폐를 주먹으로 꽉 쥐어서 구기더니 다시 물었다.

"그럼 이 구겨진 돈 가질 사람 손 들어 보세요." 이번에도 많은 학생들이 손을 들었다.

교수가 그걸 다시 바닥에 내팽겨서 발로 밟았다. 지폐는 구겨지고 신발자국이 묻어서 더러워졌다.

교수가 또다시 물었다. "이 더러워진 돈 가질 사람?" 당연히 학생들은 이번에도 손을 들었다. 그걸 본 교수가 학생들에게 말했다.

"여러분들이 구겨지고 더러워진 오만 원짜리 지폐일지라도 그 가치는 변하지 않는다는 것을 잘 알고 있는 것처럼 '나'라는 것의 가치도 마찬가지입니다.

구겨지고 더러워진 '나'일지라도 그것의 가치는 전과 다르지 않게 소중한 것입니다.

실패하고, 사회의 바닥으로 내팽겨진다 할지라도 좌절하지 마세요. 여러분의 가치는 무엇보다 소중합니다.

저는 이 세상에 존재하는 모든 사람이 '나'란 것의 가치를 소중히 해줬으면 좋겠습니다.

소중히 하는 '나' 못지않게 내가 사랑하는 사람들, 내가 좋아하고 또는 싫어하는 사람일지라도 그 가치를 얕보지 않기를 간절히 바랍니다."

그렇다. 자기 자신의 가치를 중히 여길 줄 알아야 더 원대한 꿈을 이룰 수 있다.

이 글을 읽는 순간 '나'의 가치에 대하여 깊이 생각하며 의미를 생각해 보면 어떨까?


가치 없는 돌 한 조각이 황금 술잔에 상처를 낼 수 있어도, 그 돌 조각의 가치는 증가하지 않으며, 금의 가치도 감소되지 않는다.

# 11

◇◇◇◇

## 하루라도 글을 읽지 않으면
## 입안에 가시가 돋아난다(一日不讀書 口中生荊棘)

무슨 일이든 할 수 있다고 생각하는 사람이 해내는 법이다.

의심하면 의심하는 만큼밖에 못하고 할 수 없다고 생각하면 할 수 없는 것
이다.

─ 아산 정주영

一日不讀書(일일불독서), 口中生荊棘(구중생형극)

하루라도 글을 읽지 않으면 입안에 가시가 돋아난다.

江山萬古主(강산만고주), 人物百年賓(인물백년빈)

강과 산은 만고의 주인이지만 사람은 강산에 잠시 왔다가 가는 나그네라네.

白日莫虛送(백일막허송)하라. 靑春不再來(청춘부재래)로다.

백일을 헛되이 보내지 말라 청춘은 두 번 오지 않는다.

등화독서(燈下讀書)라는 말은 등불 아래 책을 읽는다는 말이다. 가을 한때를 살고 가는 귀뚜라미와 풀벌레 소리를 들으며 형광등이 아닌 등잔불에 읽는 재미도 제법 있을 듯하다.

누구나 그렇듯이 자극받는 글이나 옹달샘 같은 맛깔스런 책을 읽으면 용기가 솟구쳐 삶에 한번 도전해 봐야겠다는 전율이 흐르기도 한다.

홀로 등잔불 아래 책을 펼쳐 놓고 옛 사람을 벗으로 삼는 것은 각별한 위로가 되는 일이다. 책이란, 명문(名文)을 모은 책의 감명 깊은 대목들, 노자(老子)의 명언(名言)들, 장자(莊子)의 제편(諸篇) 등이고, 또한 옛 시대의 정취가 있는 것은 더 느낌이 온다. 짧은 글이지만 〈방의 정취〉는 작가의 인품이 물씬 풍겨 나는 글이다. 정갈한 방 등잔 불 아래서 책장을 넘기는 작가의 모습이 선하지 않은가?

영국의 정치가인 베이컨은 "독서는 충실한 인간을 만든다."라고 독서의 중요성을 설파했으며 세계 제일의 갑부인 빌 게이츠도 "오늘의 나를 있게 한 것은 우리 마을의 도서관이다. 하버드대학교 졸업장보다 소중한 것이 독서하는 습관이다."라고 독서를 생활화하였으며, 이를 바탕으로 세계 제일의 갑부가 되는 근원을 마련한 것이다.

독서는 개개인의 삶에 다양한 영향을 미친다.

우선 깊은 통찰력과 사고력을 길러 주고 올바른 사회관과 세계관을 심어주며, 수 백, 수 천 년 전의 현자를 만나 대화를 하고 다양한 지식을 습득할 수 있도록 해 준다.

책은 간접 경험을 통해 실제적으로 하지 못한 모든 것을 가능하게 만든다. 미국의 링컨 대통령이 노예 생활을 하는 흑인들을 해방시키기 위하여 전쟁을 하게 된 계기도 스토우 부인이 쓴『톰 아저씨와 오두막』이라는 책을 읽고서라고 한다. 이 책의 줄거리는 노예 제도의 잔혹상과 흑인에게도 자유와 평등 그리고 인권이 있다는 것을 보여 준 것이라고 한다. 필자는 학창시절 한병욱 교수가 집필한『좌우명 365일』을 감명 깊게 읽고 철학과 인생관에 대하여 깊이 생각한 적이 있다. 또 성경책 한 권으로 한 사람의 인생과 세계 역사의 판도가 바뀌는 일들이 수도 없이 일어난다.

국회도서관에 가보면 최근 출간된 책과 연구 논문이 수두룩하다.

세계는 인터넷이라는 사이버 공간으로 하나가 되었으며 정보화 시대의 도래로 기존 가치관과 시장 환경이 변화하고 급변하면서 세상이 급격히 달라지고 있다.

이런 상황에서 올바른 가치관을 형성하고 다양하고 유익한 정보를 많이 얻기 위해서는 독서하는 것이 최상의 길이라는 것을 알아야 한다. 이제 독서는 더 이상 취미가 아니라 우리의 생활을 변화시키는 새로운 장르가 되었다.

『나는 도서관에서 기적을 만났다』의 저자 김병완은 11년 차 평범한 직장인에서 베스트셀러 작가가 되기까지 1000일간의 이야기를 책(독서)의 소중함으로 풀어냈다.

'일주일에 한 권씩 책을 찍어내는 남자', '신들린 작가'라는 별명을 얻을 정도로 열정적인 집필 활동을 하고 있는 출판계의 신성으로, 2011년 말부터 1년 6개월 만에 33권의 책을 출판했다. 도서관에서 1000일 동안 책을 읽었는데 독서의 힘, 그것은 마법이었다.

독서파만권 하필여유신(讀書破萬卷 下筆如有神) 이 사실임을 증명한 작가이기도 하다.

저자는 11년간 몸담았던 회사와 작별을 고하고, 온 가족을 데리고 부산으로 내려가 1000일 동안 도서관에서 거의 칩거하다시피 하며 매일같이 10~15시간씩 책만 읽었다고 한다. 이 책은 저자가 3년 동안 도서관에서 직접 겪은 '자기변신'에 대한 이야기를 담고 있다. 도서관의 힘, 책의 힘은 지식의 축적도, 능력의 향상도 아닌 '의식의 도약'에 있음을 깨닫게 해주었다. 저자는 만 권의 책을 읽고 40여 권의 책을 출간한 독특한 이력의 작가이기도 하다.

처음 책을 읽었을 때에는 지식이 쌓이더니, 그 다음에는 지혜가, 그리고는 우주의 기운을 빨아들일 것처럼 멘탈이 커졌다. 위대한 '독서의 힘'이 인생을 바꾸어 놓은 것이다.

# 12

◇◇◇◇

# 단점이 있어도
# 장점을 취할 것이 있다(有短取長)



좋은 일을 생각하면 좋은 일이 생기고 나쁜 일을 생각하면 나쁜 일이 생긴

다. 지금 당신이 하루 종일 생각하는 바로 그것대로…

– 조셉 머피


조선의 실학자 성호(星湖) 이익(李瀷 1681 ~ 1763) 선생은 사물의
원리를 관찰한 〈관물(觀編)〉 편에서 단점이 있어도 그 속에 있는 장
점을 볼 줄 알아야 한다고 강조했다.


有短取長(유단취장), 있을 有자에 짧을 短자, 취할 取자에 길 長자.
단점이 있어도 장점을 취할 것이 있다는 뜻이다.


성호 선생은 감나무 두 그루를 키우면서 관찰한 결과를 가지고

이런 이야기를 했다.

　감나무 한 그루는 열매가 많이 달렸지만 열매가 작게 열렸고, 또 한 그루는 열매가 적게 달렸지만 열매가 크게 열렸다고 한다.

　어느 날 나무 두 그루가 자라서 너무 그늘이 지기에 한 나무를 베어 버리려고 하니 도대체 어떤 나무를 자를지 고민이 되었다.

　감이 크게 열리지만 몇 개 안 열리는 나무를 자를지 감이 많이 달리지만 열매가 작은 나무를 자를지 고민하다 결국 두 그루 나무를 다 키웠다는 이야기다.


　그리고 성호 선생은 이렇게 말한다.

　어떤 것이든 장단점이 있기 마련이다.

　단점만 보고 내치지 말고 그것이 가지고 있는 장점을 인정할 줄 알아야 한다.


　성호 선생이 들려주는 것은 양면을 모두 볼 줄 아는 '통찰의 가치관'이다.


　김미라 작가님의 『삶이 내게 무엇을 묻더라도』 중에 다람쥐와 도토리 이야기가 등장한다.


　다람쥐는 도토리를 주울 때 하나는 먹고, 하나는 땅속에 묻어둔다고 한다.

　양식을 비축하는 엄숙한 작업이다.

그런데 다람쥐는 건망증이 심해 도토리를 어디에 묻어 두었는지 기억하지 못한다고 한다.

덕분에 땅속에서 겨울을 난 도토리가 싹을 틔워 숲을 푸르게 한다.

다람쥐의 건망증이 아니었다면 이렇게 무성한 숲을 갖기는 힘들었을 것이다.

잊어버리는 것도 힘이 된다.

정말 잊기 힘든 일이 있다면 다람쥐처럼 삶의 어느 구석에 묻어 두자.

아픔이 희미해질 때쯤 꺼내어 보면 그것이 대수롭지 않은 것이었음을 알게 될지도 모른다.

운 좋게도 다람쥐처럼 어디에 묻어 두었는지 잊는다면, 한 알의 도토리 같은 아픔이 새싹을 틔울 것이다.


인간은 신이 아니기에 부족한 면들이 많고 완벽할 수 없다.

살아가면서 단점을 보완하고 장점을 강화하면서 노력하면 더 크게 성공할 확률이 많다는 통계가 있다.


미국에 톰슨이라는 사람이 있었는데 이력서를 들고 한 회사를 찾아갔다. 그런데 그 회사의 일이 매우 힘들어서 사람들이 오래 버티지 못하고 그만두는 일이 잦았다. 그곳은 매우 힘든 노동을 원하는 곳이어서 몸이 탄탄하지 못한 사람들은 잘 견디지 못했다.

그에게 면접관이 물었다.

"이곳이 어떤 일을 하는 곳인지 알고 왔습니까?" 톰슨이 말했다.

"예, 잘 알고 있습니다. 저는 이력서에 기재되어 있듯이 젊었을 때 저지른 범죄로 인해 35년간이나 감옥에 갇혀 있다가 만기출소를 했습니다. 그 속에서 배운 것은 바로 인내입니다.

지금 저는 간절하게 일을 원합니다.

비록 저는 전과자에 지나지 않지만 그동안 교도소에서 열심히 공부하여 기술자격증도 취득했습니다. 그리고 또다시 쫓겨나지 않으려면 저는 이곳에서 일을 해야 합니다. 부디 저를 채용해 주세요."

사장은 곰곰이 생각했다. "저런 신념이라면 전과자라도 일을 열심히 할 수 있겠네."

결국 사장은 그를 채용했다. 그는 혼신의 힘으로 일을 해서 나중엔 그 회사의 부사장까지 되었다.

인간은 누구나 단점을 지니고 있고 완벽하지 않다. 중요한 것은 자신이 가지고 있는 그 단점을 이기고 노력하는 사람이 되어야 한다는 점이다.

# 13

# 한 번 지나가면 다시는
# 오지 않는 것이 시간이다(一寸 光陰 不可輕)

화가 날 때 숫자를 열까지 세어보고 행동하라. 더욱 화가 날 때, 숫자를 백까지 세어보고 행동하라. 화가 날 때 이 말을 떠올린다면 숫자를 셀 필요조차 없을 것이다.

– 톨스토이

少年易老學難成　소년이로학난성

一寸光陰不可輕　일촌광음불가경

未覺池塘春草夢　미각지당춘초몽

階前梧葉已秋聲　계전오엽이추성

▶ 주희(朱熹: 1130–1200)는 남송(南宋) 때의 학자로 자는 원회(元晦), 호는
　중회(仲晦) 또는 회암(晦菴)이다. 학문이나 인격이 공자 이후 제일인자로

일컬어져 朱子로 불리며, 宋나라 때 이학(理學)을 집대성하여 유교에 철학적 기초를 세웠다. 저서로 『朱子大全』이 있다.

▶ 우성(偶成): 우연히 짓는다는 뜻의 즉흥시. 주자의 이 시는 학문을 권장하는 시로 예로부터 널리 알려져 있다.

▶ 일촌(一寸): 지극히 작음.

▶ 광음(光陰): 세월, 시간.

▶ 지당(池塘): 못가의 둑.

▶ 추성(秋聲): 가을 소리, 나뭇잎 따위가 바람이 불 때 소리가 나는 것.

못가 봄풀은 꿈이 채 깨기도 전에 섬돌 앞의 오동잎은 벌써 가을 소리를 낸다. 곧 봄인가 싶더니 어느덧 가을이라는 뜻으로 덧없이 흘러가는 세월을 말한다.


(해석)

소년은 늙기 쉽고 학문은 이루기 어려우니

아주 짧은 시간도 가볍게 여기지 말라

못가의 봄풀은 꿈에서 채 깨어나지도 않았는데

섬돌 앞 오동나무 잎은 벌써 가을 소리를 내네.


소년은 늙기 쉽고, 학문은 이루기 어려우니 짧은 시간이라도 가벼이 여기지 말라. 필자가 중학교 때 한문시간에 마음에 와 닿아 맨 처음 등교 후 칠판에 분필이 닳도록 적었던 글귀다.

그때는 몰랐는데 세월이 흘러 나이 들고 보니 그 말씀이 얼마나 간절하던지….

지금은 제 딸아이에게 강조하며… 세월이 흘렀다는 것을 실감한다.

한 번 지나가면 다시는 오지 않는 것이 시간이다.

옛 중국의 주자는 "일촌광음불가경(一寸光陰 不可輕)"이라는 글로 한 순간의 시간이라도 절대로 가볍게 여기지 말라고 했다. 돈은 없어지면 다시 벌 수 있지만 시간은 한 번 가버리면 만날 수 없기 때문이다.

시간을 아낄 줄 모르는 사람은 바람에 밀려 이리저리 돌아다니는 쪽배와 같은 사람인 것이다.

피뢰침을 발명한 과학자 프랭클린이 책방을 경영하고 있었는데, 하루는 어느 신사가 책 한 권을 뽑아 들고 "이 책 가격이 얼마지요?" 하고 물었다.

"1달러에 드립니다."
"좀 에누리할 수 없나요?"
"에누리는 안 됩니다. 정가대로 내십시오."
"조금만 감해 주세요."
"그럼 1달러 25센트에 드리지요."
"농담 마시고요."
"그럼 1달러 50센트 내세요."

손님은 화를 냈다.

그때 프랭클린은 "내겐 시간이 가장 귀중하기 때문입니다."라고 말했다.


벤저민 프랭클린(Benjamin Franklin)은 18세기 미국의 정치가·사상가·발명가다. 미국 독립선언서 작성에 참여해 건국의 아버지로 불린다. 전기에 관한 실험보고서와 이론이 유럽 과학계에 널리 알려지게 되었는데, 한 번도 과학과 관련해 체계적인 교육을 받은 적이 없다. 1757년 정계에 발을 디딘 후 30여 년 동안 큰 족적을 남겼다. 정치가로서 프랭클린은 영국의 관리들과 토론을 벌일 때 식민지의 대변인으로 활약했고, 독립선언서 작성에 참여했으며, 미국 독립전쟁 때 프랑스로부터 경제적·군사적 원조를 얻어냈으며, 2세기 동안 미국의 기본법이 된 미국 헌법의 뼈대를 만들었다.

# 14

◇◇◇◇

# 삼복백규(三復白圭)
# 말을 깊이 삼가라

남을 믿는 사람은 모든 사람이 성실해서가 아니라 자기 스스로가 성실하기 때문이다. 남을 의심하는 사람은 모든 사람이 속이기 때문이 아니라 자기 스스로가 먼저 남을 속이기 때문이다.

— 『채근담』

삼복백규(三復白圭). 말을 깊이 삼가라.

『논어』, 〈선진〉 제5장에 南容(남용)이 三復白圭(삼복백규)어늘 孔子以其兄之子(공자이기형지자)로다.

『논어』는 조직을 이끄는 경영자나 교육자, 상담사, 종교인, 위정자처럼 말을 많이 하는 사람들이 즐겨 읽고 실천해야 할 책이다.

군자는 말을 신중히 해야 한다고 공자는 가르쳤다.

말을 깊이 삼가라는 뜻의 '삼복백규(三復白圭)'는 공자의 제자 남용이 〈백규(白圭)〉라는 시를 하루에 세 번 반복하니 공자가 형님의 딸을 그에게 아내로 삼도록 했다는 데서 유래했다.

남용(南容)은 성이 南宮(남궁), 이름은 适(괄), 字는 子容(자용)이다. 그래서 南宮子容이라 불렀다. 두 글자를 줄여 南容이라 했다. 이미 〈公冶長(공야장)〉편에서 공자는 그를 두고 "나라에 도가 있으면 버려지지 않고 나라에 도가 없어도 벌이나 죽음을 면할 것이다"라고 평가했다. 남용이 말을 신중히 하겠다고 다짐하는 것을 높이 평가했다.

공자는 남용이 늘 말을 조심했으므로 나라에 도가 있으면 등용되고 나라가 혼란스럽더라도 형벌을 받지 않으리라 확신한 것 같다. 〈공야장 1〉에 남용에게 형의 딸을 시집보냈다는 내용이 있다.

삼복(三復)은 세 번 거듭 외운다는 말이다.

규(圭)는 장방형이되 윗부분이 뾰족한 서옥(瑞玉)이다.

白圭는 희고 깨끗한 圭인데 여기서는 『시경』〈대아(大雅)〉〈억(抑)〉편의 한 구절을 말한다.

곧 '白圭之玷(백규지점) 尙可磨也(상가마야) 斯言之玷(사언지점) 不可爲也(불가위야)'니, '흰 구슬의 흠은 오히려 갈아 고칠 수 있지만, 말의 흠은 갈아 고칠 수 없네.'라는 뜻이다.

『시경』〈대아(大雅)〉〈탕지습(蕩之什)〉의 억(抑)에 나오는 시구.


백성을 바로 이끌고 제후의 법도를 삼가 지키며

뜻밖의 환난에 대비하고 말을 삼가

공경하고 위의를 지킨다면 화평하지 않을 리 없네.

흰 구슬의 흠은 다시 갈면 되지만

말을 잘못해서 생긴 허물은 어쩔 도리가 없네.

質爾人民 謹爾侯度, 用戒不虞 愼爾出話

敬爾威儀 無不柔嘉, 白圭之玷 尙可磨也

斯言之玷 不可爲也.


남용이 백규의 시를 여러 번 되풀이하여 왼 것은 말의 허물을 적게 하기 위해서다.


『사기』〈孔子世家(공자세가)〉에 보면 공자가 周나라로 가서 老子를 만났다고 한다.


다산 정약용은 『사기(史記)』『공자세가(孔子世家)』에 공자가 周나라로 가서 노자를 만났을 때, 당시 함께 간 남궁경숙(南宮敬叔)을 남용이라고 보았다.


단언키는 어렵지만, 노자가 했다는 말은 새겨들을 만하다.

"총명하고 깊이 살피면서도 죽임을 당하는 사람은 남을 비난하기 좋아하는 자이고, 넓은 지식과 언변을 지니고도 몸을 위태롭게 하는 사람은 남의 악을 들춰내는 자다"라고 말했다. 공자도 노자도 이처럼 신언(愼言)을 가르쳤던 것이다. 子貢(자공)도 駟不及舌(사불급설)이라 했다. 공자도 노자도 愼言(신언)을 가르쳤거늘 이토록 말조심이 어려운 것은 어째서인가?

육신에 난 상처는 7~14일 만에 새 세포가 밀고 나와 아물지만, 칼이나 총이 아닌 말로 입은 상처는 죽을 때까지 아물지 않을 수 있음을 기억해야 한다.

신중하지 못한 말로 남을 실망시키거나 수십 년의 우정이 금이 가거나 부모 자식 간에도 의절하는 경우가 많이 있다.

『성경』〈잠언〉에도 '미련한 자의 입은 멸망의 문이 되고 입술은 영혼의 그물이 되느니라.'라는 말씀이 있다.

사람의 말에 대한 신중함은 옛 속담에 잘 나타나 있다.

'말 한마디에 천 냥 빚을 갚는다(말을 공손하고 조리 있게 잘하면 어려운 일이나 불가능해 보이는 일도 해결할 수 있다)',

'발 없는 말이 천 리 간다(사람들의 입에서 나오는 말은 순식간에 멀리 퍼지기 마련이니 항상 조심해야 한다)',

'낮말은 새가 듣고 밤말은 쥐가 듣는다(아무리 비밀스럽게 한 말이라도 반드시 남의 귀에 들어가게 되니 늘 말조심해야 한다)',

'살은 쏘고 주워도 말은 하고 못 줍는다(화살은 쏘고 나서 주워 올 수

있으나 말은 하고 나면 다시 수습할 수 없다)' 등 말에 대한 여러 가지 속담
은 말 한마디가 얼마나 중요한 지를 나타낸다.


'험담은 살인보다 위험하다. 살인은 한 사람만 죽이지만 험담은 세 사람을
죽인다.

퍼뜨린 사람, 듣는 사람, 험담의 대상이 된 사람이 그것이다.'

― 탈무드


**사불급설**(駟不及舌). 네 필 말이 끄는 수레의 속도도 혀에 미치지 못한다.


중국 동진(東晉, 317~420)의 9대 왕 사마요는 술김에 애첩 장귀인
에게 "당신도 이제 늙었군. 진작 내칠걸."이라고 말했다.

놀라고 발끈한 장귀인은 잠든 왕에게 이불을 덮어씌워 질식사
시킨 뒤 도망쳤다.

일국의 제왕이 농담 한 마디 때문에 어이없는 죽임을 당한 셈
이다.


태조 이성계와 함께 조선을 건국한 정도전의 비참한 말로 역시
설화(舌禍)란 주장도 있다.

세자 책봉 싸움에서 패한 게 원인으로 돼 있지만 실은 그전에
술만 마시면 "한고조 유방이 장자방을 쓴 게 아니라 장자방이 한
고조를 쓴 것이다."라고 떠든 게 화를 불렀다는 것이다.

말은 이렇게 무섭다. 무심코 했든 작정하고 했든 그 말이 상대에게 비수가 되어 꽂히면 이후 일어날 일은 아무도 알 수 없다. 그래서인가. 동서고금의 말조심에 대한 경고는 이루 다 열거하기 어렵다.

한 마디에 천 냥 빚을 갚는다는 한국 속담도 있는 반면에 말 한 번 잘못 하였다가 서로 원수가 되거나 신세를 망친 사람도 있다.

11명의 천자를 섬긴 재상 풍도는 〈설시(舌詩)〉에서 "입은 화의 문이요, 혀는 몸을 베는 칼(口是禍門 舌是斬刀身)"이라는 유명한 말을 남겼다.

풍도(馮道)의 〈설시(舌詩)〉

口是傷人斧(구시상인부)

입은 사람을 상하게 하는 도끼

言是割舌刀(언시할설도)

말은 혀를 베는 칼

閉口深藏舌(폐구심장설)

입을 다물고 혀를 깊이 감추면

安身處處牢(안신처처뢰)

몸이 편안하고 가는 곳마다 안전하다.

『명심보감』에 '인간의 희로애락은 마음에 있지만(喜怒在心) 결국 말을 통해 밖으로 나오게(言出於口) 되니 삼가지 않을 수 없다(不可不愼)'고 하였다. 말씀 언자는 그 글자에서도 현시하듯이 마음(心)이 입(口) 밖으로 나와 굳어진 모양(言)으로 엎어진 그릇의 쏟아진 물처럼 돌이킬 수 없다.

불교『잡보장경』〈무재칠시(無財七施, 재산이 없어도 베풀 수 있는 7가지 보시)〉에 〈언시(言施, 부드럽고 다정한 말로 상대방을 감동시키고 즐겁게 한다)〉가 들어있음을 잊지 말 일이다.

자만에 빠졌을 때 쉽게 내뱉은 말로 스스로를 공격하는 어리석음도 있을 수 있다.

세계 최고의 CEO, CFO 경영자들은 함부로 내뱉는 말을 제일 경계해야 한다.

"발전이 없는 현재는 자만심에 찬 퇴보이기 때문이다."(고) 이건희 회장님의 말씀과 "성공은 어설픈 교사다. 현명한 사람들로 하여금 자신에게는 실패란 없다고 확신하게 만든다."는 빌 게이츠의 말은 자만에 찬 언행을 경계하는 좋은 경구다.

[제3강]

# 인문학人文學에서 배우는 마지막 인생수업人生授業

# 15

# 조문도석사가의

(朝聞道夕死可矣, zhāo wén dào xī sǐ kě yǐ),

## 아침에 도를 들어 깨달으면
## 저녁에 죽어도 좋다

子曰 "朝聞道, 夕死可矣." 아침에 도를 들으면 저녁에 죽어도
좋다. 참된 이치를 깨달으면 죽어도 여한이 없다는 것을 비유하는
말이다.

이 구절에 대한 해석은 크게 두 갈래로 정리되어 왔다. 삼국시
대 위(魏)나라의 하안(何晏)과 왕숙(王肅)은 "아침에 온 세상에 도가
행해지고 있다는 것을 들었다면 저녁에는 죽어도 좋다."는 공자
(孔子)의 탄식으로 해석하였다. 즉, 인의(仁義)가 올바르게 행하여지
는 세상을 기대한 말이라는 것이다.

사마상여(司馬相如)도 "비상한 노력을 한 뒤에 특별한 공적이 있
다(有非常之事, 然後立非常之功)."라고 하였다.

주자(朱子)는 "도라는 것은 사물의 당연한 이치다. 진실로 그것을 들을 수 있다면, 살아서는 이치에 따르고 죽어서도 여한이 없을 것이다(朱注云, 道者, 事物當然之理. 苟得聞之, 則生順死安, 無復遺恨矣.)"라고 하여 구도에 대한 열정의 토로로 해석하였다.

즉, 공자는 진리를 생명보다 귀하게 여겼다.

도가 무엇인지 아직도 모르겠다는 말일까?

공자를 잘 아는 동자가 공자님을 시험하기 위해서 길을 가는 공자님께 물었다.

"선생님 학문이 뛰어나다면서요. 그럼 여쭈어보겠습니다. 여기서 태양까지 얼마나 됩니까?" 하니, 공자께서 모르겠다 대답하셨다.

"그럼 멀어서 모르시면 가까운 질문 하나 드리겠습니다. 선생님 눈에서 가장 가까운 곳에 있는 눈썹은 몇 개나 됩니까?"라고 물으니 이 역시 "모르겠다."라고 공자께서 대답하셨다.

동자는 "그럼 무엇을 안다는 겝니까?"라고 묻자, "아는 것은 안다고 말하고 모르는 것은 모른다고 하는 것이 학문이고 지식이라고도 한다."라고 말씀하셨다.

朝聞道夕死可矣(조문도 석사가의)도 마찬가지다.

공자님께서 이 말씀을 하신 것은 혹여나 이 세상 사람들이 어떻게든지 바르게 옳게 살아간다는 말을 듣기만 해도 오늘저녁 죽는다 해도 여한이 없겠다는 뜻으로 말씀하신 건 아닐까?

대통령은 대통령다워야 하고 대한민국 국민은 국민다워야 하며 교수(교사), 목사님이나, 사제(신부님), 스님도 제 격에 맞는 삶을 살아야 하지 않을까? 자녀가 자녀답고 부모는 더욱 더 부모다운 모습으로 살아가는 사람다운 살아가야 이 사회가 더 진화하는 국가가 되지 않을까? 하늘을 우러러 한 점 부끄럼 없는 삶으로 처신하며 살아가자.

공부를 하든, 일을 하든 '朝聞道夕死可矣(조문도 석사가의)'라는 생각으로 하면 최선을 다해 열심히 할 수 있을 것이다. 그리고 큰 성취를 얻지 못한다 해도 최선을 다했으므로 결과에 만족할 것이다.

# 16

# 인문학으로 본 연애이야기

愛之敬之夫婦之禮(애지경지부부지례) 서로 사랑하고 공경(恭敬)하는 것이 부부(夫婦)간(間)의 예의(禮儀)이다.

인문학으로 바라본 연애?

법정스님의 평생 반려자였던 6권의 책 중 하나에서 이 질문에 대한 해답이 그리 어려운 숙제가 아님을 알게 된다.

세상을 떠나면서도 청빈의 도와 맑고 향기로운 삶을 실천한 '법정 스님'의 가르침을 되새기는 맑고 향기로운 글, 일생 동안 무소유와 청빈의 삶을 앞장서 실천해 온 법정스님의 "미리 쓰는 유서(遺書−1971년 작품 무소유에 수록된 글)"는 죽음을 두려워하는 것은 살아

있는 사람들의 인지상정이나 삶과 죽음은 들숨과 날숨 같은 것으로 자연스럽게 받아들여야 한다는 내용이다.

(평소 "번거롭고 부질없으며 많은 사람들에게 수고만 끼치는 일체의 장례의식을 행하지 말고, 관과 수의를 따로 마련하지도 말며, 편리하고 이웃에 방해되지 않는 곳에서 지체 없이 평소의 승복을 입은 상태로 다비하여 주고, 사리를 찾으려고 하지 말며, 탑도 세우지 말라"고 상좌들에게 당부하며 마지막 가시는 길에도 무소유와 청빈의 삶을 올곧게 실천하신 법정스님을 추모하며 "미리 쓰는 유서"를 싣습니다.)

죽게 되면 말없이 죽을 것이지 무슨 구구한 이유가 따를 것인가. 스스로 목숨을 끊어 지레 죽는 사람이라면 의견서(유서)라도 첨부되어야겠지만, 제 명대로 살 만치 살다가 가는 사람에겐 그 변명이 소용될 것 같지 않다. 그리고 말이란 늘 오해를 동반하게 마련이므로, 유서에도 오해를 불러일으킬 소지가 있다.

그런데 죽음은 어느 때 나를 찾아올는지 알 수 없는 일이다. 그 많은 교통사고와 가스 중독과 그리고 원한의 눈길이 전생의 갚음으로라도 나를 쏠는지 알 수 없다. 우리가 살아가고 있다는 것이 죽음 쪽에서 보면 한 걸음 한 걸음 죽어 오고 있다는 것임을 상기할 때, 사는 일은 곧 죽는 일이며, 생과 사는 결코 절연된 것이 아니다. 죽음이 언제 어디서 내 이름을 부를지라도 "네" 하고 선뜻 털고 일어설 준비만은 되어 있어야 할 것이다.

그러므로 나의 유서는 남기는 글이기 보다 지금 살고 있는 '생의 백서(白

書)'가 되어야 한다. 그리고 이 육신으로서는 일회적일 수밖에 없는 죽음을 당해서도 실제로는 유서 같은 걸 남길 만한 처지가 못 되기 때문에 편집자의 청탁에 산책하는 기분으로 따라 나선 것이다.

흔히 누구를 부르던데?

아무도 없다. 철저하게 혼자였으니까. 설사 지금껏 귀의해 섬겨온 부처님이라 할지라도 그는 결국 타인이다. 이 세상에 올 때에도 혼자서 왔고 갈 때에도 나 혼자서 갈 수밖에 없다. 내 그림자만을 이끌고 휘적휘적 삶의 지평을 걸어왔고 또 그렇게 걸어갈 테니 부를 만한 이웃이 있을 리 없다.

물론 오늘까지도 나는 멀고 가까운 이웃들과 서로 왕래를 하며 살고 있다. 또한 앞으로도 그렇게 살아갈 것이다. 하지만 생명 자체는 어디까지나 개별적인 것이므로 인간은 저마다 혼자일 수밖에 없다. 그것은 보랏빛 노을 같은 감상이 아니라 인간의 당당하고 본질적인 실존이다.

고뇌를 뚫고 환희의 세계로 지향한 베토벤의 음성을 빌리지 않더라도, 나는 인간의 선의지(善意志) 이것밖에는 인간의 우월성을 인정하고 싶지 않다. 온갖 모순과 갈등과 증오와 살육으로 뒤범벅이 된 이 어두운 인간의 촌락에 오늘도 해가 떠오르는 것은 오로지 그 선의지 때문이 아니겠는가?

그러므로 세상을 하직하기 전에 내가 할 일은 먼저 인간의 선의지를 저버린 일에 대한 참회다. 이웃의 선의지에 대해서 내가 어리석은 탓으로 저지른 허물을 참회하지 않고는 눈을 감을 수 없을 것이다.

때로는 큰 허물보다 작은 허물이 우리를 괴롭힐 때가 있다. 허물이란 너무 크면 그 무게에 짓눌려 참괴(慙愧)의 눈이 멀고 작을 때에만 기억에 남는 것인가. 어쩌면 그것은 지독한 위선일지도 모르겠다. 그러나 나는 평생을 두고 그 한 가지 일로 해서 돌이킬 수 없는 후회와 자책을 느끼고 있다. 그것은 그림자처럼 따라다니면서 문득문득 나를 부끄럽고 괴롭게 채찍질했다.

중학교 1학년 때, 같은 반 동무들과 어울려 집으로 돌아오던 길에서였다.

엿장수가 엿판을 내려놓고 땀을 들이고 있었다. 그 엿장수는 교문 밖에서도 가끔 볼 수 있으리만큼 낯익은 사람인데 그는 팔 하나가 없고 말을 더듬는 불구자였다.

대여섯 된 우리는 그 엿장수를 둘러싸고 엿가락을 고르는 척하면서 적지 않은 엿을 슬쩍슬쩍 빼돌렸다. 돈은 서너 가락치밖에 내지 않았다. 불구인 그는 그런 영문을 전혀 모르고 있었다.

이 일이, 돌이킬 수 없는 이 일이 나를 괴롭히고 있다. 그가 만약 넉살 좋고 건강한 엿장수였더라면 나는 벌써 그런 일을 잊어버리고 말았을 것이다. 그런데 그가 장애자라는 점에서 지워지지 않는 채 자책은 더욱 생생하다.

내가 이 세상에 살면서 지은 허물은 헤아릴 수 없이 많다. 그 중에는 용서받기 어려운 허물도 적지 않을 것이다. 그런데 무슨 까닭인지 그때 저지른 그 허물이 줄곧 그림자처럼 나를 쫓고 있다.

다음 세상에서는 다시는 더 이런 후회스런 일이 되풀이되지 않기를 진심으로 빌며 참회하지 않을 수 없다. 내가 살아생전에 받았던 배신이나 모함도 그때 한 인간의 순박한 선의지를 저버린 과보라 생각하면 능히 견딜 만한 것이다.

"날카로운 면도날은 밟고 가기 어렵나니, 현자가 이르기를 구원을 얻는 길 또한 이같이 어려우니라."

〈우파니샤드〉의 이 말씀을 충분히 이해할 것 같다.

내가 죽을 때에는 가진 것이 없을 것이므로 무엇을 누구에게 전한다는 번거로운 일도 없을 것이다. 본래무일물(本來無一物)은 우리들 사문의 소유관념이다. 그래도 혹시 평생에 즐겨 읽던 책이 내 머리맡에 몇 권 남는다면, 아침저녁으로 "신문이요" 하고 나를 찾아주는 그 꼬마에게 주고 싶다.

장례식이나 제사 같은 것은 아예 소용없는 일. 요즘은 중들이 세상 사람들보다 한술 더 떠 거창한 장례를 치르고 있는데, 그토록 번거롭고 부질없는 검은 의식이 만약 내 이름으로 행해진다면 나를 위로하기는커녕 몹시 화나게 할 것이다. 평소의 식탁처럼 나는 간단명료한 것을 따르고자 한다. 내게 무덤이라도 있게 된다면 그 차가운 빗돌 대신 어느 여름날 아침에 좋아하게 된 양귀비꽃이나 모란을 심어 달라 하겠지만, 무덤도 없을 테니 그런 수고는 끼치지 않을 것이다.

생명의 기능이 나가 버린 육신은 보기 흉하고 이웃에게 짐이 될 것이므로 조금도 지체할 것 없이 없애 주었으면 고맙겠다. 그것은 내가 벗어버린 헌옷이니까. 물론 옮기기 편리하고 이웃에게 방해되지 않을 곳이라면 아무데서나 다비(茶毘: 화장)해도 무방하다. 사리 같은 걸 남겨 이웃을 귀찮게 하는 일을 나는 절대로 절대로 하고 싶지 않다.

육신을 버린 후에는 훨훨 날아서 가고 싶은 곳이 있다. '어린왕자'가 사는 별나라 같은 곳이다. 의자의 위치만 옮겨 놓으면 하루에도 해지는 광경을 몇 번이고 볼 수 있다는 아주 조그만 그런 별나라. 가장 중요한 것은 마음으로 봐야 한다는 것을 안 왕자는 지금쯤 장미와 사이좋게 지내고 있을까. 그런 나라에는 귀찮은 입국사증 같은 것도 필요 없을 것이므로 한번 가보고 싶다.

그리고 내생에도 다시 한반도에 태어나고 싶다. 누가 뭐라 한대도 모국어에 대한 애착 때문에 나는 이 나라를 버릴 수 없다. 다시 출가 수행자가 되어 금생에 못다 한 일들을 하고 싶다.

— 법정스님 『무소유』 79~83쪽

무소유의 진리를 드러낸 '결혼'(이강백)과 '무소유'(법정) 작품의 일부 내용이다.

이강백의 '결혼'은 다양한 실험적 기법을 사용하여 물질 만능주의 시대를 살아가는 현대인에게 소유의 본질과 진정한 사랑의 의미를 생각하게 하는 희곡이며 법정의 '무소유(無所有)'는 인간의 괴로움과 번뇌는 어떤 것에 집착하고 더 많이 가지려는 소유욕에서 비롯된다는 점을 전하고 있는 수필이다. 소유에 대한 집착을 버리면 진정한 행복을 얻을 수 있다는 교훈을 주고 있다.

결혼(이강백)과 무소유(법정) 중에는 다음과 같은 내용이 있다. 가난한 사기꾼인 남자는 결혼을 위한 조건을 빌린 후 맞선을 보기로 한 여자를 기다린다. 초조한 기다림 끝에 맞선을 보기로 한 여자가 도착한다. 남자는 여자에게 사랑을 느끼게 되고 소유의 본질을 깨닫는다. 약속된 시간이 되면서 하인이 남자가 빌린 물건을 하나씩 빼앗아 가기 시작한다. 남자의 처지를 알게 된 여자가 떠나려 하자, 남자는 소유의 본질과 헌신적 사랑의 중요성을 이야기하며 여자에게 결혼해 달라고 설득한다. 여자는 남자의 청혼을 받아들인 후 그곳을 떠나자고 한다.

이 작품은 전통적 기법을 벗어나 실험적 기법으로 창작된 희곡으로, 소유의 본질과 진정한 사랑의 의미를 생각해 보게 한다. 이야기책 속 사건을 극 중 현실로 바꾸어 상황을 관객에게 설명하는 독특한 구성 방식을 취하고 있으며, 다양한 장치를 이용해 한정된 시간 안에 결혼을 해야 하는 남자의 성공담을 풀어 나가고 있다. 이 작품은 별다른 무대 장치도 없고 관객과 무대의 절대적인 구분도 없다. 또한 필요한 소품을 등장인물에게 빌려 주는 방식으로 관객의 참여를 유도하기도 한다. 작가는 결혼이라는 소재를 통해 세상 모든 것이 본래 누군가에게 빌린 것에 지나지 않는다는 주제의식을 전하면서 더불어 진정한 사랑이란 물질적인 것이 아니라 진실한 태도와 마음에서 나오는 것임을 제시하고 있다.

법정스님의 '무소유' 는 소유의 본질에 대한 깨달음을 제시하고 있는 수필이다. 인간의 고통과 번뇌는 소유에 대한 집착에서 비롯하며, 소유욕을 버리면 마음의 평정과 자유를 얻을 수 있음을 역설하고 있다. 글쓴이는 '간디 어록'을 인용하여 간디에 비해 너무 많은 것을 가진 자신에 대해 부끄러움을 느낀다. 그리고 난초를 키우며 집착 때문에 괴로웠던 경험을 제시하여 무소유의 의미를 역설하고 있다. 글쓴이는 인간의 역사가 자기네 몫을 차지하기 위해 끊임없이 싸워 온 소유의 역사임을 분명히 하면서 물질 만능주의에 빠진 현대인들에게 결혼도 무소유의 자세를 가질 때 행복할 수 있다는 뜻을 강조하고 있다.

일생을 '무소유'를 주장하셨던 법정스님께서 마지막까지 소장하셨던 책(『예언자』-저자 칼릴지브란)으로 사랑에 대한 해답을 풀어보자.

저자 칼릴 지브란은 1883년 레바논에서 태어난 시인이자 철학자이며 화가이다. 조국인 레바논이 터키의 침략으로 식민지가 되자 조국과 고향 보세리를 등지고 미국으로 건너가 20여 년간 작품 저작에 주력했다. 그의 저서는 한때 위험스런 사상이라 낙인이 되어 베이루트 장터에서 불태워지기도 했다.

첫사랑이 터키의 통치 수단인 종교 권력에 의해 비련으로 끝나는 아픔을 겪으면서 '예언자', '예언자의 동산', '부러진 날개' 등을 통해 인간의 영혼을 일깨웠던 칼릴 지브란은 그토록 돌아가고 싶어 하던 고향에 돌아가지 못한 채 1931년 4월 10일 뉴욕의 성 빈센트 병원에서 생을 마감했다. 아랍 문화의 자존심으로 불렸던 그의 작품은 현재 전 세계에서 번역 출판되어 수많은 독자들에게 사랑받고 있다.

책 속으로 들어가 보면 연애와 사랑에 대한 이야기가 있다.

사랑이 그대를 부르거든 그를 따르라. 비록 그 길이 힘들고 가파를지라도.
사랑의 날개가 그대를 감싸 안거든 그에게 온몸을 내맡기라.
비록 그 날개 속에 숨은 칼이 그대를 상처 입힐지라도.
사랑이 그대에게 말하면 그 말을 신뢰하라.
비록 북풍이 정원을 폐허로 만들 듯 그 음성이 그대의 꿈을 뒤흔들지라도.

– p. 21

함께 있되 거리를 두라. 그래서 하늘 바람이 그대들 사이에서 춤추게 하라.

서로 사랑하라. 그러나 사랑으로 구속하지는 말라.
그보다도 그대들 혼과 혼의 두 언덕 사이에 출렁이는 바다를 놓아두라.
서로의 잔을 채워 주되 한쪽의 잔만을 마시지 말라.
서로의 빵을 주되 한쪽의 빵만을 먹지 말라.
함께 노래하고 춤추며 즐거워하되 서로는 혼자 있게 하라.
마치 현악기의 줄들이 하나의 음악을 울릴지라도 줄은 서로 따로이듯이.

함께 서 있되 너무 가까이 서 있지는 말라.

사원의 기둥들도 서로 떨어져 있고,

참나무와 삼나무도 서로의 그늘 속에서는 자랄 수 없으니.

- p. 26


아이들은 스스로를 그리워하는 큰 생명의 아들과 딸들이니,

아이들은 그대를 거쳐서 왔을 뿐 그대로부터 온 것이 아니다.

또 그대와 함께 있을지라도 그대의 소유가 아니다.


그대는 아이들에게 사랑을 줄 수 있으나, 그대의 생각까지 주려고 하지 말라.

아이들에게는 아이들의 생각이 있으므로.

그대는 아이들에게 육신의 집은 줄 수 있으나, 영혼의 집까지 주려고 하지 말라.

아이들의 혼은 내일의 집에 살고 있으므로.

그대는 결코 찾아갈 수 없는, 꿈속에서조차 갈 수 없는 내일의 집에.

- p. 26


기쁠 때, 그대 가슴 깊이 들여다보라. 그러면 알게 되리라.

그대에게 슬픔을 주었던 바로 그것이 그대에게 기쁨을 주고 있음을.

슬플 때도 가슴속을 다시 들여다보라. 그러면 알게 되리라.

그대에게 기쁨을 주었던 바로 그것 때문에 그대가 지금 울고 있음을.

- p. 46

그대의 고통이란 그대의 깨달음을 가두고 있는 껍질이 깨어지는 것이다.

과일의 씨도 햇빛을 보려면 굳은 껍질을 깨야 하듯이. 그대 역시 고통을 알지 않으면 안 된다.

그대 만일 날마다 일어나는 삶의 기적들을 가슴속에 경이로움으로 간직할 수 있다면,

그렇다면 고통도 기쁨처럼 경이롭게 바라볼 것을.

그러면 들판 위로 지나가는 계절에 언제나 순응해 왔듯이 그대 가슴속을 지나가는 계절도 기쁘게 받아들이리라.

그리하여 그대 슬픔의 겨울들 사이로 고요히 응시할 수 있으리라.

― p. 77

현대의 성서로 불리는 『예언자』에는 다음과 같은 일화가 있다.

지브란이 스무 살 무렵에 초고를 어머니에게 보여 주자, 그의 어머니는 "참 좋은 글이다. 하지만 아직 때가 되지 않았으니 덮어 두거라."라고 말했다고 한다. 훗날 지브란은 "나의 덜 익은 사상에 대해 어머니가 나보다 더 잘 알고 계셨다."라고 회상했다.

성스럽고, 사랑스럽고, 깊고, 맑고, 거침없는 언어로 사랑과 결혼, 기쁨과 슬픔, 이성과 열정 등 삶의 보편적 화두를 관통하는 잠언 시집 『예언자』는 예언자 알무스타파가 유배를 마치고 고향으로 돌아가는 배를 타려는 장면에서 시작된다.

『예언자』는 성서의 언어를 사용했다. 성서의 언어를 심오한 가르침을 전달하는 이상적인 매개체로 보았기 때문이다. 또한 사랑, 결혼, 자녀, 일, 주는 것, 먹고 마시는 것, 기쁨과 슬픔, 집과 옷, 사고파는 것, 죄와 벌, 이성과 감정, 선과 악, 우정, 대화, 기도, 쾌락, 종교, 죽음 등 인생의 근본을 이루는 스물여섯 가지 질문에 대해 문답 형식으로 답한다.

국내 독자들에겐 낯선 사실이지만, 칼릴 지브란은 독창적인 화가로도 인정받았다. 파리 유학 시절에 만난 로댕은 지브란의 그림을 신비주의 시인이며 화가인 윌리엄 블레이크의 작품에 비견하기도 했다.


결혼 후 3년 만에 이혼을 결심한 일류대학 CC들의 이야기보따리를 풀어서 결혼과 사랑에 대한 이야기를 나눠보자.


둘은 대학교수님의 중매로 결혼하여 신혼의 단꿈에 빠졌다.

여성이 주례를 봐줬던 교수님을 찾아와 이혼을 해야겠다 말을 하였다. 그 이유가 무엇인지 묻자,

"저 외에 다른 여자와 몸정 나눠, 도저히 불결해서 살 수가 없습니다."라고 말했다.


대학 교수님은 남편을 학교로 불러 그 이야기가 사실인지 물어봤다.

그러자 남편은 "다른 여자와 바람을 피운 건 사실이지만, 와이

프는 더 나쁩니다."라고 이해 안 되는 말을 남겼다.

"무슨 말이냐? 자세히 설명을 해보시게~"라고 묻자

이 바람 핀 남편은 "교수님, 저는 몸으로 바람을 피웠지만 와이프는 더 나쁜 여자입니다."라고 대답했다.

"왜, 자네 아내도 맞바람을 피웠나?"라고 말하자

"예~, 저는 상대 여자에게 몸은 줬어도 마음은 주지 않았습니다. 하지만 아내는 다른 남자와 몸을 섞지 않았을지 모르지만 다른 남자와 커피를 마시고 드라이브를 하였습니다. 교수님~ 아내는 남자에게 몸은 허락하지 않았을지언정 마음을 주었습니다. 제가 더 기분이 나쁩니다."라고 말하는 남자를 보고 교수님은 아무 말 없이 무 상념으로 창밖만 바라보았다.


한 방송프로그램에 방송된 TVN 설 특집 〈법륜스님의 즉문즉설〉은 법륜스님과 즉석에서 묻고 즉석에서 이야기를 나누는 강연 프로그램이다. 2020년 설 특집으로 25일(토)과 26일(일) 18시 양일간 TVN 〈법륜스님의 즉문즉설〉이 방송되었다.

"누구에게도 털어놓지 못한 고민이 있다면? 걱정하지 마시라! 여러분의 고민을 한 방에 해결해 드립니다" 많은 사람들이 존경하는 멘토, 스승 '법륜스님'과 공감과 소통의 공간이다.

한 질문자는 법륜스님에게 "요즘 TV에 백종원 씨가 여기저기 많이 나온다. 저 사람이 내 남편이었으면 하는 바람이 있습니다."라며 "전생에 어떤 덕을 쌓아야 저런 사람과 결혼할 수 있을까요"

라고 질문했다.

법륜스님은 "제가 볼 때 쥐가 계속 쓰레기장만 뒤지면서 음식을 찾다가 어느 날 접시에 자기가 제일 좋아하는 고구마가 얹혀있다면 '나한테도 이럴 때가 있구나' 생각하겠지요."라며 이어서 "그런데 거기에 뭐가 들어 있을까? 쥐약인 거다."라고 답했다. 이어 "다 돌보시는 분들이 돌봐서 쥐약이 안 나타난 것이고 나타나면 쥐약인 줄 알아라."라고 얘기했다.

질문자는 그런 법륜스님에게 "결혼 25년 됐는데 5년 전부터 남편이 너무 밉다. 2년 정도 말을 안 하고 있다."라며 "제가 5년 전부터 직장을 그만두고 집에만 있는데 맞벌이를 하다가 남편이 외벌이 하게 되니깐 남편이 경제적으로 멘탈이 힘들어지니깐 날 힘들게 하더라."라고 설명했다. 그러면서 질문자는 "대화를 많이 하고 살아왔는데 소용이 없다는 생각이 들고 노력을 해봤는데 되지 않으니깐 어느 순간 놔버리게 됐다."고 말했다.

법륜스님은 이 질문자에게 "20년간 노력했다는 건 자꾸 남편을 바꾸려고 했던 거다. 말이 대화지 '네가 바뀌라'였다."라며 "진정한 대화는 들어주는 거다. 내가 말을 하는 것이 대화하는 것이 아니라 이야기를 들어주고 수긍해 주는 게 대화다."라고 조언했다.

이어 "상대편에게 공감을 요구하는 건 너무 어려운 일이다. 이혼을 할 것이 아니라면 관점을 바꿔보는 것이 방법이다."라며 "밖에서 다른 남자를 찾으면 지금 남편보다 좋은 남자 찾기 힘들지도 모른다. 가능하면 남편을 다듬어서 쓰는 게 좋다."라고 덧붙였다.

이어 한 질문자는 "남편이 바람을 피워 이혼하고 싶습니다."라고 말하자

"다른 여자와 한 번 바람피운 남자랑 사는 것이 좋을까요. 아니면 재혼해서 다른 여자랑 20년 살아온 남자랑 재혼하는 나을까요?" 법륜스님의 즉문즉설은 지혜롭다. 좋은 사람을 찾기보다는 좋은 사람이 되어 줄 사람과 함께하기를 말씀해 주신다.

필자가 처음 종이책으로 출판한 『스마트한 연애 사용법』에는 필자의 소개로 결혼해서 행복하게 살아가는 커플의 이야기가 적혀 있다.

상대여성 만혼 40대 중반, 남성은 40대 후반이었다. 여성은 국제공인회계사로 외국계 회사에서 잘나가는 임원이었고 남성은 필자와 같은 직장 동료이다.

필자와 인천종합예술회관 '피카소 그림전' 관람차 함께 가던 중 우연히 필자가 알고 있는 여성의 이야기를 들려주자 한번 만나게 해달라는 요청을 받고 이 둘을 연결해 주었다. 우리 사회 깊숙이 들어와 있는 노처녀 노총각이었지만 이 둘은 만난 지 3개월 만에 제 짝을 찾고 결혼하였다.

결혼 전 필자가 여성에게 물어보았다.

"저 친구가 왜 좋나요?"라고 물으니 "그냥 편하고 이야기가 잘 통한다."라고 말했다.

필자 친구에게 물어보았다. "저 여자분이 왜 좋아?"라고 물으니 "그냥 같이 있으면 편하고 좋아."라고 대답했다.


결혼 후 1년이 지나 지금도 결혼에 대하여 후회하지 않는지 다시 한번 물어보았다.

"친구야 아직도 와이프 좋냐?"라고 묻자

"그럼~ 잠자기 전 '오늘도 이렇게 편안하게 잠자리에 들게 해주셔서 감사합니다.'라고 기도드리는 모습이 꼭 천사를 보는 듯해."라고 대답했다. 이번에는 그 친구 와이프에게 질문했다.

"아직도 남편이 좋은가요?"라고 물으니 "지금은 오빠하고 같이 숨만 쉬고 있어도 좋아요."라고 닭살 돋는 말을 들려주었다.

이 이야기의 제목을 〈결혼에도 타이밍이 있다〉라고 적었다.

이들이 20대 또는 30대에 만났다면 아마도 결혼에 성공하지 못했을 것이라는 생각을 해본다.


요즈음은 시대의 빠른 변천과 늦깎이 직장생활로 인연을 찾을 생각을 않고 "폼 나는 독신으로 살아도 괜찮다."고 생각하는 남녀가 많이 있다. 연애만 하고 결혼은 미루는 생각 또는 경제적인 이유로 연애 한 번 할 여유 없이 일만 열심히 하다가 혼기를 놓친 경우도 있을 수 있다.

결혼 1년 또는 3년 후에, 혹은 남편의 퇴직 후 퇴직금과 연금 나누며 이혼하는 사람, 자녀 결혼 후 이혼하거나 졸혼하는 사람들도 다반사인 세상이다.

요즘은 여성도 직장이 없으면 결혼하기 쉽지 않고 과거 필자가 살아왔을 때 손만 잡아도 결혼해야 한다 생각하는 순수한 모습은 찾기 힘들다.

여성들은 남자의 경제력과 자기관리, 자상하고 친절한 사람을 찾는가 하면 남성은 여성의 외모와 몸매 그리고 재력을 먼저 보는 시대가 되었다. 남성도 직장생활에서 정년까지 가기가 쉽지 않은 상황을 빨리 인식하였기 때문이다.

손을 잡아도 느낌이 없고 설렘이 없고 대화는 통하지 않고 이런 상황에 조건을 보고 결혼하여 후회하고 결혼생활을 접는 경우도 있다. 첫눈에 반해 완벽한 조건을 갖춘 남성이라 결혼한 경우도 한 여자에게 헌신하지 않고 여러 명의 여자를 만날 수 있다는 불안한 결혼생활에서 결혼 후 3년도 지나지 않아 눈에 콩깍지가 벗겨져 밥 먹는 모습만 봐도 싫증이 나서 별거하다 이혼하는 경우도 허다하다.

결혼은 이론만으로 완성되지 않는다. 서로간의 양보와 배려에서 조금씩 변화한 모습을 보여주어야 한다.

필자는 연예인 중 최수종을 참 좋아한다.

부인 하희라를 위해 각종 이벤트를 해줘서 많은 대한민국 남성들의 적이라 하지만 와이프를 위해 좋아하는 술을 끊고 낚싯대마저 부러트리는 그의 부인 사랑은 일반인이라면 쉽지 않은 결단이기 때문이다.

결혼은 남녀의 나이차, 또는 돈이 많든, 학벌이 좋든, 연하든 연상이든 그것은 중요하지 않다. 여성은 자신을 사랑하는 진실된 마음을 본다. "소소한 일상생활을 묻는 남편의 자상함에서 존경심이 묻어난다."고 할 수 있다.

이제 죽었던 연애세포를 깨워 진실된 연애, 진실된 결혼생활, 행복한 가정을 위해 어떻게 처신해야 할지 잠자던 행복의 본능 세포를 깨우는 마음의 변화를 가져 보기를 간절히 바란다.

# 17

# 학이시습지(學而時習之)면
# 불역열호(不亦說乎)아
# – 배우고 때로 익히면 기쁘지 아니한가?

공부는 결코 우리 인생을 배반하지 않는다.

이 말은 필자가 경험하고 실천하여 얻은 삶의 지혜이다.

세상의 시작은 배움에서 비롯되었다.


〈論語–논어〉 學 而 第 一편은 필자가 좋아하는 문구이다.


**學而時習之**면 **不亦說乎**아 (학이시습지면 불역열호아)

**有朋自遠方來**면 **不亦樂乎**아 (유붕자원방래면 불역낙호아)

**人不知而不愠**이면 **不亦君子**아 (인불지이부온이면 불역군자아)


배우고 때때로 익히니 기쁘지 아니한가?

벗이 있어 먼 곳으로부터 찾아오니 또한 즐겁지 아니한가?

남이 나를 알아주지 않는다 해도 원망하지 않으니 군자가 아니겠는가?


'子曰 學而不思則罔 思而不學則殆'라고 공자님께서 말씀하셨다.
지식을 쌓기만 하고 자기 생각이 없으면 고학력 앵무새, 자기 생각만 있고 제대로 된 지식을 쌓지 않으면 사람 잡는 선무당이 될 수 있다.


공자가 올바른 학문의 길을 설파한 대목이 여기 있다.
그는 '學而時習之 不亦說乎'는 '배우고 때로 배운 것을 복습해서 익히면 이 또한 좋지 않은가?'라고 『논어』를 통해 제자들과 소탈한 농담과, 풍자를 통해 위트를 즐기며 당대의 통념을 벗어나 큰 생각을 하실 줄 아는 성인이셨다.


필자는 이 말을 머리와 마음속에 새기며 실천하며 결과를 이루고 살아왔다.
직장에 입사 후 처음 아침 잠자는 시간이 아까워 직장주변 음악학원에서 피아노를 배웠다.
몇 년 후 글로벌 시대에 영어와 중국어는 필수라는 생각에 새벽 6시에 중국어, 7시에 영어 이렇게 두 타임을 주안역 앞 민병철 어학원에서 배우고 출근을 하며 새벽 시간을 줄였다.


새벽 5시 30분쯤 주안역 민병철 어학원에 가면 그 시간에도 젊은이들은 소주잔을 맞대며 '사랑과 우정'을 쌓고 있었다. 중국에서 사범대를 졸업하고 본 어학원에서 중국어를 가르치는 선생님에게 "이 시간까지 술을 먹는 젊은이도 있네요."라고 말하자, 그 선생님에게서 "선생님도 더 젊었을 때는 그런 경우가 있었을 거예요. 젊음은 두 번 다시 오지 않기에 선생님처럼 미래를 위해 열심히 공부하는 분도 있지만 다시 오지 않을 젊은 날의 추억을 쌓는 것도 나쁘지 는 않은 것 같아요."라는 말을 들었을 때 필자는 거인 앞에서 작아진 소인배가 된 기분이 들었다.

인천 계산동에 발령 나면서 직장동료 매형이 운영하는 '승민 어학원'에서 외국인으로부터 원어민 영어를 배우기도 했다.

성인이 되고 시간적 경제적 자유인이 되면서 음악을 전공하고 공연봉사도 많이 하시는 실력파 플루티스트를 집으로 모서 재즈 피아노와 플루트, 오카리나를 배우기도 했다.

필자의 버킷리스트중 하나는 가족이나 친구 생일 때 축하 무대로 악기를 연주하며 축하 노래를 불러주는 것이다. 과거에 하모니카는 달인 경지의 실력으로 노래만 알면 손목과 혀끝으로 반주를 넣어가며 감동을 주거나 일렉트로닉 기타를 녹음 연주하기도 하였다. 이러한 열정은 공부에 이어져 주경야독으로 지금 이 자리에 오게 되었다.

공부는 결코 우리 인생을 배반하지 않고 보답해 준다는 사실을 필자는 증명했다.

성공한 사람들의 수많은 성공담의 이면에는 다양한 장애물을 겪고 그 자리에 오른 노력이 숨어있다. 가끔 수강생들이나 주변 지인들이 사석에서 하루에 잠을 몇 시간 자냐고 물어본다. 필자는 하루 8시간 이상 잠을 잔다. 충분한 휴면에서 그다음 날 컨디션이 좋아지기 때문이다. 필자는 재테크 강의를 하고 대학교와 대학원에서 학생들을 가르치는 교수가 되기까지 목표를 세우고 도전하고 집중했다.

가끔 친한 친구에게 '새로운 도전'을 말하면 "직장 다니기도 힘들다."라고 말하는 친구도 있다. "상준이 너니까 그렇게 할 수 있는 거야."라고 말할 때 필자는 "나는 지극히 평범한 사람이야. 머리도 좋지 못하고. 다만 멈추지 않고 목표를 세우고 이루어 내면 그다음 목표를 향해 도전하고 노력하여 지금까지 살아오며 결과를 낸 거야!"라고 했다. 필자는 친구들과 모임과 고객과의 약속을 다음으로 미룬 적이 없다. 주어진 삶에서 생활하며 자투리 시간을 활용하여 결과를 이루어 냈다.

필자가 살아오면서 보람을 느낀 것 중 하나가 있다. 바로 가정 환경이 안 좋거나 경제적 어려움으로 대학에 진학하지 못했던 사람들에게 공부를 권유하여 대학교에 진학하여 학사학위를 받게 한 것이다. 이런 지인들이 수십 명이고, 대학원을 졸업하거나 필자가 단국대 경영대학원에서 대학원(석사) 공부를 하고 있는 동안 필자의 조언과 도움으로 박사학위를 받은 직장인이 6명, 현재 박사학위 공부 진행자가 5명이 더 있다.

　필자 강의를 들었던 전북은행 직원 중 한 수강생은 최근 박사학위 논문과 고맙다는 전화가 와서 축하 난을 보내 주기도 했다.


　행운은 스스로 준비한 사람에게 찾아온다.
　좋은 스승은 제자가 스스로 깨우치며 행동하게 만든다.


　옛 선현들은 학문에 대한 열정이 남달랐다. 禮記에 수록된 사자성어를 알아보자.


○ 晝耕夜讀(주경야독): 낮에는 농사를 짓고 밤에는 공부한다는 뜻으로 바쁜 틈을 타서 어렵게 공부함을 이름
　　* 耕: 밭갈 경 〈유의어〉 晴耕雨讀


○ 懸梁刺股(현량자고): 머리털을 대들보에 묶고 허벅다리를 찌른다는 뜻으로 열심히 공부함을 이르는 말
　　* 懸: 매달 현, 梁: 대들보 량, 刺: 찌를 자, 股: 넓적다리 고


○ 螢雪之功(형설지공): 가난을 이겨내며 반딧불과 눈빛으로 글을 읽어가며 공부를 이룬 공을 일컫는 말
　　* 〈유의어〉 車胤聚螢, 孫康映雪: 중국 진나라 車胤(차윤)은 반딧불을 밝

히며, 같은 시대 孫康(손강)은 눈에 반사되는 달빛으로 공부해 공을 이룬 데서 연유 (螢: 반딧불 형, 胤: 자손 윤, 聚: 모을 취, 映: 비칠 영)

○ 韋編三絕(위편삼절): 옛날에는 대나무에 글자를 써서 책을 만들었는데 공자가 책을 많이 익어서 엮어 놓은 끈을 세 번이나 끊어지도록 읽었다는 데서 유래〈출전: 史記〉
  * 韋: 가죽 위, 編: 엮을 편

○ 敎學相長(교학상장): 가르치는 일과 배우는 일이 서로 자신의 공부를 진보시킴〈출전: 禮記〉

○ 斷機之敎(단기지교): 학업을 중도에 포기해서는 안 된다는 말로 짜던 베의 날을 끊는 것과 같음을 비유
  * 斷: 끊을 단, 機 : 베틀 기

○ 五車之書(오거지서): 다섯 수레에 가득 실을 만큼 많은 장서〈출전: 莊子〉

○ 汗牛充棟(한우충동): 수레에 실어 운반하면 소가 땀을 흘리게 되고 쌓아 올리면 대들보에 닿을 정도의 많은 양의 책〈출전: 柳究元 '陸文通墓表'〉
  * 汗: 땀 한, 棟: 마룻대 동

젊은 사람은 무섭다. 공부 여하에 따라서 장차 어떤 큰일을 할지 알 수 없다. 그러나 사십, 오십이 되어도 이름이 알려지지 않는다면 그런 사람은 무서

울 게 없는 것이다.

- 논어

　지혜를 얻는 데는 세 가지 방법이 있다. 첫 번째 방법은 사색에 의한 것으로, 가장 고상한 방법이다. 두 번째는 모방으로 가장 쉬우나 만족스럽지 못한 방법이다. 세 번째는 경험을 통해 얻는 방법으로 가장 어려운 것이다.

- 공자

# 18

◇◇◇◇

# 백인당중유태화(百忍堂中有泰和)
## – 백 번 참으면
## 가정에 평화와 화합이 온다

日勤天下無難事(일근천하무난사: 날마다 일을 열심히 하면 세상에 어려운 일이 없

을 것이고)

百忍堂中有泰和(백인당중유태화: 백번을 참으면 집안에 평화가 있으리로다.)


"백 번 참으면 가정에 태평과 화합이 온다." 인내를 강조한 내
용으로 선현들의 구전글귀 중 하나이다.

"한결같이 부지런히 일하는 세상에는 어려움이 없다( 勤天下無
難事)"와 짝을 이루는 말이다.

1910년 2월 안중근 선생님께서 옥중에서 남긴 글이기도 하다.


우리는 학창시절 "부지런해라. 아침에 일찍 일어나서 준비해
라."라는 말을 글과 부모님으로부터 귀에 딱지가 생기도록 들어

왔지만 철없던 그 시절에는 아무리 좋은 말이라도 그 뜻을 이해하지 못했다.

하지만 이 말은 필자가 자주 책을 싸인 받는 독자에게, 또는 자식을 생각하는 부모에게, 미래를 걱정하는 청소년들에게 글로 적어 주거나 말로 들려주는 내용이다.

"일찍 일어나는 새가 벌레를 잡는다 − the early bird catches the worm"라는 서양 속담과도 상통하는 말일 것이다.

생각이 일상적인 습관으로 바뀌기 위해서는 많은 인내와 노력이 필요하다.

끊임없이 노력했으나 노력만큼 쉽게 얻어지지 않는 것도 있다. 그러나 1미터만 더 파내려 갔으면 유전이 나와 부자가 될 수 있는 기회를 놓치는 경우는 임계질량의 법칙을 지키지 못해서이다.

필자는 곰곰이 생각했다. 참을 인(忍) 3개이면 살인도 면하고 천하에 부지런한 습관만 있다면 이루지 못할 성공은 없다고 생각한다. 백인당중유태화(百忍堂中有泰和) "백 번이라도 참을 줄 알면 집안에 평화가 깃든다." 이 말을 실천하며 살 수 있도록 매순간 감사하고 사랑하는 마음을 가지고 살며, 일부러 참으려고 참는 게 아닌 내 몸에 배게 해 자연스러움이 묻어나게끔 더 노력하며 살아야겠다 생각한다.

　필자는 웬만한 고통과 아픔, 시련으로는 스트레스를 받지 않는다. "스트레스를 어떻게 푸세요?"라는 질문을 받으면 그냥 "잠자고 일어나면 스트레스는 없어집니다."라고 한다. 처음 이 이야기를 들으면 이해 못하는 사람들이 많이 있을 것이다.

　'마음수련'을 해서인지 스트레스가 몸을 통과하거나 몸에 부딪혀 튕겨 나가거나 한다.
　하지만 그 스트레스가 심장에 박혀 장시간 스트레스를 주는 일이 있었다.

　필자의 사주는 백말 때로 태양처럼 많이 베풀고 나눠주고 용서해 줘야 많은 것을 이룰 수 있는 사주이다.
　가끔 필자가 잘 아는 무속인이나 철학관을 찾아가 점을 보거나 철학으로 사주를 재미 삼아 풀어 보곤 한다.
　이때마다 들려주는 소리는 "당신의 사주는 스님이나 사제(신부님)의 길로 살아야 평화로운데 그런 사주를 가지고 태어난 사람이 세상에 나왔으니 지나가는 사람이 어깨를 부딪치며 시비를 걸거나 풍파가 많은 사주다."라는 말을 많이 듣고 살아왔다.
　실제로 필자가 살아온 삶을 보면 결혼부터, 직장생활, 사회생활까지 많은 복잡한 일들이 벌어지곤 한다.

필자는 살아오면서 많은 지인들에게 없는 돈을 빌려주고 돈을 받지 못하는 일이 있었다.

결국 친구도 잃고 돈도 잃었다. 가끔 돈 많은 회장님들을 만나 물어본다.

"돈을 빌리러 오는 사람은 어떻게 대처하세요?"라고 물으면 회장님들 대부분은 돈 빌리러 찾아온다는 사실을 눈치 채고 불고기가 생선회 등 상대가 좋아 하는 맛있는 음식을 대접하고 봉투에 50만 원에서 100만 원 현금으로 주며 "나도 요즘 사업이 어렵고 세금추징을 많이 받아 생활이 어렵다."라고 말을 하고 봉투를 건네준다고 하였다.

참으로 현명한 행동이다. 이렇게 되면 사람에게 상처를 주거나 사람을 잃지 않게 된다. 물론 봉투에 넣은 돈은 받으려고 하지 않는다.

필자의 오랜 친구가 있었다. 생활이 어려워 아침마다 1달 동안 라면을 끓여 먹고 출근을 했는데 라면의 느끼함 때문에 밥이 먹고 싶어 김밥 한 줄을 사다 먹고 보험사에 출근을 할 정도였다. 어느 날 일요일은 산행을 가니 한 명도 빠지지 말라는 팀장님의 말을 듣고 "저는 이번 일요일에 참석을 못 할 것 같습니다."라고 말하자 "팀워크를 위한 산행이고 업무의 연속이니 참여하세요."라는 직장상사에게 "집에 쌀이 떨어져 가족들이 굶게 생겼는데 산에 가는 것은 무리인 듯합니다."라고 말하니 아무 말을 못하더라고 필자에게 들려주었다.

부유한 사람이 먹으면 간식이지만 가난한 사람이 먹으면 주식이 라면이다.


한 친구가 안양에 빌라 지하를 담보로 1천 5백만 원 대출 요청을 했는데 아무래도 이자를 못 내고 경매에 들어갈 것 같았다. "지하를 1천 5백만 원 대출은 많이 해주는 거야 이자 잘 내야 돼, 괜히 경매까지 들어가면 대출해 주는 나도 책임이 있어."라고 말하자. "걱정 안 해도 돼."라는 확답을 받고 대출을 해 주었다.

필자의 생각대로 이자를 6개월 동안 납입하지 못하고 경매에 들어갔다. 그리고 살 곳이 없다고 필자에게 살 집을 장만해 달라고 요청하였다. 필자도 그 당시 전세 3천만 원 단독주택 지하에 어머니를 모시고 살고 있을 때였다.

필자가 "예전에 경매로 낙찰받은 다세대주택 지하가 있는데 이 집을 도배, 장판해 주면 이 집에서라도 살겠냐?"라고 물으니 "이 정도면 충분해, 고마워."라며 어머니와 남동생 3명이 거주하기로 했다.

"가족이 8남매인데 왜 다른 가족한테 도움을 구하지 않느냐?"라고 필자가 물으니 "다들 가난해서 그럴 수 없다"고 했다.

필자는 "이 집에서 살면서 복 받아서 동생들하고 부지런히 돈 모아 빨리 전세라도 얻어 갔으면 좋겠다."라고 축복을 주는 말을 했다. 그리고 "이 친구를 더 도울 일은 없을까?" 생각하여 가족들

보험을 6개 들어 주고, 큰 형님 아파트 담보로 1억 원의 마이너스 통장으로 부동산 경매 투자를 시작하였다.

그러던 중 입찰보증금 10%만 경매 당일 입금해주고 패찰되면 다시 입찰 보증금을 입금받는 방법으로 경매투자는 시작되었다. 필자가 권리분석 후 입찰 금액을 제시해 주면 이 친구는 경매장에서 입찰에 참여하는 방법으로 수익이 나면 일부 돌려주기로 하였다.

그러던 중 매번 입찰보증금을 입금해 주거나 최고가 입찰이 되지 않아 패찰되면 다시 입금 방법이 귀찮으니 통장과 도장을 맡기라고 하였다.

필자는 이 친구 아버지 병원비와, 자동차 이용한 사채도 갚아주고 수없는 도움을 주었던 터라 필자를 배반하리라는 생각은 하지 않았다.

그런데 인천 작전동 한신아파트를 낙찰받았는데 친구 친동생 이름으로 낙찰받았다는 사실을 뒤늦게 알고 등기권리증을 가져오라고 했다. 이상한 낌새가 느껴져 등기부등본을 발급받아 보니 이미 부동산이 타인에게 소유권 이전된 사실을 알고 이 친구를 찾아갔다.

모든 가족들이 모여 김장을 하고 있었다. 필자가 그 집에 들어가니 집에 못 들어오게 막고 있었다.

가족들에게 다 말하기전에 "빨리 부동산 매각한 돈을 가져오라."고 하자, 금방 보내준다더니 3개월 6개월이 되도록 입금하지 못했다. 왜 입금이 안 되냐고 물으니 그 돈을 다른 곳에 투자했다며 당당하게 말하는 친구를 더 이상 용서할 수가 없었다.

필자는 직접 고소장을 작성하여 인천 남동경찰서에 접수시켰다.

고소인 조사를 받았다. 고소인에게 직업, 종교, 학력, 투자 배경, 그리고 배임과 횡령이 인정될지 확인해 봐야 한다는 답장이었다.

그리고 피고소인에게 경찰에서 연락이 가자 이 배신한 친구는 필자의 약점을 들먹이며 반격에 나섰다.

이 친구는 배임과 횡령에 해당이 되지 않는다고 생각했었던 것 같다.

그러던 중 아침 새벽 친구 어머니로부터 전화가 왔다. "한 번만 용서해 주세요. 가난한 부모 만난 것이 죄지 우리 아들이 무슨 죄가 있겠어요." 울먹이는 어머니의 청을 거둘 수가 없어서 친구를 만나 차용증을 받고 고소를 취하해 주었다. 아직까지 이 돈은 받지 못하고 있다.

수강생 중에도 부인과 같이 수강 신청하는 '고향 후배'라며 아침, 점심, 저녁으로 안부인사와 감사 멘트에 필자는 마음을 주었다.

이 고향 후배에게 투자한 돈 이억이천구백만 원을 자기 마음대로 팔아먹고 연락도 안 받고 잠적한 친구는 무슨 천벌을 받으려고 다른 사람돈을 자기 돈처럼 쓰는 것일까?

필자는 돈 주고 그렇게 시켜도 못할 텐데, 착한사람 등쳐 경제적으로 이득을 취하는 사람들 참 대단해 보인다.

믿었던 사람에게 배신당한 기분을 겪어 본 사람은 알겠지만 가슴에 머리에 남아 떠나지 않는 그 상처를 치유하려면 스트레스를 받지 않아야 상처받지 않고 행복해질 수 있다.

禍福無門 惟人自招 (화복무문 유인자초) 화와 복에는 문이 없고 오직 사람이 자초하는 일이다

積善之家 必有餘慶 (적선지가 필유여경) 선을 쌓은 집에는 반드시 경사스러움이 있다

一心精到 豈不成功 (일심정도 기불성공) 한마음으로 정진하면 어찌 성공하지 못하리오

지금은 모든 시초는 필자로부터 제공된 일이니 더욱 더 선을 쌓고 덕을 쌓은 마음으로 나눔과 희생과 봉사하는 너그러운 마음을 쌓고 살아왔다.

백인당중유태화(百忍堂中有泰和) "백 번이라도 참을 줄 알면 집안에 평화가 깃든다." 이 말을 실천하며 살아온 나날들, 범사에 감사하며 인내하며 살아온 삶에 후회는 하지 않는다.

明心寶鑑(명심보감)繼善篇(계선편)에 있는 말을 실감하고 있다.


子-曰爲善者는 天報之以福하고 爲不善者는 天報之以禍니라

(자왈위선자는 천보지위복하고 위불선자는 천보지 위화니라)

공자(孔子)님께서 말씀하시기를 착한 일을 하는 사람에게는 하늘이 복을 주시고 악한 일을 하는 사람에게는 하늘이 화를 주시느니라!


필자가 오늘 누리고 있는 모든 복은 인과 덕을 쌓았기에 만족할 만한 '행복한 인생'으로 살아가고 있다고 믿는다.

# 19

◇◇◇◇

# 덕불고필유린(德不孤必有隣)
## – 덕을 많이 쌓고 사는 사람은
## 이웃이 많고 외롭지 않다

조선 철종 때 경상도 상주 땅에 서씨 성을 가진 농부가 살았는데, 사람들은 그를 그냥 '서선달'이라고 불렀다.

원래 선달이란 과거 시험에 급제는 했으나 아직 벼슬을 받지 못한 사람을 이르는 말이지만, 이 사람은 무슨 급제와는 관련이 없었고 그냥 사람이 심성이 착하고 무던해서 사람들이 그를 그렇게 불렀다.

서선달은 남의 땅을 빌려 겨우 입에 풀칠을 하며 근근이 살아가고 있었다. 그런데 어느 해인가는 봄이 왔어도 그해 농사를 지을 비용이 없을 정도로 곤궁하였다.

생각다 못한 그는 부산 쌀가게에서 장부를 담당하며 근근이 살아가는 큰아들을 찾아갔다. 효자 아들은 주인께 통사정을 하여 6

개월치 월급을 가불받아 아버지께 드렸다.

서선달은 100리 길을 걸어 집으로 돌아가는데 어느 고개를 넘던 중 그만 돈을 흘려 잃어버리고 말았다. 이때 반대쪽에서 고개를 넘어오던 한 양반이 이 돈꾸러미를 발견했는데 세어보니 백 냥이나 되는 큰돈이었다. 한편 서선달은 30리는 더 가서야 돈을 잃어버린 것을 알았는데 전 재산을 잃어버렸으니 눈앞이 깜깜했다.

그런데 다행히 돈을 발견한 사람이 착한 사람이었다. 횡재라고 좋아하는 하인에게 일러 말했다.

"잃은 사람은 반드시 찾아온다. 목숨같이 귀한 돈을 잃은 그 사람은 얼마나 속이 탈꼬!"

그 노인은 가던 길을 멈추고 몇 시간이고 돈 주인이 나타나기를 기다렸다. 과연 한참 후 서선달이 얼굴이 잿빛이 되어 나타났다. 주운 돈을 서선달에게 돌려주자 서선달은 "어른께서 제 목숨을 살려 주셨습니다." 하며 돈을 찾아준 은혜를 갚겠다며 사례를 하려 하는데, 그 사람은 "은혜랄 게 뭐가 있소 당연한 일인데." 하고는 펄쩍 뛰며 사양을 했다.

그는 주운 돈 100냥을 서선달에게 전달해 준 뒤 가던 길을 갔다.

서선달도 다시 집을 향해 갔고 이윽고 어느 강가에 이르렀다.

그때 마침 한 소년이 물에 빠졌는데 구경꾼은 많아도 누구 하나

뛰어들어 구해 줄 생각을 못하고 있었다.

그때 헤엄을 못 치는 서선달이 외쳤다.


"누구든지 저 소년을 구해내면 백 냥을 주겠소."

그러자 어느 장정이 뛰어들어 소년을 살려 냈다.

죽다 살아난 도령이 선달에게 말하기를 "정말 고맙습니다. 어른이 아니었으면 저는 수중고혼이 되었을 것입니다. 저희 집은 안동에서 제일 큰 부자인데 함께 가시면 백 냥을 갚아 드리겠습니다."라고 말하는 것이었다.


서선달은 무슨 사례를 받고자 한 일은 아니었으나 자기의 사정도 있는지라 같이 안동까지 가게 되었다.

안동의 총각집은 과연 고래등 같은 부잣집이었다.

그때 소년의 부친이 득달같이 달려왔다.

그런데 그 부친이란 사람은 다름 아닌 서선달의 돈을 찾아준 바로 그 노인이었다.

"온 재산을 털어 제 아들을 구해 주시다니 당신은 진정 의인이요. 정말 고맙소이다."

"아닙니다. 댁의 아드님은 어르신께서 살려내신 것입니다. 제가 돈을 잃었다면 무슨 수로 살렸겠습니까?"

"겸손의 말씀이십니다. 7대 독자 외아들을 살려주신 은혜 백골이 되어도 잊지 않겠습니다."

안동 권 부자는 눈물을 흘리며 아들을 살려준 보답으로 돈 천

냥을 나귀에 실어 서선달에게 주었다.

그리고 나중에 다시 서선달이 사는 상주 고을을 찾아와 백섬지기 전답까지 사주고 돌아갔다.

이 일은 후에 조정에까지 알려져 안동과 상주 두 고을은 모두 조정으로부터 후한 상을 받았다.

어려운 이유를 위하며 좋은 일만 하며 살기 힘든 시대이다.

착하게 사는 사람을 오히려 이용하고 바보라고 생각하는 세태에 '덕고필유린'이란 말을 하고 싶다. 이 말은 덕을 많이 쌓고 살아가는 사람은 친구가 많고 많은 사람이 주변에 몰려든다는 뜻이다. 덕이 있고 심성이 고운 사람은 반드시 주위에 돕는 손길이 있다.

착하고 양심적으로 사는 것이 바보 같아 보이지만 결국에는 승리하고 인간 냄새나는 삶을 영위하며 따뜻하고 행복하게 사는 지름길이라는 것을 명심하며 살아갔으면 하는 바람이다.

孔子(공자) / 論語(논어) 里仁篇(이인편) '字'日

德不孤 必有隣 덕불고 필유린

덕행(德行)과 명망(名望)이 높아(덕고망중 德高望重하여), 인품(人品)이 훌륭한 사람은 결코 저버림을 당하거나 외롭지 않을 것이며, 반드시 더불어 함께할 가까운 사람과 이웃이 있을 것이다.

덕은 외롭지 않으며 반드시 이웃이 있게 마련이다!

**공자님께서 말씀하시는 리더의 5가지 미덕(五美)과 4가지 악덕 (四惡)으로 전해지는 내용이다.**

어느 날 자장은 스승인 공자에게 단독으로 가르침을 받을 기회를 잡았다.

이때 공자는 고희를 넘긴 뒤였으니, 자장이 스물서너 살 무렵이었다.

자장은 이생을 따로 불러 큰 허리띠 하나를 내놓으며 부탁했다.

"이생, 오늘은 내 곁에서 선생님의 가르침을 한 자도 빠뜨리지 말고 적어주시구려."

자장은 일찍이 자기 허리띠에 선생님의 말씀을 직접 기록한 적이 있었다.

자장이 이때의 감동을 기념하고, 그때처럼 가르침을 잊지 않기 위해 특별히 별도의 비단 허리띠를 준비한 것이다.

"선생님, 저는 벼슬도 벼슬이지만, 무엇보다 인간적으로 훌륭한 지도자라는 평판을 얻고 싶습니다."

자장은 어떻게 해야 좋은 리더가 될 수 있는지 알고 싶었다. 공자가 자장을 가까이 불러 말했다.

"사야, 지금 내가 말하는 다섯 가지 미덕을 진심으로 실천하고, 네 가지 악덕을 멀리한다면 좋은 지도자가 될 수 있다. 할 수 있겠느냐?"

"최선을 다해 가르침을 받아 평생토록 잊지 않고 간직하겠습니다."

다섯 가지 미덕이란?

첫째, 사람들에게 은혜를 베풀되 낭비함이 없어야 한다.

둘째, 사람들에게 일을 시키면서 원망을 사는 일이 없어야 한다.

셋째, 마땅히 목표 실현을 추구하되 개인적인 탐욕을 부려서는 안 된다.

넷째, 어떤 상황에서도 태연함을 잃지 않되 교만하면 안 된다.

다섯째, 위엄 있되 사납지 않아야 한다.(子曰 君子 惠而不費 勞而不怨 欲而不貪 泰而不驕 威而不猛)

자장의 표정이 심각해졌다.

"선생님, 참으로 쉬운 일이란 없는 것 같습니다. 하나씩 풀어서 설명해주십시오.

은혜를 베풀되 낭비함이 없어야 한다는 것은 무슨 뜻입니까?"

"사야, 생각해 보아라.

먼저 사람들이 진실로 원하는 것이 무엇인지 잘 파악해 그것을 이뤄주는 데 힘을 집중하면 낭비가 없는 것이 아니겠느냐?

은혜를 베풂에 있어 사람들이 은혜의 참뜻을 모른다면, 그것은 그 사람의 잘못이 아니라 지도자가 은혜를 베푸는 방법을 잘 모르기 때문이다."

"일을 시키면서 원망을 사지 않기란 쉽지 않습니다. 어찌해야 합니까?"

"꼭 필요한 일을 필요한 시기에 하도록 지시하고 일을 배치하면 누가 그것을 원망하겠느냐?"

"목표 달성을 독려하는 것이 자기 욕망을 위해 다른 사람들을 동원하는 것처럼 비치지는 않겠습니까?"

"누가 보더라도 리더로서 해야 할 마땅한 목표를 제시하고 그것을 합당한 방법으로 추구해 실현한다면 그것이 어찌 개인적인 탐욕으로 폄하되겠느냐?"

"어떻게 해야 태연하면서도 교만하지 않은 것입니까?"

"중대하다 해서 신중하고, 사소하다 해서 자만하는 모습이어선 안 된다. 군자는 보는 사람이 많든 적든, 맡은 일이 크든 작든 한결같이 성실해야 한다. 이것을 태연하면서도 교만스럽지 않다고 하는 것이다."

"위엄이 넘치면서도 사납지 않으려면 어찌해야 합니까?"

"군자는 늘 용모를 단정히 하고, 표정은 밝은 가운데 진지함을 잃지 않아야 한다. 사람들은 지도자의 당당하고 의연함을 보고 스스로 조심하는 것이다. 이것이 바로 위엄이 넘치면서도 사납지 않은 모습이 아니겠느냐?"

자장은 이생이 잘 기록하는지 돌아보고 다시 공자에게 물었다.

"선생님, 감사합니다. 그러면 지도자가 물리쳐야 할 네 가지 악덕에 대해 말씀해 주십시오."
"사야, 잘 듣거라. 군자가 남을 부리고 이끄는 위치에 있을 때 해서는 안 될 행동은 다음과 같으니라.

첫째, 일을 제대로 가르쳐주지 않은 채, 엄벌하는 것이다. 이를 리더의 잔학(虐)이라 한다. 오만하고 관용이 부족해 아랫사람을 잔인하게 다루는 자이다.

둘째, 일을 실행함에 있어 경계할 점을 미리 일러주지 않고 성공만 요구하는 것이다. 이를 리더의 횡포(暴)라 한다. 일의 핵심은 전수해 주지 않으면서 잘못한 책임을 아랫사람에게 돌리는 부류이다.

셋째, 지시는 늦게 하고 일의 달성은 사납게 독촉하는 것이다. 이것을 리더의 도둑질(賊)이라 한다. 일이 안 되면 책임을 뒤집어씌우고, 다행히 결과가 좋으면 자기의 공으로 삼으니 도적이나 다름없다.

넷째, 마땅히 주어야 할 것을 놓고 온갖 생색을 내며 주는 것이다. 이런 자는 리더가 아니라 창고지기(유사: 有司)에 불과하다. 마치 자신이 포상을 사적으로 베푸는 것인 양 인색하게 굴고, 줄 때에도 줄 듯 말 듯하면서 아랫사람의 마음을 시험하며 공(公)으로 사(私)를 확인하려 드는 자이니, 그 그릇의 크기가 소소한 소모품 창고열쇠를 흔들며 으스대는 자의 크기에 지나지 않는다."(子曰 不教而殺 謂之虐 不戒視成 謂之暴 慢令致期 謂之賊 猶之與人也 出納之吝 謂之有司. '요왈'편2장

남에게 베푸는 삶

어떤 농가에 한 거지가 구걸하러 왔습니다.
농부의 밭에는
토마토, 오이, 가지 등 많은 열매가 있었습니다.
그러나 욕심이 많은 농부의 아내는
거지에게 썩어가는 마늘 줄기를 주었습니다.
배가 고픈 거지는
그것이라도 감사했습니다.

훗날 농부의 아내가 죽었을 때 그녀는
천사에게 천국으로 보내 달라고 애원했습니다.

천사는 그녀에게 마늘 줄기를 내밀었습니다.

그러나 그것은 썩은 것이었기 때문에
농부의 아내는 천국으로 가는 중에 그만 줄이 끊어져
지옥으로 떨어지고 말았습니다.

톨스토이의 소설에 나오는 이야기입니다.
우리는 자신 안에 모든 것을
담아 두려고 합니다.
바다가 내 것이고 공기와 땅과 하늘이 내 것인데
왜 굳이 손 안에 담으려고 하십니까?

내 안의 모든 것을 강물에 흘려보내십시오.
우리가 이 세상 소풍을 마치고 하늘로 가는 날,
분명 그곳에는
우리가 살면서 남에게 베푼 인정이
큰 재산이 되어 기다리고 있을 것입니다.

– '행복을 전하는 우체통' 중에서

　이 세상에서 가장 행복한 사람이 누구일까? 지금 자신의 삶 그
대로 감사하면서 사는 사람이다.
　아리스토텔레스는 '행복은 감사하는 사람의 것'이라 했고, 인도
의 시성(詩聖) 타고르도 '감사의 분량이 곧 행복의 분량'이라고 했

듯이 사람은 감사한 만큼 행복하게 살 수 있다.

행복해서 감사한 것이 아니라 감사하기 때문에 행복해진다.

빌 헬름 웰러는 '가장 행복한 사람은 가장 많이 소유한 사람이 아니라, 가장 많이 감사하는 사람'이라고 말했다.

결국 행복은 감사에 정비례한다. 아무리 지식과 권세와 부(富)를 많이 쌓아 놓았다고 해도 감사가 없으면 진정 풍요로운 삶을 누릴 수 없다. 오늘도 감사하는 삶으로 살아가자.

# 20

# 도치지민(倒置之民)
## 물구나무선 채 살아가는 인간형
## – 큰 나라가 살맛 나는 정치를 실시한다

장자는 **도치지민**(倒置之民)을 '현해(懸解)'라는 말로 표현했다. 현해(懸解)는 글자 그대로 '거꾸로 매달린 상태에서 풀려나는 것'으로 표현했다.

장자는 이 말이 얼마나 마음에 들었던지 맹자의 말을 그대로 인용했다.

맹자는 포악한 정치로서 학정(虐政)과 살맛 나는 정치로서 인정(仁政)을 구별했다. 그는 "큰 나라가 살맛 나는 정치를 실시한다면 백성들은 마치 거꾸로 매달려 있다가 풀려난 것처럼 기뻐할 것"이라고 말했다. (萬乘之國行仁政, 民之悅之, 猶解倒懸也, '공손추')

**도치지민**(倒置之民), **'물구나무선 채 살아가는 인간'이란 뜻으로**

**장자에 나오는 인간형이다.**

'**喪己於物, 失性於俗者, 謂之倒置之民.**(상기어물, 실성어속자, 위지도치
지민)'


'외물에 가리어져 자신을 잃고 속세에 빠져 본성을 잃은 사람,
이들은 전도된 삶을 사는 사람들이다.'

'거꾸로 사는 인간형'은 삶에서 '喪己於物', 즉 외물에 가리어져
자신을 잃게 되는 타입이다.


물질 만능주의에 빠져 돈을 위해서 다른 사람을 아프게 하고 돈
의 노예가 되어 자기 자신을 잃어버리는 것이다. '失性於俗' 또한
달리 말하면 세속적 욕망에 빠져 인간 고유의 본성을 잃어버리는
것이라 할 수 있다.

돈과 성공을 위해 자신을 기만하고 타인을 속이는 '가치관 상실
의 혼돈 시대'에서 올바른 철학과 이념을 가르치기는 쉽지 않다.
자아를 잃은 도치지민형 인간들이 많기 때문이다.

오로지 자기 이익과 성공만을 위하며 머릿속에는 온통 타인을
이용하고 속이고 사기를 쳐서 부자가 되자는 생각들이 만연하고
있다.

우리는 건강을 위해 피를 반대로 돌려 혈액 순환을 할 목적으로
거꾸로 서서 물구나무서기를 한다.

하지만 과유불급이라고 지나치면 안한 것만 못하듯이 건강에
좋다고 계속할 수는 없다.

장자는 사람들이 세상 살아가는 모습을 관찰해 그들의 사고가 물구나무의 형태를 하고 있다고 봤다. 사람이 실제로 물구나무를 선다는 뜻이 아니라 무엇인가 거꾸로 살아가고 있다는 말이다.

우리는 급한 일에 대비해 중요한 것과 사소한 것, 먼저 할 일과 나중에 할 일을 제대로 분간하지 못한 채 허둥지둥 바삐 살아간다. 물구나무 서 있을 때는 금세 바른 자세로 돌아오려고 하면서 왜 사고는 뒤집힌 채로 살아가고 있는 것일까?

장자는 사람이 가치의 물구나무를 서게 되는 이유를 정리했다.

'외물에 흔들려 자기를 잃어버리고, 세속에 휘둘려 본성을 잃어버린다(喪己於物, 失性於俗者, 謂之倒置之民, '선성')'

장자는 외물이 아닌 내면의 자기 자신에 주목하고 사회에서 영위하는 삶보다 자신의 성정에 집중하라고 요구한다. 이때 외물과 세속의 의미, 외연은 상당히 넓다. 자기 자신의 성정에 집중하지 못하고 시선을 다른 곳으로 끌어가는 모든 것이 바로 외물과 세속이다.

장자는 자신의 착한 성정보다 사회의 일반적인 잣대를 들이대면 그것은 '거꾸로 선 사람', 즉 '물구나무를 선 사람'과 다를 바가 없다고 말한다.

장자는 이를 간단하게 '도치지민(倒置之民)'이라 정리했다.

몸으로 물구나무를 선 사람더러 "왜 저렇게 힘든 물구나무를 서고 있느냐"고 물으면서 정작 자신이 가치 전도로 인해 물구나무를 서고 있는 줄을 모른다는 것이다.

우리는 어떻게 하면 거꾸로 매달린 도치지민의 상태에서 벗어날 수 있을까?


춘추전국시대의 사상가들은 서로 날카롭게 비판하면서도 상대의 좋은 말과 표현은 서로 갖다 썼다.

노담(노자)이 죽었다.

진일(秦失. 실(失)은 일(佚)과 같다)이 문상을 가서 세 차례 곡만 하고 그냥 밖으로 나왔다.

제자가 물었다. "선생님의 친구가 아닙니까?" 진일이 말했다.

"그렇다." "그렇다면 이렇게 조문해도 괜찮은가요?" 진일이 대답했다.


"괜찮다. 처음에 나는 노담을 지인(至人)으로 생각했지만 지금은 아니라네. 좀 전에 나는 이곳에서 빈소에 들어가 조문하는데, 나이 든 사람은 마치 자식을 잃은 듯이 곡하고, 젊은 사람은 마치 부모를 잃어버린 듯이 곡하더군.

저 노자로 인해 사람들이 모인 이유를 따져보면 반드시 위로를 바라지 않았겠지만 위로하게 하고 곡을 바라지 않았겠지만 곡하게 하고 있네. 이것은 하늘(자연)을 저버리고 진정을 어기며 본래 부여받은 것을 잊어버린 것이오.

옛날에는 이것을 하늘을 저버린 죄라고 했네. 어쩌다 태어나니 그가 때에 맞았고 어쩌다 떠나니 그가 명에 따른 것이다. 때를 편안히 여기고 변화에 순응하면 슬픔과 즐거움이 그 속에 끼어들 수 없다네. 옛날에는 이를 천제(하늘)에 매달린 상태로부터 풀려남이라고 했지."('양생주')

　사람은 언제가 죽는 것이 삶의 이치이고 어느 누구도 죽음을 피할 수 없다.
　죽음이 피해야 할 끝이자 완전히 잊히는 상실이라면 슬플지 모른다.
　죽음은 태어남과 마찬가지로 기가 변해가는 하나의 과정일 뿐이다.

　죽음은 끝이 아니라 또 다른 변화를 향해 나아가는 시작이라고 할 수 있다. 장자는 사태의 진행에 슬픔과 기쁨의 감정을 이입해서 기뻐서 날뛰거나 슬퍼서 축 처져 있을 필요가 없다고 봤다. 죽음은 그저 지켜보는 사태며, 찾아오지 못하게 막아야 할 사태가 아니다.

　이렇게 보면 장자는 '현해'를 맹자처럼 지극히 즐거운 상태에 비유하지 않고 잘못된 가치와 사고로부터 자유로워지는 상태에 비유했음을 알 수 있다. 맹자의 말을 그대로 썼지만 다른 맥락으로 차용한 것이다.

사랑할 때는 대신 죽을 수도 있듯이 굴지만, 헤어지면 남처럼 담담해질 수 있다. 이처럼 장자는 삶에서 마주하는 사태에 감정을 투입해 어떤 방향으로 끌고 가려고 하면서 그 과정에서 잘되면 웃고, 못되면 우는 일에서 벗어나라고 요구한다.

일단 우리는 장자의 삶이 '나'와 다르기 때문에 그것을 이해하려고 하지 않고 의심부터 품어서는 안 된다.

우리가 타인의 불필요한 간섭, 혹은 선한 의도로 타인에게 다가갔다가 오히려 의심을 받았던 경험, 특정한 방향만을 허용하는 독선적 자세 등으로 인해 고통을 겪었다면, 장자가 말하고자 하는 삶은 그리 이해하지 못할 것도 아니다.

[제4강]

# 인문학人文學으로
# 엿보는
# 사색思索의 향기香氣

인문과학 또는 인문학(人文學, humanities)은 인간과 인간의 근원 문제 및 문화에 관심을 갖거나 인간의 가치와 인간만이 지닌 자기표현 능력을 바르게 이해하기 위해 과학적인 연구 방법에 관심을 갖는 학문분야다. 즉 인간의 사상과 문화에 관해 탐구하는 학문이다. 자연과학과 사회과학이 경험적인 접근을 주로 사용하는 것과는 달리, 분석적이고 비판적이며 사변적인 방법을 폭넓게 사용한다.

서양에서 인문학에 대한 연구는 시민들에 대한 광범위한 교육의 기준으로서, 고대 그리스까지 거슬러 올라갈 수 있다.

로마 시대에, 4과(음악, 기하, 산술, 천문)와 함께, 3악(문법, 수사, 논리)을 포함하여, 7가지의 자유 인문 학문의 개념이 만들어졌다. 이들 과목은 인문학에서 '기술 또는 행위의 방법들'로 강조되어 중세 교육의 중요한 부분이 되었다.

르네상스 시대에 중요한 전환이 발생했는데 그때 인문과학은 전통적인 분야로부터 문학 및 역사와 같은 분야로의 전환에 상응하는, 실용보다는 학문적인 과목으로 간주되기 시작하였다. 20세기 민주사회에서 평등원칙에 더 적합한 용어로서, 인문과학을 재정하려는 포스트모더니즘 운동에 의해 재차 논의되었다.

인문학은 인간의 언어, 문학, 예술, 철학, 역사 따위를 연구하는 학문이다.

필자는 회원 수가 180만 명인 '사색의 향기'의 회원이다. 『사색의 향기, 아침을 열다』라는 책이 출간되었다. 머릿속에 스쳐가는 단상을 의미하는 '생각'과는 다르게, '사색'이란 위대한 인생 선배들이 남긴 양질의 문화 콘텐츠를 향유하고, 그 안에서 자신이 느낀 것들을 새롭게 끌어낸다.

이 책을 펴낸 '사색의향기문화원'은 문화 나눔 활동으로 사회 구성원 모두에게 좋은 영향을 끼치고자 설립된 비영리 문화단체다. '사색의향기문화원'은 명상의 글, 책 속의 글, 작가의 글, 독자의 글, 문화 읽기 등 각기 다른 주제의 콘텐츠를 '향기메일'이라는 메일 서비스를 통해 주 5회 회원들에게 제공하고 있다. 2004년에 시작된 이 서비스는 어느덧 10년째에 접어들었으며 현재는 약 173만 명의 회원들에게 '향기메일'을 발송하고 있다.

회원들은 향기 메일 속 한 줄의 사색을 통해 사고하고, 분별하며, 자기만의 견해를 갖게 된다. 이러한 과정을 통해 자신만의 생각을 확고히 한다면 이 세상은 한결 살기 좋은 곳이 되기 때문이다. 향기메일은 어느 한 사람이 독자적으로 운영하는 것이 아니라 작가, 시인과 같은 문학인과 일반 독자들도 작가로 함께 참여하고 있다.

모두의 생각을 공유하고 나누는 데서 새로운 힘이 발산되기 때문이다. 『사색의 향기, 아침을 열다』는 지난 10년간 발행된 향기메일 중에서 사색을 끌어내기에 적합한 글들을 엄선하여 펴낸 첫 번째 책이다. 이 책은 고단한 인생을 살아가는 현대인들에게 자신을 되돌아보는 사색의 중요성을 다시금 일깨워줄 것이다.

현대인들의 지친 마음을 쓰다듬는, '사람, 희망, 마음, 사랑'의 사색 한 줄이 실렸다.

마음을 쓰다듬는, 오늘의 사색이 도착한다. "당신의 손에서 스마트폰을 내려놓게 할 단 하나의 통찰!"이다.

우리의 인생은 '한 줄기 사색'에서 시작된다.

하나같이 작은 스마트폰 속 화면을 뚫어져라 바라보고 있다. 최근 버스나 전철 안에서 가장 쉽게 만날 수 있는 현대인들의 모습이다.

스마트폰은 여러 측면에서 혁명적이다 싶을 정도로 우리 삶을 바꾸어놓았지만, 부작용도 만만치 않다. 그 가운데 가장 큰 폐해는 사람들이 점점 생각하고 고민할 시간을 잃어가고 있다는 것이다. 스마트폰의 세계에서는 세상 사람들과 무한대로 연결될 수 있지만, 그만큼 우리의 삶은 가벼워지고 깊이를 잃어가고 있다.

『사색의 향기, 아침을 열다』는 깊은 생각을 이끌어낼 수 있는 '사색'을 권한다. 머릿속에 스쳐가는 단상을 의미하는 '생각'과는 다르게 '사색'이란 위대한 인생 선배들이 남긴 양질의 문화 콘텐츠를 향유하고, 그 안에서 자신이 느낀 것들을 새롭게 끌어낸다는 점에서 차이가 있다.

이 책은 향기메일 120편을 총 4장의 주제로 구분해 실었다. 1장은 각자의 얼굴에 담긴 살아가는 이야기, 상처 받으면서도 함께 살아갈 수밖에 없는 '사람'에 대한 이야기를 다뤘으며, 2장은 좌절 속에서도 다시 일어서도록 힘을 주는 이야기, '희망'을 북돋워주는 이야기가 실려 있다. 3장은 우리가 품어왔던 마음, 그리고 남겨두고 가야 할 '마음'에 대한 이야기를 모았으며, 4장은 삶의 이유가 되어줄 만큼 강력하면서도 원천적인 인간의 본성, 즉 '사랑'에 관한 이야기로 마무리했다.

유난히 지친 하루를 마무리한 저녁이나, 혼자만의 시간을 갖고 싶은 순간, 또는 새로운 희망을 얻고 싶은 이른 아침이나 누군가의 축 처진 어깨를 말없이 다독이고 싶은 순간에 이 책의 어느 장이든 펼쳐 읽어볼 것을 권한다. 삶을 사랑하고, 현재에 충실하며, 보다 나은 미래를 꿈꾸는 당신에게 언제나 새로운 힘을 북돋워줄 것이다.

– 〈한국경찰일보〉

행복이 자라는 나무가 있다. 나무가 자라기 위해서 매일 물과 햇빛이 필요하듯이, 행복이 자라기 위해서는 아주 작은 일에도 감사하는 마음이 필요하다. 내가 가진 것이 없어 보이는 건 가진 게 없는 게 아니라, 내 자신에게 만족할 수 없기 때문이다.

아이들의 웃음을 행복으로 보고 아무 일도 없던 그런 일상에도 늘 감사한다.

행복을 저금하면 이자가 붙는다. 삶에 희망이 불어나는 것이다. 지금 어려운 건 훗날 커다란 행복의 그늘을 만들어 줄 것임을 믿는다. 사람과 부대끼며 살아가는 건 두려움이 아니라, 행복의 자잘한 열매 때문이다. 썩은 열매는 스스로 떨어지고, 탐스런 열매만이 살찌우게 된다. 행복하게 살고 싶다면 지금 당장 마음의 밑바닥에서 시들어 가는 행복을 꺼내고 키워야 한다.

할 수 있는 것을 하지 않는다면, 그것은 죄다.

누군가 나를 안타까운 마음으로 지켜보고 있다면 속마음을 보여주자. 그게 행복의 시작이다.

많은 사람들이 부유하기 위해 노력하지만 누구나 부자가 되는 것은 아니다.

사는 모습이 다 다르듯 보는 눈도 달라져야 여러 모습을 볼 수 있다.

한 가지의 눈으로는 하나만 보게 된다. 가진 것은 언제든 잃을 수 있지만, 내 행복은 지킬 수도 느낄 수도 있다.

C.S 루이스가 저술한『스크루테이프의 편지』에서 지옥으로 향하는 가장 안전한 길은 경사가 심하지 않고, 바닥은 부드러우며, 갑작스런 굴곡과 이정표와 표지판이 없는 완만한 길이라고 했다. 그 길은 결코 벼랑이 아니고, 밋밋한 내리막길이다. 사람들은 그 길을 기분 좋게 걸어간다. 편안하고 안락한 길이야말로 위험한 길이 될 수 있다. 근육 무기력증으로 5년간 투병생활을 하면서 3천 권의 책을 독파한 이랜드 박성수 회장은 "장애를 만나게 되면 고통스럽지만, 그것은 반드시 인생에 또 다른 기회를 준다."라고 말했다.

인생의 고통 뒤에 신이 허락한 커다란 선물이 숨어있다.

끈기를 이겨낼 적은 없다. "나는 왜 이렇게 잘 되지?"라고 말하는 사람과 "나는 왜 하는 일마다 이 모양이지!"라고 말하는 사람 중 어느 쪽이 더 행복할까? 고민하는 시간을 가져보자.

# 21

◇◇◇◇

# 신언서판(身言書判)
# - 세상을 바꾸는 사람이 되자

스스로 드러내지 않으니 밝게 빛나고 스스로 옳다 하지 않으니 옳음이 드러나고 스스로 자랑하지 않으니 공로를 인정받고 스스로 자만하지 않으니 오래간다.

— 노자

풍채와 언변과 문장력과 판단력은 선비가 지녀야 할 네 가지 미덕을 말한다.

이는 원래 당(唐)나라 때 관리를 선발하던 기준이었다.

무릇 사람을 가리는 방법은 네 가지가 있다.

첫째는 신(身)이니, 풍채가 건장한 것을 말한다.

둘째는 언(言)이니, 언사가 분명하고 바른 것을 말한다.

셋째는 서(書)이니, 필체가 힘이 있고 아름다운 것을 말한다.

넷째는 판(判)이니, 글의 이치가 뛰어난 것을 말한다. 이 네 가지를 다 갖추고 있으면 뽑을 만하다.

(凡擇人之法有四. 一曰身, 言體貌豊偉. 二曰言, 言言辭辯正. 三曰書, 言楷法遒美. 四曰判, 言文理優長. 四事皆可取.)」

— 『신당서(新唐書)』〈선거지(選擧志)〉


"옛날에 인물을 골랐던 네 가지 기준이 신언서판(身言書判: 몸가짐이 바르고, 언변이 좋고, 글을 잘 쓰고, 판단력 있는 지혜로운 사람)이었다면 오늘날은 내면의 부드러운 카리스마와 인성과 덕을 갖춘, 재능 있는 사람일 것이다."


동서고금을 막론하고, 여자를 볼 때는 미모를 보고, 남자를 판단할 때는 '신언서판'을 기준으로 삼는다.


'세상을 바꾸는 신언서판의 사람'이라는 이야기가 회자되고 있다.


스위스의 번화한 거리를 한 노인이 걸어가고 있었다.

그 노인은 주변을 두리번거리며 걸어가다 때때로 허리를 굽혀 땅에서 무언가를 주워서 주머니에 넣고 있었다. 마침 그 길을 순찰하고 있던 경찰이 그 노인을 발견하고 수상하다는 생각이 들어서 직접 가서 물었다.

"어르신, 아까부터 계속해서 무언가를 주워 주머니에 넣으시던데 그것이 무엇입니까? 다른 사람의 습득물은 경찰서에 신고해야 하는데 혹시 모르셨나요?"

"아무것도 아닙니다. 그리 대단한 것이 아니에요!"

노인의 말을 듣자 더욱 이상하단 생각이 든 경찰은 지금 주머니에 든 것을 보여 달라고 요청했다. 노인은 주머니 속에 든 것을 꺼내놓았다. 그런데 경찰의 손바닥 위로 떨어진 것은 다름 아닌 유리 조각이었다.

순간 당황해서 의아한 표정을 하는 경찰에게 노인이 말했다.

"혹시나 길을 가다가 아이들이 밟아서 다치면 안 되지 않습니까?"

이 노인이 스위스의 교육학자이자 고아들의 대부로 알려졌으며 어린이의 교육에 있어 조건 없는 사랑을 실천한 것으로 유명한 페스탈로치였다.

조금은 불편해도, 조금은 곤궁해도, 보이지 않는 낮은 곳에서 남을 위해 조용히 사는 사람들이 있다.

자기 자신의 편한 삶을 뒤로하고, 다른 이들의 행복을 위해 사는 사람들, 그들이 세상을 바꾼다.

"올바른 사회는 오직 아이들에게 참다운 교육을 실시함으로써 이루어질 수 있다."는 말로 유명한 페스탈로치 선생님의 일화다.


다음은 세상을 바꾸는 사람에 대한 고전의 일화다.

춘추전국시대 때 제나라 재상이었던 관중이 지은 『관자』에 "하나를 심어 하나를 거두는 것은 곡식이고, 하나를 심어 열을 거두는 것은 나무이며, 하나를 심어 백을 거두는 것은 사람이다"라고 인재의 중요성을 강조했다. 2600여 년의 세월이 흐른 오늘에도 되새겨볼 만한 의미 있는 구절이다.

중국 당나라는 7세기에 세계의 중심으로 우뚝 섰다. 이를 가능하게 했던 군주가 바로 당나라 태종 이세민이다. 그의 치세기간 동안 당나라는 정치적으로 안정되고 경제적으로 번영했다. 그 당시 태종이 기득권 세력을 억누르고 신진 관료를 등용하기 위해 도입한 과거제도의 인재 선발 기준이 신언서판(身言書判)이었다. 즉 관리를 뽑는 시험에서 인물의 평가 기준으로 삼은 게 몸(身體), 말씨(言辭), 글씨(筆跡), 판단(文理)이란 것이다.

신언서판은 중국 당나라 이후 동양 여러 나라에서 관리 채용의 기준이었다. 우리나라도 고려 광종 때 도입되었고, 조선에서도 선비를 등용할 때 활용했다. 관료 등 인재를 고르는 기준으로 첫째는 신체(身)가 늠름해야 하며, 둘째는 말(言)이 분명하고 반듯해야 하며, 셋째는 글씨(書)가 해서처럼 정확하고 아름다워야 하며, 넷째는 판단력(判)으로, 사물의 옳고 그름을 판단하는 능력을 의미한다.

중학교 다닐 때 한문 선생님이 칠판에 "身言書判"을 써 놓으시고, 항상 신언서판이 반듯하게 살아야 한다고 말씀하셨다. 인상이 좋고 말씨가 고운 사람을 친구로 삼고 세상을 살아가는 것이 성공의 비결이라고도 하셨다. 신언서판 순서대로 인상이 가장 중요하고 다음은 말씨, 글씨와 판단은 나중이라는 얘기다.

이처럼 신언서판이라는 고사성어가 있지만, 세상을 살아가면서 사람의 겉모습만 보고 그 사람을 판단하는 경우가 종종 있다. 우선 눈에 보이는 것으로 그 사람을 판단할 수밖에 없기 때문이다. 그러나 눈에 보이는 것은 빙산의 일각일 뿐이다. 아무리 오래 사귀어도 알 수 없는 것이 사람이다. 열 길 물속은 알아도 한 길 사람 속은 모른다는 속담이 있지 않은가.

또 매일 많은 사람을 만나지만 정말 알 수 없는 게 사람의 속마음이다. 사람마다 여러 측면을 가지고 있어서 이것이 좋고 저것이 나쁘다고 말하기는 어렵다. 그래서 신언서판이 사람을 보는 판단 기준이 되지 않았을까 한다. 그러나 신언서판에서 외모가 첫째지만 버려야 하는 1순위 또한 외모다. 미인박명은 너무 예뻐도 팔자가 세다는 뜻이다. 즉 뚝배기보다 장맛이어야 한다.

조선 초기 황희 정승이 누추한 옷을 입고 길을 걷다가 시장기를 느낄 무렵 잔칫집을 지나게 되었다. 밥 한술 얻어 먹어볼까 하여 그 집에 들어서니 하인들이 대문부터 막았다. 배가 고파 그러니 요기나 하자고 사정을 해도 하인들은 막무가내로 정승을 막았다.
이후 그 집에서 다시 잔치가 열렸을 때 정승은 사모관대를 갖춰

입고 찾아갔다. 그랬더니 하인은 말할 것도 없고 주인도 버선발로 달려 나와 그를 맞이하고는 산해진미를 차려 내왔다. 그러자 정승은 잘 차려진 음식을 먹지 않고 음식을 옷 속으로 집어넣었다. 이를 보고 주인이 이상하게 여겨 그 이유를 묻자. 정승은 이렇게 대답했다. "이전에 허름한 옷으로 찾아왔을 때는 나를 거들떠보지도 않더니 오늘은 귀한 대접을 하는구나. 모두 이 옷 덕택이니 음식을 먹을 자격은 이 옷에게 있느니라."고 했다.

그렇다. 외모만 보고 사람을 판단해서는 안 된다. 그것은 마치 수박의 겉만 보는 것과 같다. 수박의 겉만 봐서 그 맛이 달고 시원한지 어떻게 알 수 있겠는가. 사람도 학벌, 가문, 외모가 아니라 그 안에 무엇이 있는지가 더욱 중요하다. 즉 내면의 인성과 덕, 재능, 실행력이 중요하다. 사람을 외모로 보는 어리석은 실수를 범하지 말아야 한다. 내가 다른 사람을 사랑하고 귀하게 여길 때 다른 사람도 나의 외모와 상관없이 나를 사랑하며 귀하게 여길 것이다.

南蠻鴃舌之人 非先王之道(남만격설지인 비선왕지도)

때까치 떼와 같이 떠벌이는 남만인이 선왕의 도를 비난한다.

– 맹자 〈등문공상(滕文公上)〉

개굴개굴 개구리 노래를 한다. 우리 모두 모여서 노래를 하자.
모두 모여서 즐겁게 노래를 하자. 개굴개굴 개구리 모자를 썼다.
춤도 추자 개굴개굴 개구리 목청도 좋다.

와명선조(蛙鳴蟬噪)는 옛 사람들이 개구리와 매미 소리를 여럿이 모여 시끄럽고 쓸모가 없다는 비유로, 속물들이 시끄럽게 말재주를 부리며 농(弄)함을 이르는 말이다.

개구리와 매미가 시끄럽게 운다.

속물(俗物)들이 시끄럽게 말재주를 부리며 농(弄)함을 이르는 말을 개구리와 매미 떼가 마구 우는 것과 같다고 했고, 여럿이 모여 잘 알아들을 수 없도록 마구 지껄이는 소리를 남만격설(南蠻鴃舌), 즉 남녘 오랑캐의 알아들을 수 없는 소리라 했다.

속물(俗物)은 속된 물건 혹은 교양이 없거나 식견이 좁고 세속적은 것을 의미하고, 속물 효과(俗物效果, Snob effect)는 다수의 사람들이 구매하는 제품과는 다른 특별한 제품을 구매하고자 하는 소비 행태를 말하기도 한다.

1950년 미국의 하비 라이벤스타인(Harvey Leibenstein)이 발표한 이론이다. 이는 다른 사람과 구별되고 좀 더 고상해 보이고자 하는 현상으로 백로에 빗대 백로 효과(白鷺效果)라고도 한다.

일부 사람들이 무작정 유행을 따라 하는 밴드 왜건 효과와 상반된 개념이다.

속물주의(俗物主義)는 금전이나 명예를 첫 번째로 꼽으며 눈앞의 이익에만 관심을 가지는 태도이고, 속물근성(俗物根性)은 근성이나 성질을 말한다.

쪽정이(immatured aborted grain, empty grain)는 껍질만 있고 속에 알맹이가 들지 아니한 곡식이나 과일 따위의 열매를 지칭하는데 보리 쪽정이는 쓸모없게 되어 사람 구실을 제대로 하지 못하는 사람을 비유한다.

"소음이 많은 세상이다." 쪽정이를 골라내는 혜안을 갖자.

# 22.

◇◇◇◇

# 오유지족(吳唯知足)
# – 자신의 삶에 만족하며 사는 사람이
# 성공한 사람이다

모든 일에 만족할 줄 아는 사람은 자신이 비록 가난하고 천하다 해도 즐거울 것이고 만족할 줄 모르는 사람은 아무리 부유하고 귀해도 근심이 있을 것이다.

– 『명심보감』

자신의 삶에 만족하며 사는 사람이 성공한 사람이다. 우리 삶에는 많은 장애와 시련이 따른다. 그러나 성공한 사람들은 이런 시련을 장애가 아닌 삶의 테두리로 보고 있다. 커다란 시련이 운명을 결정하기 때문에 시련을 성공으로 다가서는 디딤돌이라고 생각한다.

큰 시련과 장애는 자기가 자신의 정체성을 인식하고, 동시에 자신이 나아가고 있는 위치와 좌표를 알 수 있는 계기가 된다. 따라서 커다란 시련을 겪기 전에 성공의 계단에 오를 수가 없다.

위대한 진리 중 하나는 큰 시련을 겪을수록 우리가 다음에 찾아오는 아픔을 쉽게 받아들이게 되며 더 이상 문제가 되지 않게 된다는 사실이다.


吾唯知足(오유지족)이란? "너와 내가 만족하니 더 이상 바랄 것이 없다"는 뜻이다. 남과 비교하지 않고 오직 자신에 대해 만족하라는 가르침이 담긴 말이다.


吾唯知足(오유지족)은 석가모니의 마지막 가르침을 담은 불경 『유교경(遺敎經)』에 나오는 구절(句節) '족함을 모르는 자는 부유해도 가난하고, 족함을 아는 자는 가난해도 부유하다'에서 유래(由來)되었다.


옛날에 한 짐꾼과 상인이 길을 걷고 있었다. 점심때가 되자 그들은 강가에 앉아 밥을 먹으려 했다.

그때 느닷없이 까마귀 떼가 시끄럽게 울어대기 시작했다. 상인은 까마귀 소리가 흉조라며 몹시 언짢아하는데, 심부름꾼은 도리어 씩 웃는 것이었다. 우여곡절 끝에 목적지에 도착한 상인은 짐꾼에게 삯을 주며 물었다.


"아까 까마귀들이 울어댈 때 웃었던 이유가 무엇인가?"

"까마귀들이 저를 유혹하며 말하기를, 저 상인의 짐 속에 값진 보물이 많으니 그를 죽이고 보물을 가지면 자기들은 시체를 먹겠다고 했습니다."

"아니, 그럴 수가? 그런데 자네는 어떤 이유로 까마귀들의 말을 듣지 않았는가?"

"저는 전생에 탐욕을 버리지 못해 그 과보로 현생에 가난한 짐꾼으로 살아가고 있습니다. 그런데 이제 또 탐욕으로 강도질을 한다면 그 과보를 어찌 감당한단 말입니까? 차라리 가난하게 살지언정 무도한 부귀를 누릴 수는 없습니다."

심부름꾼은 조용히 웃으며 길을 떠났다. 그는 '오유지족'의 참된 의미를 알고 있었던 것이다.

티베트 속담에 "해결될 문제라면 걱정할 필요가 없고, 해결이 안 될 문제라면 걱정해도 소용없다!"라는 말이 있다.

필자의 친구 중 월 천만 원을 벌지만 휴일이나 주말에도 고객과 골프 라운딩 나가야 하고 매일 술을 마시며 건강을 해치며 살아가는 친구가 있다. 어느 날 그가 필자를 찾아 와서 "월 오백만 원 받는 곳이 있는데 이곳은 주말과 휴일이 보장되어 가족과 함께할 수 있어서 직장을 옮겼어."라며 지금은 연봉 일억 원이 안 되어도 가족과 함께할 수 있어 행복하다는 말을 하였다.

우리네 인생 걱정거리 없이 살아가는 사람이 어디 있을까? 돈은 우리 생활에 없어서는 안 될 꼭 필요한 도구다. 그러나 돈을 벌기 위해서는 일정한 생업을 해 나갈 일이 있어야 하고 근면함은 기본이고 돈 되는 고급 정보를 입수하고 그 돈을 내 그릇에 옮겨 줄 사람이 필요하다.

### 무항산무항심(無恒産無恒心)

"항산(일정한 생업)이 없으면 항심(일정한 마음)이 없다. 생활이 안정되지 않으면 바른 마음을 견지하기 어렵다."는 말이다.

맹자(孟子)는 고향 추(鄒)에 돌아와 만년을 보냈는데, 가까이에 있는 소국 등(滕)나라의 문공(文公)이 맹자를 국정의 고문으로 초빙하여 나라 살림을 물었다.

등나라 문공이 국정을 묻자 맹자가 말했다. "백성의 일은 늦출 수 없는 것들이니, 『시경(詩經)』에 '낮에 가서 띠를 하고, 저녁에 새끼를 꼬고, 빨리 지붕을 이어라. 그렇게 하고 나서 비로소 온갖 곡식을 뿌려라.'라고 하였습니다. 백성들이 사는 방도는 일정한 생업이 있으면 일정한 마음이 있고, 일정한 생업이 없으면 일정한 마음이 없습니다.

진실로 일정한 마음이 없으면 방탕, 편벽, 사악, 사치 등 못 하는 짓이 없다. 죄에 빠진 다음에 형벌을 가한다면 이것은 백성을 속이는 것이니, 어찌 어진 사람이 위에 있으면서 백성을 속일 수 있습니까?

그러므로 어진 임금은 반드시 공손하고 검소하며 아랫사람에게 예로 대하며, 백성에게 취하는 것은 절제가 있어야 하는 것입니다."

(滕文公問爲國. 孟子曰, 民事不可緩也. 詩云, 晝爾於茅, 宵爾索綯, 亟其乘屋, 其始播百穀. 民之爲道也, 有恒産者有恒心, 無恒産者無恒心. 苟無恒心, 放辟邪侈, 無不爲已. 及陷乎罪, 然後從而刑之, 是罔民也. 焉有仁人在位, 罔民而可爲也. 是故賢君必恭儉禮下, 取於民有制.)


이 이야기는 『맹자(孟子)』 〈등문공상(滕文公上)〉에 나오는데, 비슷한 이야기가 같은 책 〈양혜왕 상(梁惠王上)〉에도 나온다.


일정한 생업이 없는데도 일정한 마음을 가질 수 있는 것은 오직 선비만이 가능한 일이다. 일반 백성들은 일정한 생업이 없으면 일정한 마음을 가질 수가 없다. 진실로 일정한 마음이 없으면 방탕, 편벽, 사악, 사치 등 못 하는 짓이 없게 된다. 죄에 빠진 다음에 형벌을 가한다면 이것은 백성을 속이는 것이다.(無恒産而有恒心者, 唯士爲能. 若民則無恒産, 因無恒心. 苟無恒心, 放僻邪侈, 無不爲已. 及陷於罪然後, 從而刑之, 是罔民也.)


수분지족(守分知足). 자기 분수를 알고 스스로 만족하는 직업이 있어야 행복이 있다.

필자는 가끔 중환자실 면회를 가거나 병원 장례식장을 방문하면 새로운 인생을 다짐하며 감사를 느끼며 살아가고 있다.

만나는 사람마다 인연과보의 의미로 좋은 관계를 맺고 살아가며, 모든 사람과의 소중한 인연과보를 생각하며 돈보다 더 중요한 가족과 함께 추억을 쌓아가는 시간을 가져 보면 어떨까?

# 23

◇◇◇◇

# 유교무류(有敎無類)
# – 빈부(貧富)에 차별(差別)을 두지 마라

은혜와 의리는 항상 많은 사람들에게 널리 베풀어야 한다. 인생 어디서든 그 사람들을 만날 수 있기 때문이다. 그러나 원수와 원망은 맺지 말라. 언제든 좁은 길에서 만나면 피하기 어려울 것이기 때문이다.

– 『명심보감』

『논어』<자한(子罕)>에 공자께서 말씀하셨다. "나는 사람에 대한 선입견을 가지고 있는가? 나는 그런 선입견이 없다. 어떤 비천한 사람이 나에게 무엇을 묻되 진실한 태도로 한다면, 나는 그 문제의 자초지종(自初至終)을 듣고 성심성의껏 다 말해 준다."

子曰: "吾有知乎哉? 無知也. 有鄙夫問於我, 空空如也, 我叩其
兩端而竭焉."

*202*

(자왈: "오유지호재? 무지야. 유비부문어아, 공공여야, 아고기양단이갈언.")

공자는 가르치는 데 차별을 두지 않는 '유교무류(有敎無類)'의 교육철학을 갖고 있었고, 이것을 몸소 실천했다. 남녀노소와 빈부귀천의 차별을 두지 않았기 때문에 비천한 사람이라도 진지한 자세로 배우러 온다면 성의껏 가르쳐 주었다.

묵자는 "미인은 문밖에 나오지 않아도 많은 사람이 만나길 원한다. 스스로 이름을 드러내려 애쓰기보단 내실을 다지는 것이 좋다."라고 했다. 겸애란 사람을 차별하지 않고 똑같이 사랑하는 것을 의미한다. 중국고대사를 연구한 친위의 싸우지 않고 이기는 기술에는 묵자의 겸애정신이 깃들어 있다.

"손님을 빈부에 따라 차별하지 말라."는 다카시마야 백화점의 초대 창업주인 이다신치가 직원들에게 당부한 말이다. 다카시마야 백화점은 이 슬로건에 따라 '포도 한 송이—마지막 소원' 일화를 낳게 되었다.

1986년 3월 초순 어느 날, 남루한 복장을 한 40대 초반의 여인이 다카시마야 백화점 지하 식품 매장에 들어왔다. 그녀는 포도두 송이가 놓인 식품 코너 앞에 서더니 한없이 울기 시작했다.
지하 식품 매장 여직원은 포도 앞에 울고 있는 아주머니가 이상해서 다가가 왜 우시냐고 물었다.

여인이 말하기를 "저 포도를 사고 싶은데 돈이 2천 엔밖에 없어서 살 수가 없어서 운다."고 했다.

그 포도 두 송이의 값은 무려 2만 엔이었다. 여직원은 잠시 고민했다. 포도 한 송이의 가격은 1만 엔인데 고객은 2천 엔밖에 없었다.

고객은 뭔가 사연이 있는 것 같은데 차마 물어 볼 수는 없었다. 잠시 후 그녀는 가위를 가져와 2천 엔 어치를 잘라서 포장지에 곱게 싸서 여인에게 팔았다.

그 여인은 포도송이 2천 엔 어치를 사서는 나는 듯이 사라졌다. 그리고 두 달 후 1986년 5월 14일자 일본의 〈마이니치신문〉에 이러한 독자투고 기사가 실렸다.


"우리에게 신만큼이나 큰 용기를 준 다카시마야 백화점 식품 매장 여직원에게 정말 감사드린다. 내가 치료하던 11세의 여자아이는 비록 죽었으나 마지막 소원인 포도를 먹었다.

그 여자아이는 백혈병 환자로서 더 이상 치료해 봤자 회생의 여지는 없었다. 그러나 마지막으로 포도를 먹고 싶다는 아이의 소원을 너무 가난한 어머니는 들어줄 수 없었다. 그런데 그 소원을 다카시마야 여직원이 들어준 것이다."


기사의 내용은 도쿄의 변두리 단칸방에 살던 두 모녀가 있었는데 11세 딸이 백혈병으로 죽어가고 있었고, 마지막 소원으로 포도가 먹고 싶다는 것이었다.

어머니는 포도를 사기 위해 백방으로 뛰었다.

그러나 때는 3월, 아직 냉장기술이 발달하지 않았던 때라 포도는 어디에도 없었다.

어머니가 마지막에 포도를 발견한 곳은 일본 최고의 백화점인 다카시마야 백화점 식품 매장이었다.

그러나 어머니의 전 재산은 2천 엔이었고 포도는 두 송이에 2만 엔이었던 것이다.

그래서 어머니는 딸의 마지막 소원을 들어주고 싶었으나 가진 돈이 없어 하염없이 울며 서 있었던 것이다.

그런데 백화점 식품 매장 여직원이 그 모습을 보고 가위를 가져와 과감하게 포도를 잘라 판 것이다.

포도송이는 2천 엔 어치를 잘라내면 상품으로서의 가치가 사라진다. 그런데도 그 여직원은 손님을 차별하지 않았다. 고객의 요구는 최대한 들어주라는 백화점의 방침에 따랐다.

이 사건은 자칫하면 그냥 묻혀버릴 수 있었으나 어린아이의 백혈병 치료를 담당하던 의사가 그 사연을 신문의 독자란에 투고해 세상에 알려지게 되었다. 그 기사를 읽은 1천만 명의 도쿄 시민들은 펑펑 울었다고 한다.


"우리의 목표는 친절이다."라는 사훈을 갖고 있는 다카시마야 백화점의 이 말을 구호가 아닌 실천으로 보여준 것이다. 차별 없이 고객을 대하는 초대 창업주 이다신치(飲田新七)의 유언을 제대로 지킨 것이다.

이 일로 인해 다카시마야 백화점의 명성이 자자해지고 일본 최고의 백화점임이 다시 한번 입증되었다.

백화점 측이 손해를 감수하면서까지 진정으로 고객을 위한다는 것이 확인되었기 때문이다.

오늘날 다카시마야 백화점은 포도 한 송이의 서비스 정신을 판매 매뉴얼에 넣고 사원 교육을 실시하고 있다. 바로 그러한 정신을 잊지 말기 위해서다.

그리고 그 일이 있고 난 후 '로즈클럽'이라는 것을 만들었다. 다카시마야 백화점의 상징은 로즈 즉, 장미인데 그 때의 감동적인 서비스를 체계적으로 만들 필요가 있다고 판단했기 때문이다.

오늘날 '로즈클럽'에서는 고객이 어떠한 문의를 해와도 거기에 맞는 서비스를 제공해 준다. 다카시마야의 해결사 팀인 것이다.

"우리의 목표는 친절"이라는 그 말이 결코 구호가 아니라는 것을 그들은 행동으로 보여준다.


"손님을 빈부에 따라 차별하지 마라." 초대 창업주인 이다신치의 유언처럼 다카시마야 백화점은 손님 한 사람 한 사람을 소중히 여기는 상징적인 일화 덕분에 여전히 일본 최고의 백화점으로 인정받고 있다.

# 24

◇◇◇◇

# 덕불고필유린(德不孤必有隣)
# – 덕은 외롭지 않다. 반드시 이웃이 있다

나를 둘러싼 세상이 너무 바쁘게 돌아간다고 느끼면 잠깐 멈추고 나에게 물어보세요.

세상이 바쁜 것인가, 아니면 내 마음이 바쁜 것인가?

– 혜민 스님

德不孤必有隣 (덕불고필유린)

덕은 외롭지 않다. 반드시 이웃이 있다.

친구가 찾아오면 즐겁다.

[원문] 有朋 自遠方來 不亦樂乎(유붕 자원방래 불역낙호)

　　벗이 있어 멀리서 찾아오면 또한 즐겁지 아니한가?

〈탤런트 김수미와 김혜자의 감동적인 우정 이야기〉

탤런트 김수미가 심각한 우울증으로 고통을 겪고 있을 때였다.

나쁜 일은 한꺼번에 온다고 김수미의 남편이 사업 실패를 겪으면서 빚더미에 올라 앉아 쩔쩔 매는 상황까지 닥쳤다.

돈이 많았던 친척들도 김수미를 외면했다. 김수미는 급한 대로 동료들에게 아쉬운 소리를 하면서 몇 백만 원씩 빌리고 있었다.

그런데 그 사실을 알게 된 김혜자가 김수미에게 정색을 하며 말했다.

"애, 넌 왜 나한테 돈 빌려달라는 소리 안 해! 추접스럽게 몇 백씩 꾸지 말고 필요한 돈이 얼마나 되니?" 하며 김수미 앞에 통장을 꺼내 놓았다.

"이거 내 전 재산이야. 나는 돈 쓸 일 없어. 다음 달에 아프리카 가려고 했는데 아프리카가 여기 있네. 다 찾아서 해결해. 그리고 갚지 마. 혹시 돈이 넘쳐나면 그때 주든가."

김수미 씨는 그 통장을 받아 당시 지고 있던 빚을 모두 청산했다.

그 돈은 나중에야 갚을 수 있었지만 피를 이어받은 사람도 아니고 친해 봐야 남인 자신에게 자신의 전 재산을 내어 준 것에 큰 감동을 받았다.

입장이 바뀌어 김혜자가 그렇게 어려웠다면 자신은 그럴 수 없었을 것이라고 하면서 김수미는 그런 김혜자에게 이렇게 말했다.

"언니, 언니가 아프리카에 포로로 납치되면 내가 나서서 포로 교환 하자고 말할 거야. 나 꼭 언니를 구할 거야." 그렇게 힘들고 어려울 때 자신을 위해 기꺼이 자신의 전 재산을 내어준 김혜자에게 김수미는 자신의 목숨도 내놓을 수 있을 정도의 강한 사랑을 가지고 있는 것이다.

남자는 6명의 친구를 만나면 성공한 삶이라고 한다.
부모님이나 친구가 죽었을 때 관을 들 친구 6명을 일컫는다.
좋은 친구를 만나기를 바라지 말고 내가 먼저 좋은 친구가 되어야 좋은 친구를 만날 수 있지 않을까?

자기수양으로 군자의 품위를 지킨다.
[원문] 人不知不慍 不亦君子乎(인부지불온 불역군자호)
남이 알아주지 않아도 섭섭해 하지 않으면 또한 군자가 아니겠는가?

논어의 서두에 나오는 세 번째 문장이다.
[원문] 德不孤必有隣 (덕불고필유린)
덕은 외롭지 않다. 반드시 이웃이 있다
덕을 베푸는 것은 더불어 살며 자기가 가진 것을 나누는 것이다.

상대방의 단점만 보지 말고 장점을 살펴라.
[원문] 君子成人之美 不成人之惡(군자성인지미 불성인지악)
군자는 상대방의 장점이 더욱 커지도록 북돋아주고, 결점은 점점 줄일 수 있게 엄중하게 충고한다.

자신이 싫어하는 바를 남에게 강요하지 않는다.

[원문] 己所不欲勿施於人(기소불욕물시어인)

자기가 싫어하는 것은 남에게도 강요하지 않는 것이다.


사귀면 사귈수록 멋진 사람

[원문] 善與人交 久而敬之(선여인교 구이경지)

중국 제나라의 재상 안평중(晏平仲)은 다른 사람들과 교제를 잘
하고, 오래 되어도 남들이 그를 존경했다.

# 25

오자지가(伍子之歌)로 세상을 말하다
- 얕잡아 보면 안 되는 백성

흐르는 강물처럼 그냥 흘러가게 두자. 어쩔 수 없는 일들에 매달리지 말자, 그게 사람이든 무엇이든.

— 작자 미상

"백성은 가까이할 수 있지만 얕잡아 보면 안 된다. 백성은 나라의 근본이다. 근본이 튼튼해야 나라가 편안해진다."

民可近 不可下(민가근 불가하)

民惟邦本(민유방본)

本固邦寧(본고방녕)

予臨兆民(여임조민)

懍乎若朽索之馭六馬(늠호약후삭지어육마)


爲人上者(위인상자)
柰何不敬(내하불경)


중국의 역사는 독특하다. 대개 과거는 옳고 현재는 부족하다고
여긴다.

정치가들은 항상 부흥(復興)·복고(復古)를 꿈꾼다.

요(堯)·순(舜)·우(禹)·주공(周公)·공자(孔子)로 이어졌다는 성인 정
치의 유산이다.


『서경』〈오자지가(五子之歌)〉에서 배우는 지혜


民可近 不可下(민가근 불가하)

民惟邦本(민유방본)

本固邦寧(본고방녕)


予臨兆民(여임조민)

懍乎若朽索之馭六馬(늠호약후삭지어육마)


爲人上者(위인상자)

柰何不敬(내하불경)

백성을 친히 여기되 얕잡아 보면 안 된다. 백성이 오직 나라의 근본이니,
근본이 굳건해야 나라가 편안케 된다.

나는 모든 백성을 대함에 두려워하기를 썩은 고삐로 여섯 필의 말을 몰 듯
하였다.
백성의 윗사람이 되어 어찌 공경하지 않을 수 있겠는가!

중국 夏(하)나라 禹(우)임금이 후손들에게 경계의 말을 남긴 내용
중 일부분이다. '가까이하다'의 뜻을 나타내는 '近'에는 '사랑하다,
총애하다'의 뜻도 있다. 백성을 가까이 하고 총애하되 그들을 함
부로 대해서는 안 된다는 뜻이다.
말 여섯 필을 하나의 고삐로 모는 것도 힘든데, 썩은 고삐로 말
을 몬다는 것은 더욱 어렵고 긴장해야 하는 일임을 뜻한다. 그만
큼 우 임금은 백성을 두려움의 대상으로 보고, 백성의 윗자리에
있으나 항상 백성들을 공경했다는 것이다.

선거철에는 후보자들의 경쟁이 치열해진다. 매일 아침 출근길
에 시민들을 향해 인사를 하고, 여러 매체를 통해 본인의 공약을
알리기에 바쁘다.
후보들이 보여주는 모습들이 선거철에만 반짝하고 끝나는 위
선이 아니길 바라며, 늘 지금과 같은 낮은 자세로 '오직 국민이 나
라의 근본'이라는 사실을 깊이 헤아려 주기를 바란다.

성군인 우왕이 세운 하(夏)나라를 손자인 태강(太康)이 망쳤다. 요임금의 신하였던 후예(後羿)가 태강을 쫓아냈다. 태강의 다섯 동생이 탄핵당한 군주를 꾸짖은 노래 '오자지가(五子之歌)'가 『상서(尙書)』에 전한다.

백성이 굳건해야 나라가 안녕하다.

첫째 동생의 노래는 민본정치의 뿌리가 됐다.

둘째 동생은 왕의 욕심을 꾸짖었다.

셋째는 "오늘 왕도를 잃고 나라의 기강을 어지럽혀 끝내 멸망하는구나."라며 한탄했다.

넷째는 천하의 군주였던 할아버지가 만든 법규와 경제를 거덜낸 태강을 비난했다.

다섯째는 "(형은) 낯이 두껍고 부끄럽고 창피하다(顏厚有忸怩 · 안후유육니)"며 태강의 후안무치(厚顔無恥)를 탓했다.

사마천(司馬遷)은 『사기(史記)』〈하본기〉에 "태강실국(太康失國 · 태강이 나라를 잃었다)"이라는 네 글자로 기록했다.

『사기』〈혹리(酷吏)〉 열전에는 황제를 등에 업은 사법 관리가 여럿 등장한다.

어릴 적 곳간의 쥐새끼 판결문으로 이름을 떨친 장탕(張湯)이 대표적인 인물이다. 범인을 알고 고발하지 않으면 같은 죄로 처벌하는 견지법(見知法), 탈세를 고발하면 몰수액의 절반을 포상한 고민령(告緡令)을 만든 주인공이다.

그는 민정수석 비슷하게 황제의 친인척 비리를 다뤘다. 취조 대상이 황제가 처벌하려는 인물이면 가혹한 부하에게, 석방하려는 사람이면 마음씨 좋은 부하에게 판결을 맡겼다. 유학에 심취한 한무제(漢武帝)의 취향에 맞춰 판결문에 공자의 말씀을 빼먹지 않았다. 장탕의 국정농단은 앙심을 품은 정적의 공격에 무너졌다. 믿었던 황제의 사랑도 영원하지 않았다.

五子之歌(오자지가)

其五日嗚呼曷歸 予懷之悲. 萬姓仇予 予將疇依. 鬱陶乎予心
기오왈오호갈귀 여회지비. 만성구여 여장주의. 울도호여심
顔厚有忸怩. 弗愼厥德 雖悔可追.
안후유뉴니. 불신궐덕 수회가추.

그중의 다섯째가 이르기를, 오, 어디로 돌아가는가, 내 마음의 슬픔이여
만백성이 우리를 원수로 아니 우리는 장차 누구를 의지하랴.
답답하고 섫다, 이내 마음이여 얼굴은 뜨거워지고 부끄러운 마음이 생긴다.
그분의 덕을 삼가지 못하였으니 후회한들 쫓아갈 수 있으리오.

'오자지가'가 꾸짖은 후안무치 정치가 21세기 한국에서 펼쳐지고 있다.

국회에서 벌어지는 우스운 광경을 역사는 어떻게 기록할까?

◇◇◇◇

# 26

# 사람은 무엇으로 사는가?
## 긍휼지심(矜恤之心), 측은지심(惻隱之心)

소중하다면 고마워하고 함부로 대하지 말라. 옆에 있을 때 깨닫지 못하면 끝이다.

無惻隱之心 非人也(무측은지심 비인야).
**불쌍히 여기는 마음이 없으면 사람이 아니다.**

『맹자』〈공손추편(公孫丑篇)〉의 사단설(四端説)에 나오는 말이다. 그는 인(仁)을 '사람이 둘로 존재하기 위해 마땅히 지녀야 할 도리'로 보았는데 인의예지(仁義禮智)에 기초한 사단(四端)으로 표현된다. 그리고 그중 핵심인 측은지심(惻隱之心), 즉 타인의 불행에 대해 불쌍히 여기는 마음을 갖는 것이 핵심이다.

〈맹자의 측은지심(惻隱之心)과 인술(仁術)〉

맹자는 어린 아이가 우물에 빠진 것을 보고 생각할 겨를도 없이 우물 속으로 몸을 던지는 어미의 마음을 '측은지심(惻隱之心)'이라고 표현했다.

맹자는 왕도정치의 정신을 다음과 같이 말하고 있다.

"사람은 사람에게 차마 하지 못하는 마음이 있다. 왕이 먼저 백성에게 차마 못하는 마음이 있으면, 백성에게 차마 못하는 정치가 있다. 백성에게 차마 못하는 정치를 알고 정치를 행한다면 천하 다스리기를 손바닥 안에서 움직일 수 있다."

여기서 사람에게 차마 못하는 마음이란, 사람에게 해를 가하는 것을 차마 하지 못하여, 사람의 불행을 차마 보지 못하는 마음을 뜻한다. 이 마음으로 천하를 다스린다면 마치 손바닥 위에서 물건을 굴림과 같이 아주 쉽게 공을 거둘 수 있다는 말이다.

맹자는 사람에게 차마 못하는 마음은 사람에게 본래 있는 것이라며 성선설(性善說)을 입증하고 있다.


'사람에게 차마 못하는 마음이 있다'고 하는 까닭은 이러하다.

"사람들이 어린아이가 우물에 막 빠지는 것을 보면, 다 놀라고 불쌍한 마음을 가진다. 이는 그 어린아이의 부모와 사귀려 함도 아니며, 마을 사람들과 벗들에게 칭찬을 받기 위하여 그러는 까닭도 아니며, 원성을 듣기 싫어서 그러는 것도 아니다."

맹자는 사람들이 모두 차마 못하는 마음을 지니고 있다는 것을 앞의 이야기로 설명하고 있다. 즉, 어린아이가 위험에 처했을 때 사람들은 누구나 두려워 근심하고 깊이 불쌍히 여기는 마음이 들어, 반드시 달려가 구하려고 하는데, 이는 사람에게 차마 못하는 근본 마음이 있어서 본능적으로 행동하게 할 뿐이라는 것이다. 맹자의 말대로 사람은 모두 불쌍히 여기는 본능적인 마음을 가지고 있다. 맹자는 사람의 마음이 물과 같다고 하여 땅을 파서 물길을 내주는 대로 흘러가기 마련이라고 했다

사람은 무엇으로 사는가?
인간의 내부엔 무엇이 있는가?
갈증, 번뇌, 부조리. 인간에게 주어지지 않은 것은 무엇인가?
그냥 세월이 해결해 주는 그런 것은 주어지지 않았다.

언젠가 읽었던 러시아의 대문호 레프 니콜라예비치 톨스토이의 단편집을 이야기해 볼까 한다.

〈사람은 무엇으로 사는가?〉는 1881년 저술된 톨스토이의 단편소설로 기독교 신앙이 돋보이는 종교문학이다. 이 작품은 톨스토이가 1885년 출판한 단편소설집『사람은 무엇으로 사는가와 다른 이야기들』에 수록되어 출간되었다. 현대에 이르러 처음 출간될 때와는 달리 톨스토이의 다른 단편들을 수록하여 출간했는데, 본서에는 〈사랑이 있는 곳에 신이 있다〉, 〈두 노인〉, 〈촛불〉, 〈바보 이반〉, 〈사람에겐 얼마만큼의 땅이 필요한가?〉를 더해 총 6편의

단편이 수록되어 있다.

　첫 번째 이야기 〈사람은 무엇으로 사는가?〉는 구두장이 시몬이
집으로 돌아가던 길에 알몸으로 교회 벽에 기대앉은 채 꼼짝도 하
지 않는 미하일을 발견하여 그냥 지나쳐 가려다 죄책감에 집으로
데리고 가 돌보면서 이야기가 시작된다. 아무것도 입지 않은 벌거
숭이 미하일은 사실 천사였다.

　어느 날 하느님은 미하일에게 한 여자의 영을 빼앗으라는 명령
을 내리지만 이제 막 태어난 쌍둥이를 제 손으로 키울 수 있게 해
달라고 애원하는 부인을 차마 외면할 수 없었다. 미하일은 결국
부인의 영혼을 데려오지 못한다. 그러자 하느님은 부인의 영혼을
데려오면 세 가지 말의 뜻을 알게 될 것이라며 다시 명령을 내리
고 인간의 내부에 무엇이 있는가? 사람에게 허락되지 않은 것은
무엇인가? 사람은 무엇으로 사는가? 이 세 가지 질문의 답을 찾을
때까지 사람들과 함께 있으라고 명령한다.

　그렇게 인간계로 내려온 미하일은 알몸으로 차가운 바닥에 웅
크리고 있다가 운 좋게도 시몬을 만난 것이다. 여기서 저자는 시
몬을 통해 낯선 사람에게 베푸는 선행이 가져오는 복이란 무엇인
가를 보여주고 사람이 어떻게 살아야 하는지 물으며 그 질문에 대
한 답을 넌지시 던져준다.

　러시아의 대문호 톨스토이는 하나님께서 인류에게 던지시는
삶의 근본적인 질문과 그 해답을 자신의 소설 〈사람은 무엇으로

사는가?〉를 통해 풀어갔다. 소설의 내용은 이렇다.

벌을 받고 인간 세상으로 쫓겨난 천사 미하일은 가난한 구두장이 시몬 부부의 도움으로 살면서 세 가지 진리를 깨닫고 다시 하늘로 돌아간다.

그 세 가지 진리는 다음과 같다.

천사 미하일은 하나님의 명령을 거역한 죄로, 벌거벗긴 채 인간의 모습으로 쫓겨났다. 하나님께서는 미하일에게 다시 천사의 모습으로 돌아오고 싶으면 세 가지 질문에 대한 답을 찾아야 한다고 말씀하셨다.

세 가지 질문
첫 번째, 인간의 내면에는 무엇이 있는가.
두 번째, 인간에게 허락되지 않은 것은 무엇인가.
세 번째, 인간은 무엇으로 사는가.

나는 비로소 인간 안에 있는 그것이 바로 사랑이라는 것을 깨달았다.

미하일은 길가에 쓰러져 있던 자신을 구해준 가난한 구두 수선공을 보고 첫 번째 질문에 대한 답을 찾았다. 인간의 내면에 있는 것은 '타인에 대한 사랑과 관심'이었다. 미하일은 이어 수선공의 집에서 일을 도와주며 만나게 된 거만한 부자를 통해 두 번째 질문에 대한 답도 찾게 된다. 인간에게 허락되지 않은 것은 '자신이 죽는 시기를 알지 못한다.'는 것이다.

그 후 6년이라는 세월이 흘렀다. 미하일은 쌍둥이 여자아이들을 데리고 신발 가게로 들어오는 여인에게서 마지막 세 번째 질문 '사람은 무엇으로 사는가.'에 대한 답을 찾았다. 그것은 바로 '사랑'이었다. 이 세 가지 질문에 대한 답을 깨닫는 순간 미하일은 다시 천사의 모습으로 변했다.

미하일의 모습은 마치 이 땅에 살고 있는 우리들의 모습과 같다. 예수님께서는 우리를 가리켜 하늘에서 잃어버린 자요, 죄인이라고 말씀하셨다(누가복음 19장 10절, 마태복음 9장 13절). 이 죄인들을 다시 하늘의 영광된 모습으로 변화시키기 위해 예수님께서는 직접 이 땅에 내려오셔서 '사람은 무엇으로 사는가.'에 대한 답을 찾아주셨다.

첫 번째, 천국을 소망하는 사람들의 내면에는 무엇이 있는가. 그 답은 타인에 대한 긍휼의 마음이다. 이 마음을 가진 사람은 예수님께서 죄인들의 구원에 관심을 가지셨던 것처럼, 타인의 생명에 관심을 갖게 된다.

"새벽 오히려 미명에 예수께서 일어나 나가 한적한 곳으로 가사 거기서 기도하시더니… 이르시되 우리가 다른 가까운 마을들로 가자 거기서도 전도하리니 내가 이를 위하여 왔노라 하시고.”

“저희가 날마다 성전에 있든지 집에 있든지 예수는 그리스도
라, 가르치기와 전도하기를 쉬지 아니 하니라.”

두 번째, 하나님께서 인간에게 허락하지 않은 것은 무엇인가.
그것은 자신이 죽는 시기를 아는 것이었다. 하나님께서는 인간이
죽음의 시기를 알도록 허락하지 않으셨지만 삶을 살아가는 데 있
어 가장 필요한 것이 무엇인지는 성경을 통해 알려주셨다.

“너는 내일 일을 자랑하지 말라 하루 동안에 무슨 일이 일어날
지 네가 알 수 없음이니라.”

“스스로 속이지 말라. 하나님은 만홀히 여김을 받지 아니하시
나니 사람이 무엇으로 심든지 그대로 거두리라. 자기의 육체를 위
하여 심는 자는 육체로부터 썩어진 것을 거두고 성령을 위하여 심
는 자는 성령으로부터 영생을 거두리라.”

마지막 세 번째, 인간은 무엇으로 사는가. 미하일이 찾은 답은
‘사랑’이었다. 그는, 자녀를 잃은 여인이 부모를 잃은 아이들을 보
듬어 키우는 모습을 통해, 인간은 사랑으로 산다는 결론에 이르
렀다. 그것이 인간이 사는 이유이자 원동력이라고 말했다. 그러나
이보다 더 큰 사랑을 알려주신 분이 예수님이다.

인간의 마음에는 무엇이 있는가?

사람에게 허락되지 않은 것은 무엇인가?

사람은 무엇으로 사는가?

어진 마음을 바탕으로 하는 긍휼지심(矜恤之心)과 타인에 대해 마땅히 지켜야 할 의(義)가 있어야 할 것이다.


추운 이 겨울, 교회 옆에 벌거벗겨진 사람이 웅크리고 있다면, 어떻게 할 것인가?

옷을 벗어 줄 것인가? 아니면, 그냥 지나쳐 갈 것인가?


어느 날, 한 부유한 사나이가 구둣방에 찾아와서, 1년을 신어도 모양이 변하지 않고 찢어지지도 않는 신발을 만들어 달라는 엄포를 놓으며 신발을 주문하고 돌아갔다.

그런데 며칠 후, 그 부유한 사나이의 하인이 찾아와서 그 신발은 필요 없게 되었다며 죽은 사람이 신을 슬리퍼를 만들어 달라고 했다.

한 치 앞도 모르는 인간의 내면에 무엇이 있는지, 깨닫지 못하고 살아가는 인간의 모순이 아닐까?

부모를 잃은, 한 쌍둥이를 키우는 여인네는 자신의 아이가 아닌 타인의 아이로 인해서 눈물을 흘렸다.

인간은 무엇으로 사는가? 인간에게 허락되지 않은 것은 무엇인가를 알려주는 톨스토이의 인간 본질을 다룬 교훈인 것 같다.

"선생님, 인간은 무엇을 위해 살아가는 걸까요?"라는 제자의 질문에 대해,

아인슈타인 박사는 다음과 같이 말했다. "당연하지 않느냐. 타인을 위해서다. 하루에도 백 번씩 나는 나의 삶이, 살아있는 혹은 죽은 사람의 노고에 의존하고 있다는 것을 되새긴다. 그리고 받은 것만큼 되돌려주기 위해 얼마나 많이 노력해야 하는가를 스스로 일깨운다."

예수님은 말씀하신다. "네가 정말 선을 행하고자 한다면, 그 존재의 전체 즉, 영, 혼, 육을 위해 선해야 한다. 지금만이 아니라 생물학적인 죽음 후까지 영원히 이어질 시간을 위해서도 선이어야 한다!"

우리는 누군가에게 봉사하고 자선냄비에 10만 원을 기부하고 매월 종교단체에 구호금을 납입하는 선한 일을 한다. 우리는 이렇게 타인을 위해 선한 일을 하면서 스스로를 자랑스러워한다.

대부분의 사람들은 '인간다움이 없는 행동을 봤을 때, 차마 어쩌지 못하는 마음'이 생기는데, 이러한 마음을 갈고 닦아야 한다. 세상의 달콤한 유혹을 이기지 못해 선하지 못한 행동을 저지를 때가 있다. 이런 유혹이 있더라도 스스로 군자(성선설)의 도리를 키워나간다면, 그 어떤 커다란 이익이 내 앞에 찾아와도 그 유혹을 쉽게 물리칠 수 있다. 선한 행위는 단순히 그 '선함'을 배운다고 되는 것이 아니며, 사랑의 감정으로 출발해야 보다 더 자발적이게 되

고, 동기도 더욱 강해진다는 것이 맹자의 성선설이다.

그림책 속 항아리에 떨어지는 돌멩이가 만들던 잔물결처럼 누군가를 따뜻한 마음으로 보듬은 적이 있는가? 척박한 사회에서 벌어지는 많은 사건·사고들을 접할 때 작은 친절이라도 조금씩 아주 조금씩이라도 베푸는 우리가 되면 좋지 않을까? 인간이 기본적으로 가져야 할 사랑의 마음이 절실한 요즈음이다. 사람이 살아가는 것은 사랑이 있기 때문이다.

그렇다면 우리 스스로에게 근본적인 질문을 남겨보자.
"당신은 정말 누군가에게 단 한 번이라도 거짓 없는 사랑과 선한 일을 할 수 있는가?"

◇◇◇◇

# 27

# 시련은 우리 삶을 튼튼하게 한다

사람은 누구나 주어진 일과 원하는 것이 있다, 비록 보잘 것 없을지라도.

Every man has business and desire, Such as it is.

– 윌리엄 셰익스피어(William Shakespeare)

절제와 인내를 생활의 원칙으로 삼는다면 부유하고 권세가 있더라도 일상의 비참을 면할 수 있을 것이다.

– 쇼펜하우어

자신의 이익은 엄격히 하고, 타인의 이익은 넉넉히 해준다. 대인관계를 원만히 유지하기 위해서는 반쯤 바보가 되어야 한다.

자신의 목표를 향해 폭풍우를 헤치며 항해하는 배에는 많은 장애물과 고통과 인내가 따른다.

부모가 자식을, 스승이 제자를, 상사가 직원을 위하는 마음으로 오롯이 혼자 고민하고 견뎌야만 일을 이룰 수 있다.

지금 당장은 서운하고 안타까움이 있을지 몰라도 나중에 진정한 도움이 되고 보람을 느끼는 것은 인내심의 힘으로 가능하다.


다음은 어느 소나무의 가르침에 대한 이야기다.


소나무 씨앗 두 개가 있었다.

하나는 바위틈에 떨어지고 다른 하나는 흙 속에 묻혔다.

흙 속에 떨어진 소나무 씨앗은 곧장 싹을 내고 쑥쑥 자랐다.

그러나 바위틈에 떨어진 씨앗은 조금씩밖에 자라나지 못했다.

흙 속에서 자라는 소나무가 말했다.

"나를 보아라! 나는 이렇게 크게 자라는데 너는 왜 그렇게 조금밖에 못 자라느냐?"

바위틈의 소나무는 아무 말도 하지 않고 깊이깊이 뿌리만 내리고 있었다.

그런데 어느 날 비바람이 몰아쳤다. 태풍이었다.

산 위에 서 있는 나무들이 뽑히고 꺾어지고 있었다.

그때 바위틈에서 자라나는 소나무는 꿋꿋이 서 있는데 흙 속에 있는 소나무는 뽑혀 쓰러지고 말았다.

그러자 바위틈에 서 있던 소나무가 말했다.

"내가 왜 그토록 모질고 아프게 살았는지 이제 알겠지?

뿌리가 튼튼하려면 아픔과 시련을 이겨내야 하는 거야."

우리에게도 주어진 일과 원하는 일이 있다. 우리가 원하는 일도 중요하지만 주어진 일에 최선을 다할 때 크나큰 축복을 받을 수 있다.

# 28

◇◇◇◇

# 성공(成功)은 절제(節制)와 습관(習慣)으로 이루어진다

이미 성사된 일을 말하지 않는다. 이미 끝난 일은 잘못을 따지지 않는다. 이미 지나간 일은 탓하지 않는다.

- 공자

고대 희랍에서 '좋은 시민'의 도덕적 덕목으로 여긴 것은 정의, 절제, 용기, 너그러움, 침착함, 성실, 자존심, 염치심 등이었다. '칭기즈칸과 사냥매(鷹) 이야기'에 나오는 덕목인데 영국의 신사양성 학교에서 학생들에게 가르치고 있다.

책의 첫머리에서도 절제를 가르치는 제임스 볼드윈(James M. Baldwin 미, 1861~1934)은 저서 『50가지 재미있는 이야기(Fifty Famous Stories)』에 다음과 같은 우화를 소개했다.

어느 날 아침 칭기즈칸이 사냥을 하기 위해 말을 타고 숲속을 내달렸다. 그의 뒤로 수많은 신하들이 따라나섰다. 왕의 팔목에는 왕이 아끼고 사랑하는 매가 앉아 있었다. 매는 사냥할 때 절대 필요한 것이었다.

왕 일행은 종일토록 짐승을 찾아다녔으나 수확이 시원치 않았다. 해가 질 무렵 하는 수 없이 궁전으로 돌아가기로 했다. 칭기즈칸은 지름길을 택하여 달렸다. 그는 숲속을 자기 손바닥처럼 잘 알고 있었다. 한창 달리던 중 갈증을 심해져서 샘물을 찾으려고 말에서 내렸다. 그러나 늘 철철 넘쳐흐르던 샘이 마른 것이 아닌가?

혼자 너무 빨리 달린 탓으로 그의 주변에는 신하가 한 명도 보이지 않았다. 팔목에 있던 매도 어디론가 날아가고 없었다.

가만히 주변을 살피니까 천만다행으로 머리 위의 바위틈에서 한 방울 두 방울 똑똑 떨어지는 맑은 물이 보였다. 칭기즈칸은 허리춤에 있던 쪽박을 꺼내 떨어지는 물방울을 한 방울 두 방울씩 받아냈다. 한참 후에야 간신히 쪽박에 물이 거의 찼다.

그가 잔을 입에 대고 마시려 하는 순간 어디서부터인가 매가 날아와서 그 잔을 주둥이로 치고는 다시 하늘로 높이 날아갔다. 왕은 땅바닥에 떨어진 잔을 주워들고 다시 물방울을 받기 시작했다. 물이 반쯤 채워졌을 때 그는 다시 잔을 들어 올려 그 입으로 가져가는데 입가에 닿을까 말까 할 무렵에 또다시 매가 날아와서 쪽박을 엎어버리고 사라졌다.

끓어 오르는 화를 억지로 참으면서 또다시 물을 쪽박에 받기 시작했다. 칭기즈칸이 물을 막 마시려는 순간 날아갔던 매가 다시

오더니 쪽박을 엎질러 놓고 말았다. 그 정도면 왜 잘 훈련된 매가 그러는지 의심할 수 있어야 했다. 그러나 화가 치민 칭기즈칸은 분별력을 잃어가고 있었다.

네 번째로 매가 물을 못 마시게 하자 화를 참을 수 없던 칭기즈칸은 매를 단칼에 찔러 죽여 버리고 말았다.

그러는 사이에 쪽박까지 잃어버려서 하는 수 없이 물줄기를 따라 바위 위로 기어서 올라갔다. 올라가 보니 과연 웅덩이에 고인 물이 있었다. 거기서부터 바위틈을 따라 물이 한 방울씩 떨어졌던 것이다.

그는 곧바로 웅덩이 앞에 엎드려서 물을 마시려다 흠칫 놀라고 말았다. 그 웅덩이 속에는 굉장히 큰 독사 한 마리가 죽어 있는 것이 아닌가. 그제야 사랑하던 자신의 매가 그 독물을 못 마시도록 하려고 쪽박을 걷어찬 이유를 깨닫게 되었다.

그는 곧바로 바위를 타고 밑으로 내려가 피를 흘리며 죽은 매를 어루만지면서 눈물로 맹세했다.

"나는 너를 잊지 않겠다. 오늘 나는 매우 쓰라린 교훈을 너로부터 배웠다. 나는 앞으로 어떤 경우에도 절대 홧김에 결정을 내리지 않겠다."

절제력을 잃었던 칭기즈칸은 매의 예지력(豫知力)으로 목숨을 건질 수 있었던 것이다.


후일 칭기즈칸은 후손들에게 다음과 같은 메시지를 남겼다.

집안이 나쁘다고 탓하지 말라.

나는 아홉 살 때 아버지를 잃고 마을에서 쫓겨났다.

가난하다고 말하지 말라.

나는 들쥐를 잡아먹으며 연명했고, 목숨을 건 전쟁이 내 직업이고 내 일이었다.

작은 나라에서 태어났다고 말하지 말라.

그림자 말고는 친구도 없고 병사로만 10만. 백성은 어린애, 노인까지 합쳐 2백만도 되지 않았다.

배운 게 없다고 힘이 없다고 탓하지 말라.

나는 내 이름도 쓸 줄 몰랐으나 남의 말에 귀를 기울이면서 현명해지는 법을 배웠다.

너무 막막하다고, 그래서 포기해야겠다고 말하지 말라.

나는 목에 칼을 쓰고도 탈출했고, 뺨에 화살을 맞고 죽었다가 살아났다.

적은 밖에 있는 것이 아니라 내 안에 있었다.

내게 거추장스러운 것은 깡그리 쓸어버렸다. 나를 극복하는 그 순간 나는 칭기즈칸이 되었다.

절제와 인내의 가치를 잘 표현한 메시지에 큰 울림이 다가온다.

〈뛰어난 절제력의 영조대왕〉

영조는 83세에 돌아가셨다. 지금으로부터 200~300년 전인 그 당시로서는 엄청난 장수로 요즘으로 치면 100세를 넘는 정도다. 흔히 왕들은 스트레스를 많이 받아 장수하지 못하는 경우가 많다고 한다. 실제로 국정의 중요 사항을 결정해야 하고 신하들의 왕권 도전과 역모에 늘 노심초사하고 왕비와 후궁 및 왕자들의 문제로 시달리는 등 스트레스가 엄청났다고 한다.

영조가 장수한 비결은 그런 스트레스가 없었기 때문이 아니냐고 생각하는 사람들이 많이 있지만 영조의 뛰어난 절제력과 리더십이 스트레스를 지우는 데 한몫하고 있었음을 역사가 고증하고 있다. 조선 최고의 장수 대왕 영조도 왕위 승계 과정에서 극도의 스트레스를 받은 나머지 즉위 후부터 심각한 체증에 시달렸다.

영조의 스트레스는 기록에도 잘 나타난다. "옛사람이 말하기를 '다시는 왕가에 태어나지 않기를 바란다.'고 한 것은 나를 두고 한 말이다. 경종 형님의 지극한 우애가 아니면 내가 어찌 이 자리에 있었겠느냐(영조 37년)."

경종의 능을 찾은 영조는 엄청나게 쏟아지는 빗속에서도 엎드려 몇 시간이나 일어서지 않았다. 즉위 때까지 얼마나 큰 위험에 직면하고 고통을 겪었는지 알 수 있는 대목이다.

역대 임금 가운데 가장 풍성한 수염을 자랑했다고 하는데 수염을 비롯한 머리카락도 역시 신장의 정기를 받는 곳이다. 영조는 역시 신장의 정기를 공급받는 두뇌가 매우 총명했다. 그래서 독서와 창작 활동을 통해 글씨나 시, 산문 등을 수백 편 넘게 남길 정도로 학문의 경지가 높았고 기억력도 뛰어났다.

그리고 70세가 넘어서까지 성생활을 할 수 있었다고 한다. 영조는 64세에 왕비를 사별하고 삼년상이 끝나자 66세에 정순왕후 김씨를 계비로 맞이하였는데 이때 왕후의 나이가 만 14세였다. 그 당시에는 40세만 넘어도 중노인 취급을 받는 때였는데, 일흔이 다 되어가는 분이 어린 소녀와 결혼을 했던 것이다.

물론 나라의 왕비 자리를 비워둘 수 없기 때문이지만, 영조 임금에게는 후궁도 여러 명 있었고 그녀들을 충분히 장악하고 있었다니 놀라울 뿐이다.

음식을 적게 먹었는데 특히 기름진 음식을 적게 먹었다고 한다. 전통적으로 조선의 왕과 왕비들은 대부분 나라가 흉하거나 천재지변이 있을 때 백성과 아픔을 같이하려고 하였기에 흉년에는 반찬을 줄이거나 낡은 옷을 입는 것이 미덕으로 전승되어 왔다.

영조도 가뭄이 들면 하루 다섯 번 먹던 수라를 세 번으로 줄이고 반찬 수도 반으로 줄였고 심지어 간장만으로 수라를 받기도 했다.

기름진 음식을 적게 먹고 소식을 한 것이 오래 사는 데 큰 도움이 되었을 것으로 생각된다. 그리고 영조는 현미, 잡곡 등의 거친 음식을 즐겨먹었다. 조선시대에는 쌀이 귀했는데 왕이라면 당연히 쌀밥을 먹지만 영조는 백성을 사랑하는 마음으로 백성과 같은 잡곡밥을 먹었다.

그것이 결과적으로 당뇨병과 고혈압을 예방하는 데 도움이 되었던 것이다. 아울러 백성들을 직접 만나보러 500회가 넘게 부지런히 궁궐 밖으로 미행을 다녔기에 운동도 많이 되었다.

술을 상당히 절제하였다. 영조 임금은 조선의 임금 중에서 '금주령(禁酒令)'을 가장 강력히 시행했다. 곡식이 귀했기 때문인데 금주령을 어기고 술을 팔거나 마시는 사람을 잡아오라고 하였으며, 실제로 술을 마셨던 종2품 벼슬의 신하를 잡아 목을 베어 성문에 내걸었다는 기록도 있을 정도다.

조선시대 왕들은 정기적으로 진찰을 받았다. 승정원의 업무지침서인 '은대조례'에 '문안진후(問安診候)'를 받도록 공식 규정이 있었다. 승지들이 닷새마다 한 번씩 내의원 의원과 함께 입시해서 왕의 건강 상태를 세밀하게 점검했던 것이다.

정기진찰이 닷새에 한 번이면 한 달에 여섯 번이다. 그런데 이것이 귀찮다고 자주 빼먹고 가끔씩 진찰받았던 왕들도 여럿 있었다. 그런 왕들은 30대, 혹은 40대에 돌아가신 반면에, 기본의 두 배 가까이 되는 월 평균 11.7회나 진찰을 받았던 영조 임금은 무려 83세까지 장수하였다.

건강관리에 너무 지나치게 조심하고 염려하는 것도 좋지 않지만 그렇다고 너무 방심하는 것은 더욱 나쁘다는 것을 알 수 있다. 끊임없는 노력과 절제력이 천재성을 이기는 것은 건강에도 예외가 아니다.

건강을 상실하는 경우 절제하지 못한 음주, 흡연, 식습관 등이 가장 큰 원인이 될 수 있고, 무절제한 소비가 늘 생활을 주름지게 만들며, 무절제한 언어가 불화를 초래하고 신뢰를 깨뜨리며, 무절제한 사업의 확장이 회사의 파산을 부르고, 무절제한 욕망이 화를 부르며, 무절제한 생활이 파탄을 초래하게 됨을 수 없이 반복하고 있는 것이 오늘의 현실이다.

전직 교육부 장관이었던 윌리엄 베네트가 쓴『미덕 독본(美德讀本)』은 한때 미국에서 가장 많이 팔린 베스트셀러 중 하나다. 이 책에는 10가지를 제시했는데 그중 으뜸으로 절제(節制)를 꼽고 있다. 그다음이 자비심, 책임감, 우정, 근로, 용기, 인내, 정직, 신의, 신념의 순서로 되어 있다. 고대 희랍에서도 좋은 시민의 도덕적 덕목으로 절도(節度)를 꼽기도 했다.

가정이나 사회에서 일어나는 대부분의 사건과 사고는 분별력을 잃고 절제력을 상실하는 데서 일어나는 것을 알 수 있다.

특히 리더가 절제력을 잃고 감정이나 과욕으로 의사 결정을 내린다면 그 조직은 중대한 위기를 초래하고 말 것이다. 시니어들이 좋은 경험과 경륜을 바탕으로 훌륭한 자질을 개발하고 갖추도록 노력해서 절제력을 잃지 않고 매사에 충실한 리더십을 발휘하기를 소망해 본다.

# 29

◇◇◇◇

# 삶은 백구과극(白駒過隙)이니
# 후회(後悔)없는 삶을 살다 가자

당신에게 가장 중요한 때는 현재이고, 당신에게 가장 중요한 일은 지금 하고 있는 일이며, 당신에게 가장 중요한 사람은 지금 만나는 사람이다.

− 톨스토이

중국 고전『장자(莊子)』의 〈지북유편(知北遊篇)〉에 '백구과극(白駒過隙)'이라는 글귀가 있다. "사람이 하늘과 땅 사이에 사는 것은 마치 흰 말이 빨리 달리는 것을 문틈으로 보는 것처럼 순식간이다." 세월과 인생이 덧없이 짧음을 비유적으로 이르는 말이다. 겨울인가 하여 고개를 들어 하늘을 보니 어느새 겨울은 가고 봄이 오고 있다는 세월의 무상함을 표현하고 있다는 말도 있다.

인생은 마치 흰말이 달려가는 것을 문틈으로 보는 것처럼 순식간이다. 어

不結子花(불결자화)는 休要種(휴요종)이요,

無義之朋(무의지붕)은 不可交(불가교)

즉, 열매를 맺지 않는 꽃은 심지 말고, 의리가 없는 친구는 사귀지 말라는 뜻이다.

人生如白駒過隙 인생여백구과극. 인생이란 문틈으로 백마가 달려가는 것을 보는 것과 같다.

— 『십팔사략(十八史略)』

옛 말씀이 가슴에 와 닿는 새해, 부모에게 효도하고 가족 간에 우애와 친구 간에 의리를 지키고 법을 준수한다면 죽음이 눈앞에 와도 당당하게 "하느님 이렇게 아름다운 세상을 살다 갈 수 있게 해주서서 감사합니다."라고 당당히 죽음을 맞이할 수 있지 않을까 싶다. 아름다운 시간을 함께해 준 참 고마운 인연들을 생각하며 나의 실수는 엄하고 타인의 실수는 너그럽게 감싸주고 덮어주는 배려심을 키워보자.

# 30

# 인문학(人文學)으로 바라본 리더십

옛날에 어떤 사내가 명산에 들어가 기도를 드렸다.

사내가 하도 간곡하게 기도하니 산신령이 더는 모른 체 할 수 없어 그 앞에 모습을 드러내고 물었다.

"바라는 것이 무엇이기에 그렇게 열심히 기도를 하는 게냐? 소원을 말해 보아라."

그러자 사내는 "평생 아무 걱정 없이 천하의 명승지나 유람하며 살고 싶습니다."라고 말했다.

산신령은 그에게 이런 말로 답했다.

"네 소원은 산신령은 물론이거니와 신선조차 누리기 어려운 일이다. 억조 찬생 가운데 아무런 일도 하지 않고 아무런 걱정도 없이 살아갈 수 있는 존재는 없느니라. 다시는 그런 헛된 기도 따위는 하지 마라."

– 지광 합장

리더는 스스로 깨닫고 움직이도록 열정을 심어주는 사람이다.


리더십은 다양하다.

거래상 리더십이란,

지도자가 부하에게 일정한 거래 조건을 제시하는 방법으로 부하에게 동기를 부여하는 방식의 지도력이다.


카리스마 리더십이란,

지도자가 가진 인간다운 매력, 외모, 분위기 등을 이용하여 부하를 복종시키는 방법으로 통솔하는 지도력이다.


변혁적 리더십이란,

현재 체제나 질서와 다른 방향으로 부하를 통솔하고 개혁을 지향하는 방식의 지도력이다.


권력이란 어떤 행동을 시작하고 유지하는 데 필요한 기본적인 에너지다. 재언해서, 권력은 관심을 현실화하고 그것을 유지하는 능력이며, 지도력이란 권력의 선용이다.


심리학에서는 지도력을 어떤 집단이 해당 집단의 목적 달상을 위한 활동에 영향을 주는 과정이라고 이해한다. 일반적으로 집단의 지도자가 발휘하는 영향력이다.

심리학에서 지도력을 주제로 한 연구는 '특성 접근법', 즉 우수한 통솔자는 일반인보다 우수한 자질이 있다는 점을 전제하는 접근 방법에 따른다.

특성 접근 연구를 보면 지도력은 지능, 소양, 책임감, 참여, 지위에 따라 이루어진다. '행동 접근법', 즉 통솔자의 행동에 주목하는 연구를 보면, 뛰어난 통솔자를 '전제형', '민주형', '방임형'이라는 세 종류로 분류했다. 우수한 지도력은 두 종류를 혼합했다고 규명했는데, 집단 특성이나 상황에도 주목하는 '상황 적응 접근법'을 좇는 연구를 보면, 최적의 지도력은 상황에 따라 변화하고 집단의 훈련량에 따라 구분하여 적용할 필요가 있다고 규명했다. 즉 훈련량이 낮을 때는 설득하는 지도력이 적절하고 중간 정도에서는 참가하는 지도력, 훈련량이 높을 때는 위임하는 지도력이 유효하다는 주장이 제기된다.

지도력의 상대 개념으로 '팔로워십(followership)'이 있다. 팔로워십은 조직이 효과적으로 목표를 달성하기 위해서는 지도력뿐만이 아니라 리더를 뒷받침하는 부하나 구성원의 역량이 중요하다는 의미를 담고 있다.

오랜 친구들과 연례행사로 모이는 登山(등산) 모임이 있다. 어느 날 아무리 기다려도 오지 않는 친구가 있어 총무가 전화를 걸었다. 친구는 퇴직한 남편이 "나 혼자 두고 그만 좀 나다녀."라고 한 소리 하자 싸움이 벌어져서 나올 수 없다고 대답했다.

그런 사정을 모를 리 없고 이해는 가지만, 평상시 사이가 좋지 않았던 산행 멤버 중 한 친구가 버럭 소리를 질렀다. "애란이는 왜 그렇게 살아? 그러니 허구한 날 얼굴이 죽상이지." 그러자 다른 산행 멤버가 "자넨 이혼하고 혼자 사니까 그렇지, 30년 직장생활 퇴직해 봐. 찾는 사람도 없고 맘대로 돈을 쓸 수도 없고, 자네도 별 수 없을걸."

퇴직한 남편 문제로 제법 논쟁이 커지게 되었다.

"난 처음부터 퇴직하면 각자 인생 살자고 선언했어, 내가 여행을 가든지 친구들이랑 골프를 치든지 이제 상대방에게 자유를 주자." 어느 친구가 격앙된 목소리로 얘기했다.

모두 천생연분을 만나 결혼을 했다. 그러나 50이 넘어 60이 가까워지니 여자보다는 남자가 불안해진다.

"내가 몸이 아프면 배우자가 병간호를 잘 해줄까? 치매에 걸린 선배를 보니 일찌감치 요양병원으로 보내고 죽을 날만 기다리던데, 100세를 장담할 만큼 건강했던 친구는 52세에 폐암으로 저 세상으로 떠나고 말았으니…."


나이 들면 건강한 삶을 위해 그리고 가족을 위해서라도 갖춰야 할 덕목이 '절제'다. 절제가 삶의 가치가 되어야 함을 인식할 필요가 있다. 술을 절제하고 담배를 절제하고 불필요한 만남을 절제하고, 또 불필요한 말을 삼가하고 절제하며 '조심'해야 한다.

나이가 들면 무엇보다 '말조심'이 최고다.

우리가 수없이 내뱉는 말에는 사람을 살리는 활인의 말도 있지만 촌철살인(寸鐵殺人)으로 사람을 죽이는 살인의 말도 많다.

「종고(宗杲)가 선(禪)을 논해 말하기를, 비유컨대 어떤 사람이 무기를 한 수레 가득 싣고 와서 하나를 꺼내 휘두르고, 또 하나를 꺼내 휘둘러도 사람을 죽이는 수단이 되지 못한다. 나는 한 치 쇳조각만 있어도 사람을 죽일 수 있다.(宗杲論禪曰, 譬如人載一車兵器, 弄了一件, 又取出一件來弄, 便不是殺人手段. 我則只有寸鐵, 便可殺人.)」

이 이야기는 남송(南宋)의 나대경(羅大經)이 지은 『학림옥로(鶴林玉露)』에 나온다. '촌철살인'이란 선(禪)의 핵심을 파악한 말로서, '살인(殺人)'이란 마음속의 잡된 생각을 없애고 깨달음에 이르는 것을 의미한다. 정신을 집중하여 수양하면 비록 아주 작은 터득이더라도 그 작은 것 하나가 사물을 변화시키고 사람을 감동시킬 수 있다는 말이다. 오늘날에는 짤막한 경구로 사람을 감동시키거나, 어떤 일의 핵심을 찌르는 것을 비유하는 말로 쓰인다.

같은 말인데도 누구는 복이 되는 말을 하고 누구는 독이 되는 말을 한다.

명심보감(明心寶鑑) 익지서(益智書)에 여자에게는 네 가지 칭송할 덕목(女有四德)이 있다고 했다.

첫째는 마음씨(始諸德)를 말하고, 둘째는 맵시(始諸容), 셋째는 말씨(始語高), 넷째는 솜씨(始南工)를 말한다. 이것이 어찌 여자에게만 해당되겠는가? 남자 또한 네 가지 덕목이 필요한 시대가 되었다.

그중에 단연 으뜸으로 꼽은 것이 말씨라 할 수 있다. 말은 마음의 표현이기 때문이다. 말로 좋은 씨를 뿌려야 한다. 초등학생 어린이에게 "씩씩하고 멋지구나. 너는 미래의 장군감이다.", "넌 말을 잘하니 변호사가 되겠구나.", "너는 훌륭한 과학자가 되겠구나." 이렇듯 말에 복을 담는 습관이 필요하다. 좋은 언어 습관은 '말씨'를 잘 뿌리는 것에서 시작된다.

전철에서 중년 여인이 경로석에 앉은 할머니에게 말을 건다.
"어쩜 그렇게 곱게 늙으셨어요?" 그런데 할머니는 시큰둥한 표정이다. 다음 역에서 중년의 여인이 내리기 무섭게 "그냥 고우시네요, 하면 좋잖아. 늙어버린 것을 누가 몰라?"라고 퉁명하게 뇌까렸다. 듣고 보니 그렇기도 하다.

프랑스 작가 장자크 상페(프랑스어: Jean-Jacques Sempé, 1932~)는 자신의 책 『뉴욕 스케치 Par avion』(1989)에서 뉴요커들의 긍정적인 말버릇을 관찰했다.

그들은 뻔한 얘기인데도 습관처럼 상대의 말꼬리에 감탄사(!)를 붙이고 물음표(?)를 달아준다고 했다. 이는 내 말에 관심을 갖는다는 표시로 받아들여지고 서로의 삶과 이야기를 격려해줘서 대화의 효과를 높인다.

　말이란 닦을수록 빛나고 향기가 난다. 말할 때도 '역지사지(易地思之)'가 필요하다. 대화를 나눌 때는 언제나 상대방의 입장을 염두에 두고 해야 한다. 적어도 실언(失言)이나 허언(虛言)같은 말실수를 막아내는 지혜가 필요하다.

# 인문학으로 배우는
# 21세기 인생수업

교육은 일방적 가르침이 아니라 내재된 잠재력을 스스로 발현할 수 있도록 도와주는 것이다.

　교육은 지식을 가르치는 것이 아니라 사람을 키우는 일이다.

　스스로 발견하게 하는 것, 생각의 힘을 길러주는 것이 참 교육이다.

　현명한 질문이 사람을 키워준다. 좋은 질문이 사람을 키운다. 배운다는 것의 최대 장애물은 답을 가르쳐주는 것이 아닐까?

　그것은 스스로 답을 찾아낼 기회를 영원히 박탈해 버리기 때문이다. 스스로 생각해서 답을 찾아내야 진정한 배움을 얻을 수 있다. 엘리 골드렛이 『더 골』에서 밝힌 내용이다.

　좋은 사람을 만나는 것은 신이 내린 선물이라고 한다. 그 사람과의 관계를 지속시키지 않는 것은 신의 선물을 내팽개치는 것이다. 빌 게이츠 회장은 자신의 인생에서 가장 탁월한 의사 결정이 무엇이냐는 질문에, '폴 앨런과 스티브 발머를 최고경영자로 영입한 것'이라고 밝혔다. 전적으로 신뢰할 수 있고 헌신적으로 노력하는 사람, 비전을 공유하고, 독선을 견제해 줄 수 있는 뛰어난 사람이 있다는 것은 큰 복이 아닐 수 없다. 선물을 알아보는 혜안과 이를 확실히 챙기기 위해 더 큰 노력이 필요하다.

　가벼운 아령으로는 근육을 키울 수 없다. 감당하기 어려운 시련과 고통이 아니면 우리는 성장할 수 없는 것처럼 근육을 키우려면 감당하기 어려운 무게를 들어야 한다. 어려운 과제를 해결할 때마다 그만큼 강해지고 그만큼 성장한다.

　"뿌리를 단단히 박고 하늘을 찌를 듯이 서 있는 나무들을 보라. 그들은 모두 폭풍우를 견딘 모습이다." 보도 새퍼가『멘탈의 연금술』에서 말하고 있다.

　가벼운 아령으로는 결코 근육을 키울 수 없다. 가벼운 아령으로 근육을 키울 수 없는 것처럼 어려운 시련과 문제를 만났을 때 이를 기꺼이 받아들이고 기뻐하는 마음가짐을 가져야한다. 어려운 고난과 시련이 근육을 키울 수 있는 최고의 아령이라 할 수 있다.

# 31

# 맹자(孟子)에게 배우는
# 국민(백성(百姓))을 위한 정치(政治)

그리스신화 속 프로크루스테스는 자신의 침대 길이에 맞을 때까지 지나가는 나그네의 사지를 늘리거나 자른 인물이었다. 정치가는 백성을 편안하게 하는 정치를 해야 한다.

맹자(孟子, Mengtzu, BC372~BC289)는 공자의 정통 후계자로 본명은 맹가(孟軻), 자는 자여(子輿) 또는 자거(子車)다. 전국시대 노나라 산둥성 부근에서 출생했다. 공자의 유교적 전통 속에서 자라며 그의 이상을 지지·발전시킨 유교의 후계자로 일컬어진다. 주요 사상은 성선설과 왕도 사상, 민본주의를 들 수 있다.

맹자는 공자의 유교 이념을 계승·발전시킨 정통 후계자로, 공자 다음의 아성(亞聖)으로 불린다. 그는 인간의 본성에 대해 성선설(性善說)을 주장했고 새로운 왕도(王道) 사상을 제시했으며, 백성이 나라의 근본임을 주장하여 군주 역시 백성의 뜻에 따라 정치를 해야 한다는 당시로서는 혁명적인 사상을 펼친 인물이다.

그의 일생은 공자와 유사한 부분이 상당히 많다. 그 역시 세 살 때 아버지를 여의고 홀어머니 아래서 어렵게 자랐으며, 후에 천하를 주유했다.

맹자의 성장에 가장 큰 영향을 미친 사람은 역시 어머니다. 어린 아들의 교육을 위해 묘지, 시장, 학교 부근으로 세 번이나 이사를 한 어머니의 교육열은 '맹모삼천지교(孟母三遷之敎)'라는 일화로 전해 내려온다.

결국 맹자는 학교 근처의 면학 분위기에 젖어 일찍부터 학문에 힘을 쓸 수 있었다. 또한 맹자가 공부를 하다가 지쳐서 학업을 그만두고 집으로 돌아오자 맹자의 어머니는 짜고 있던 베를 단칼에 찢어 학문을 그만두는 것이 이와 같다며 학업 정진에 인내가 얼마나 중요한지 가르치기도 했다. 이 이야기 역시 '맹모단기(孟母斷機)'라는 고사성어로 지금까지 전해진다. 맹자에게 이러한 어머니가 없었더라면 지금 우리가 아는 유학의 기틀이 세워지지 못했을지도 모른다.

젊은 시절 맹자는 공자의 손자이며 『중용』의 저자인 자사(子思)의 문하에서 공부하며 공자의 사상을 정통으로 이어받을 수 있었다. 그는 한때 제나라의 관직에 있었으나 바로 그만두고 전국시대에 돌입한 당대의 여러 나라들을 돌아다니며 인정(仁政)과 왕도정치를 설파하기 시작했다. 하지만 제자백가 시대라고 불릴 만큼 많은 사상이 난립하고 특히 법가와 종횡가가 득세하고 있던 상황에서 그의 주장은 권세가들의 눈길을 끌지 못했다. 그는 결국 기원전 312년 59세에 고향으로 돌아와 후학 양성 및 저술활동에 몰두했다.

− 〈맹자: 청단문화사〉

때, 차마 저렇게까지 하는 것은 아니라고 생각해 그것을 부끄러워하고 미워하는 마음이 생기는데, 만약 권력자가 사람답지 못한 행동을 해서 백성을 크게 괴롭힌다면, 백성은 그런 윗사람을 끌어내려도 된다고 주장하였다. '권력자는 백성을 위해 정치해야 하고, 백성은 부당한 권력을 휘두르는 권력자에게 저항한다.'는 의로움(義)의 개념은, 사람다움(仁)을 지키기 위해 마땅히 가야할 길로 여겨져서 맹자를 대표하는 핵심 사상이 된다.

주자는 그를 진(秦) 이전 유학의 마지막 적통으로 평가했다. 그로 인해 오늘날까지 흔히 공자와 묶여 공맹(孔孟)으로 언급되어 유교의 대표인사로 꼽히고 있다. 때문에 그를 표현하는 호칭 역시 공자에 준하는 '아성(亞聖)'으로 불린다. 원 문종 3년(지순至順 원년, 1330년)에 추국아성공(鄒國亞聖公)으로 추봉(追封)되었는데 현재 성균관 대성전 등지의 공문사당(孔門祠堂) 위패에 표기되는 공식 존호다. 라틴어로는 멘치우스(Mencius)라 한다. 그의 대표적인 제자로는 만장과 공손추 등이 있다.

부당한 권력에 대한 백성의 저항을 옹호하고, "왕의 권력은 백성이 부여하는 것이다."라고 주장하는 등 그가 살았던 시대에 비해 매우 진보적인 주장을 하였다. 맹자의 이러한 사상은 계몽주의 이후에 나타는 사회계약론과 굉장히 비슷하다. 사실상 근대 서양에서 사회계약론이 태어나기 수천 년 전에 선행해서 등장한 민(民)본위 사상이라고 볼 수 있다.

"왕은 하필 이로움을 말하십니까? 다만 인의만이 있을 뿐입니다."는 수많은 유학자들의 공감을 불러일으킨 말이며, 후대의 모든 유학자들이 이 말을 달고 살았을 정도로 유명했다. 만약 윗사람이 이로움만 쫓게 된다면 아랫사람도 자신의 이로움을 쫓게 될 텐데, 서로 이익을 얻고자 하면 나라의 기강이 무너져서 모두가 큰 손해를 볼 수밖에 없다는 것이다. 따라서 윗사람은 '친근함(仁)과 공정함(義)'을 말함으로써 아랫사람에게 모범을 보여야지, 이익을 말해서는 안 된다는 것이다.

이는 맹자가 평소에 주장한 왕도 정치를 뜻하기도 한다. 왕도 정치란, 백성의 안정과 인간다운 삶을 최우선으로 하고, 그 목적을 실현하는 데 있어 힘에 의한 강제적 해결이 아닌, 통치자의 인격과 덕의 감화에 의한 해결이어야 한다는 것이다.

맹자는 사람의 선량한 본성을 강조하고 인의와 도덕을 강조했을 뿐만 아니라 당시로서는 파격적으로 인민이 가장 귀하고 군주와 사직은 그다음이라는 '귀민경군(貴民輕君)'을 주장했다. 백성이 나라의 근본이라는 맹자의 민본주의(民本主義) 사상을 잘 드러내는 구절을 몇 가지 살펴보면 다음과 같다.

"인민이 가장 귀하고 사직(社稷)은 다음이며 군주(君主)는 가볍다."
"제후가 제사를 게을리 하여 사직을 위험에 빠뜨린다면 폐위시키고 다른 사람을 앉힌다."

"흉포하고 잔학한 인간은 이미 군주가 아니며 단지 한 사내에 불과하다. 한 사내에 불과한 주(紂)를 주살했다는 말은 들었어도 군주를 시해했다는 이야기는 듣지 못했다."


바이러스는 한때 영화에서나 상영되었던 소재였다. 코로나19가 전 세계는 물론 대한민국에도 큰 영향을 미쳤다. 직장을 잃은 사람들과 수난을 당하는 자영업자들 때문에 경기 침체는 지속되고 있다. 그럼에도 불구하고 우리나라는 국민총생산(GDP)이 세계 10위 안에 들어서고 있다. 인구 5천만 명 이상이며 1인당 국민소득이 3만 달러 이상인 국가가 가입하는 '주요 7개국 모임(G7)' 대열에서도 좋은 성적을 거두고 있다. 국가는 부강한데 서민 경제와 가계 주머니는 줄어들고 일반 서민이 느끼는 행복감은 말이 아니다. 유엔 행복지수 발표를 봐도 한국은 지난해에 비하여 나아질 것 같지는 않다. 이런 상황에 정치권은 국회의석수와 당리당략으로 싸움을 벌이며 국민의 행복은 뒷전인 듯하다. 실로 한탄스럽고 실망하지 않는 국민은 없는 듯하다.


K-방역이 세계의 모범 사례로 떠오르고, 정부의 행정 명령이나 방역을 국민이 공동체의식으로 따라 주었다고는 한다. 하지만 자영업자들의 영업정지에 따른 월세부담 가중과 각 개개인의 활동제재는 국민들의 자유와 행복을 억압하는 결과로 볼 수도 있다.

지금 우리 사회는 자유와 행복에 대한 절실함이 가득하다. 국가지도자와 국회 위정자, 각 기업의 대표들은 스스로 반성하고 새로운 미래에 대한 설계를 찾아보아야 하지만 국민들의 강력한 요구에도 정치적 해결이 지지부진하다. 유사 이래 처음으로 지난해 인구 감소가 시작됐고 30~40년 후면 인구수가 지금의 절반까지 줄어들 수도 있다. 이때가 되면 우리 사회가 겪는 충격을 감당할 수 있을까? 다가오는 미래를 대비하기 위한 정부의 구체적이고 체계적인 방안이 어디 있는지 대한민국이 걱정스럽다.

국가가 자본을 배분하고 복지를 실천하며, 시장은 이익 배분을 투명하게 한다면 고용 업체에 근무하는 시민들은 더 열심히 일하게 될 것이며 능률도 더 향상될 것이다. 그렇지 않으면 부유한 대기업과 불안한 중소기업의 불협화음은 고스란히 시민의 몫으로 돌아갈 것이다.

국민을 두 편으로 가르는 정치 싸움을 계속하는 지금, 국민들의 행복과 복지 증진을 위하는 정치 대의는 어디 있는지 의문스럽다.
전 세계적 기후 위기·불평등·인구감소 등의 문제를 겪고 있는 지금, 국가와 사회는 점점 위기로 치닫고 있다.

우리 사회는 시민들이 피로 싸워 희생하여 만든 국가다.

민주주의의 제도와 절차를 단단하게 만드는 시기는 지났다. 이제 부강한 나라와 복지국가가 되기 위해 위정자는 제대로 된 중장

답안을 탐색하여 지혜를 모으는 것이다. 따라서 모든 사람이 도출해 내는 말에 대하여 비판적인 태도를 갖기보다는 여러 가지 철학적인 의미로 발전시킬 때 더 성장하리라고 생각한다.

이런 상황에서 고대 철학자 또는 성인이라면 어떤 대답을 했을까? 그리고 어떤 생각을 했을까?

현대 과학과 철학을 넘나드는 다양한 견해와 사고를 통해 우리 스스로에게 묻는다면 풍부한 철학의 세계에 들어서게 될 것이다.

헤럴드 S. 쿠쉬너가 저술한 『왜 착한 사람에게 나쁜 일이 생길까?』에 누구나 한 번쯤 '왜 나에게 이런 일이 생길까?'라는 생각이 들 때가 있을 것이라는 내용이 나온다. 잘 되면 내 탓, 못 되면 조상 탓이라는 속담처럼 안 좋은 일이 생길 때 드는 생각이다.

사업에 실패하고 사랑하는 사람과 헤어지고 가족이나 내가 몹쓸 병에 걸리거나 집안에 안 좋은 일이 생기면 그런 생각이 가장 먼저 든다.

**왜 착하게 산다고 살았는데 이런 일이 생기나 싶은 생각이 한 번쯤 들 수 있다.**

착한사람은 다른 사람에게 피해를 주기를 원하지 않는다. 그러나 정작 가족에게 피해를 주고 있고 그 원인이 자신이라는 것을 알고 불행해지는 경우가 많은 것 같다.

남을 위해 돈을 쓰는 사람이 더 행복하다는 연구결과가 있다.

타인을 위해 사용될 경우 그 행위로 인해 행복해진다. [출처: 서울 아산병원, 생활 속 건강]

## 올바르지 않은 경제적 이익을 취해도 될까?

현대 자본주의 사회에서 사람들은 자본이라는 가치에 매몰되어 도덕성을 잃고 살아갈 때가 많다. '오직 돈을 더 벌 수 있다면' 이라는 마음가짐으로 비도덕적인 일, 반인륜적인 일들을 서슴없이 행한다. 이런 것들이 과연 자본주의 사회라는 명목 아래 묵인될 수 있는 것일까? 공자는 단호하게 '아니요'라고 말하는 것 같다. 먼저 견리사의와 분배의 형평성을 중심으로 공자의 경제관 두 가지를 살핀 다음, 공자·맹자의 사상을 통해 공자가 추구했던 이상사회가 무엇인지 살펴보도록 하자.

2015년 3월 말에 제정된 「부정청탁 및 금품 등 수수의 금지에 관한 법률(김영란 법)」에 따르면, 공직자는 물론이고 언론인, 사립학교 교원 등 당사자와 배우자가 직무 관련성이 없는 사람에게 100만 원 이상의 금품이나 향응을 받으면 대가성이 없어도 형사처벌을 받을 수 있다. 과잉 입법 논란이 있지만 이 법이 통과된 목적은 우리 사회에 만연한 부정부패를 뿌리 뽑기 위함이다.

공자가 살던 시대에도 마찬가지였다. 『논어』 곳곳을 보면 당시 만연한 부정부패를 알 수 있다. 그는 이러한 세태를 비판하면서 견리사의(見利思義)를 주장했다. "이익을 보거든 의로움을 생각하라."는 이 말은, 내 앞에 어떤 이익이 놓여있을 때, 그 이익이 과연 올바른 이익인지 생각해보라는 의미가 있다. 『논어』〈헌문(憲問)〉편에 보면 다음 구절이 등장한다.

자로(子路)가 완성된 사람[성인(成人)]에 대해 묻자, 공자가 말하였다. "장무중(臧武仲)의 지혜와 맹공작(孟公綽)의 탐욕하지 않음과 변장자(卞莊子)의 용기와 염구(冉求)의 재예(才藝)에 예악(禮樂)으로 문채를 낸다면 또한 완성된 사람이라 할 수 있다." 공자가 다시 말하였다. "지금의 완성된 사람은 어찌 굳이 그러할 것이 있겠느냐? 이익을 보고 의(義)를 생각하며[견리사의(見利思義)], 위태로움을 보고 목숨을 바치며[견위수명(見危授命)], 오랜 약속에 평소의 말을 잊지 않는다면 또한 완성된 사람이라 할 수 있을 것이다."

— 『논어』

여러분께서 길을 가다가 길에 떨어진 지갑을 발견했다고 합시다. 지갑 안에는 10만 원이 들었네요. 지갑은 경찰서에 가져다줄 생각이지만, 아무래도 10만 원 중에 얼마 정도는 슬쩍 해도 들키지 않을 것 같은 기분이 듭니다. 아니, 절대로 발각되지 않는다고 가정합시다. 여러분은 어떻게 하겠습니까? 보통 서로 마주한 상태에서 이런 물음을 하면 그래도 돈을 훔치지 않겠다고 말하지만, 막상 그런 상황에 처했을 때 그렇게 할지는 그때 가봐야 알겠지요?

공자는 이런 상황에 처한 사람들에게 이렇게 말한다. "이익을 보면 의로움을 생각하라!" 과연 땅에 떨어진 지갑의 돈을 빼내어 얻은 그 이익이 정당하게 얻은 이익이겠냐는 것이다. 다시 말해 경제적 이익보다 도덕적 의리를 중시하는 입장임을 알 수 있다. 물론 경제적 이익 추구 자체를 부정한 것은 아니다. 다만 도덕적 의리를 더 중시했을 뿐이다. "얻은 것을 볼 때에는 의로운 것인가를 생각한다[견득사의(見得思義)]."라는 의미다.

공자가 말하였다. "부(富)와 귀(貴)는 사람들이 바라는 것이지만, 옳은 방법으로 얻지 않았으면 누리지 않으며, 가난과 천함은 사람들이 싫어하는 것이지만, 옳은 방법으로 얻지 않았다 하더라도 버리지 말아야 한다."

— 『논어』

옳지 못한 방법으로 얻은 부귀는 누리지 말아야 한다. 이는 부정부패한 관료들에게 날리는 따끔한 일침이었던 셈이다. 또한 공자는 "군자는 의리에 밝고, 소인은 이익에 밝다."라고 말한다. 군자는 이익과 의리 중에 의리에 관심을 두지만, 소인은 이익에 관심을 둘 뿐이라는 것이다.

비례물시·비례물청·비례물언·비례물동

예(禮)에 어긋나는 것이라면 보지도 듣지도 말하지도 움직이지도 말아야 한다. 언제 어디서든지 예에 따라 행동해야 하는 것이다. 예에 어긋나는 부귀는 누려서는 안 된다.

물론 이러한 왕도정치는 마음만으로 이루어지는 것이 아니라, 실제로 백성들의 생활을 우선시하는 정책을 먼저 펼쳐야 됨을 말하고 있다. 먹고사는 문제가 일단 해결되어야 도덕(仁義)으로 인한 왕도정치가 이루어질 수 있다는 것이다. 다시 말하자면 도덕 정치 이전에 최소한의 먹고 사는 문제와 복지가 선행되어야 함을 맹자는 강조했던 것이다.

# 33

# 대한민국(大韓民國, Republic of Korea), 이대로라면 정말 좋은 국가(國家)가 될 수 있을까?

한국에서는 특히 두드러지게 유교를 공맹의 가르침이라고 칭한다.

고려 말 정치가 정도전이 『맹자』를 탐독하며 역성혁명의 꿈을 키웠고, 신진 무장 이성계와 손잡고 역성혁명을 일으켜 고려를 잇는 새 왕조 조선을 건국한 것으로 유명하다.

그런데 정도전에게 『맹자』를 선물한 사람이 절친이면서 고려 최후의 보루였다는 점이 역사의 얄궂음이라 하겠다.

정도전은 『조선경국전』을 지어 요순시대처럼 임금과 신하가 서로 조화를 이루는 왕도 정치를 전면적으로 표방하였는데, 특히 임금과 신하 간의 원만한 소통을 위해 설치한 사헌부, 홍문관, 사간

원은 임금을 견제하는 기능을 발휘하고 언론을 개방해서 신하들의 힘을 키우는 데 일조하였다.

조선이 동시대의 명나라, 청나라와는 다르게 신하의 권력이 컸던 것은 정도전이 조선 건국에 맹자의 역성혁명론을 충실히 반영했기 때문이다. 조선이 유독 의로움을 강조했었던 것도 정도전의 영향이자 맹자의 공로라고 볼 수 있다.

이러한 흐름은 조선후기와 근현대에 들어서도 계속된다. 일제강점기에는 맹자가 강조했던 '의로움(義)'을 내세워 '의병(義兵)'과 '의사(義士)'들이 곳곳에서 일어났으며, 동학농민운동과 삼일운동 역시 이러한 유교적 의로움의 영향을 받은 것이다. 우리나라에서 유독 잘못된 것을 도저히 참지 못하고 뒤엎어 버리는 혁명들이 많았는데, 2·28 학생운동, 4·19 혁명, 5·18 민주화운동 등도 크게 보면 맹자의 뜻(義)을 그대로 실천하려고 했던 정도전의 영향을 받았다고 볼 수 있겠다.

천민자본주의가 넘치는 한국은 불행한 국가다.
탐욕이 강물처럼 넘치는 적폐국가이기 때문이다. 그런 까닭에 자살률이 가장 높은 나라가 되었다. 원인은 탐욕과 이기주의다.

행복의 열쇠를 다른 사람의 주머니에 넣지 마십시오.(Don't put the key to happiness in someone else's pocket.)

대한민국의 위정자들이 고대 그리스의 철학자 플라톤이 말한 5가지 행복의 조건에 부합해서 이 나라를 이상국가로 이끌 수 있기를 간절히 바란다.

첫째, 먹고 입고 살기에 조금은 부족한 재산,
둘째, 모든 사람이 칭찬하기에 조금은 부족한 외모,
셋째, 자신이 생각하는 것의 절반밖에 인정받지 못하는 명예,
넷째, 남과 힘을 겨루었을 때 한 사람에게는 이기고 두 사람에게는 질 정도의 체력,
다섯째, 연설할 때 듣는 사람의 절반 정도만 박수를 치는 말솜씨.

많은 것을 가지고도 행복하지 않다고 생각하는 왕이 있었다. 이 왕은 마법사에게 찾아가 행복해질 수 있는 비결을 물었다.

마법사는 세상에서 가장 행복한 사람의 속옷을 입으면 된다고 답했다.

왕은 신하에게 가장 행복한 사람의 속옷을 가져오라고 명령했다.

신하는 장군, 학자, 부자 등 많은 사람들을 만나봤지만 행복하다고 생각하는 사람이 없었다. 그래서 실망하고 들판에 앉아있는데 행복함이 느껴지는 아름다운 피리 소리가 들렸다.

그 소리를 따라가 피리 부는 사람을 만나 물었다.

"당신의 피리 소리가 행복하게 들리는데 당신의 마음도 행복합니까?"

피리 부는 사람이 대답했다. "그럼요. 나는 아주 행복합니다."

신하는 기뻐하며 말했다. "그럼 당신의 속옷을 제게 파시오. 돈은 얼마든지 주겠소."

사내가 말했다. "어두워서 안 보이겠지만 난 지금 아무것도 입고 있지 않았소. 어젯밤 벌거벗은 거지가 지나가기에 입고 있던 속옷까지 벗어주고 말았다오."

많은 것을 가졌지만 행복하지 않다고 여기는 왕과 가진 것이 없어도 행복하다고 느끼는 피리 부는 사람의 삶은 대조적이다. 이들을 통해 무엇을 기준으로 어떻게 살아가는 것이 행복한 삶인지 생각해 볼 수 있다.

피리 부는 사람의 삶의 태도와 플라톤이 말한 행복의 조건으로 진정한 행복은 어떻게 얻을 수 있는지 생각해보자. 플라톤은 위의 다섯 가지를 행복의 조건으로 꼽았지만 사람마다 생각하는 행복의 조건이 다를 수 있다.

오늘 내가 생각하는 행복의 조건 다섯 가지를 생각해 정리해 보면 어떨까?

# 34

◇◇◇◇

# 사람의 성공(成功) 뒤에는
# 사람(人)이 있었다?

가난한 집안 환경으로 학교 문턱도 못 넘었지만 성공한 사람들은 남다른 삶을 살아왔다. 그렇다고 완전히 새로운 세상을 살아온 것은 아니다.

같은 세상에서 특별한 용기와 열정을 가진 그들은 일반인과는 다른 생각과 방법으로 접근해서 승리로 거머쥔 사람들이다. 그러나 그들의 성공은 주위에 있는 사람들 덕분이었다.

고대 그리스에서는 나쁜 소식을 전하는 사람을 죽이는 미개한 짓을 하였지만, AI(인공로봇)가 사람의 일을 하는 4차 산업혁명 시대인 현재, 어제의 정보는 정보가 아닐 수 있다.

즉 정확하고 틀림없는 고급정보를 전달해 주는 사람과 교류하는 것도 성공을 위한 하나의 방법일 수 있다.

"공자께서도 사람을 알아보는 데(知人) 실수가 있었다."

혜강 최한기는 사람을 알아보는 것의 어려움을 말하기 위해 공자의 사례를 들었다. 못생긴 외모 때문에 오해받은 담대멸명(澹臺滅明)이 그 경우인데, 공자는 처음에 그의 추한 외모를 보고 별다른 재능이 없을 것으로 판단했다. 하지만 그가 공적인 일이 아니면 권력자를 만나지 않는 등 '쉬운 길의 유혹'을 잘 이겨내는 인재라는 것을 알고, "외모만 보고 사람을 평가하면 실수하게 된다."고 말했다.

세종 역시 비슷한 실수를 저질렀다. 1423년 겨울, 중국에 사신으로 간 권희달이 그 예다. 그는 명나라에 가서 "우리나라에서 바치는 말은 똥 싣고 다니던 말"이라고 말해 물의를 일으켰다. 심지어 명나라의 관리 등 각국의 사신들이 모여 있는 황제의 궁정, 즉 자금성 안에서 팔뚝을 걷어붙이며 주먹질로 사람을 쫓아내 '사신의 위의(威儀)'를 크게 잃기도 했다. 세종은 이 소식을 전해 듣고 "사람을 잘못 알고 보낸 게 심히 후회 된다"고 말했다. 그는 뚝심이 있어 격구를 잘하고, 시위(侍衛)를 서는 일에도 부지런해서 태종과 세종의 총애를 받았다. 명문가 출신이면서도 독이 든 약을 왕대신 먹어보고 구토할 정도로 충성심도 높았다. 그런 그도 사신으로 가서 나라 망신을 시키고 파직되었다.

최한기의 생각은 분명했다. 외모나 개인적인 충성심으로 사람을 파악할 수 없고 오직 일하는 능력을 관찰해야 한다는 것이다.

'용모는 비록 못생겼더라도 다른 사람들에게 실질적인 혜택을 미치고, 자기 안에 있는 줏대를 잘 붙잡아 지키는 사람'이 곧 참된 인재이기 때문이다.

그러면 일 잘하는 인재인지 아닌지를 어떻게 알 수 있는가? 일차적으로 말을 살피는 방법을 배워야 한다. 말을 헤아려 듣지 않고 그 사람을 알 방도는 없기 때문이다. '안온하고 자세해서 선후를 잃지 않아 듣는 이로 하여금 쉽게 알 수 있게 하는 사람, 절의를 격려해 듣는 사람에게 감동을 일으키는 자, 사람들을 화합시켜 어려운 일을 잘 풀어가는 사람'이 말을 잘하는 사람이다.

반대로 '말을 촉박하게 하고 선후를 잃는 자, 상대를 거슬러 화나게 하는 자, 지나치게 아첨해 남을 해치는 자, 그리고 잔재주의 말로 사람들을 희롱하는 자'는 모두 언어가 좋지 못한 사람이다. 한마디로 일이 되도록 말을 하는 사람인지 아닌지를 살펴야 한다.

그런데 "말을 살피고 알아보는 힘은 결국 자신의 경험에서 나온다."고 한다. "말을 들어보면 그가 얼마 동안이나 (일의 실마리를) 연구하고 해법을 찾았으며(究索), 어느 정도까지 (일하는 방법을) 깨닫고 쌓았는지 알 수 있다."

이렇게 사람을 헤아리는 경지(造詣)는 결국 듣는 사람의 경험이 좌우한다는 것이 최한기의 통찰이었다. 자기의 경험과 그릇의 크기만큼만 다른 사람의 말을 헤아릴 수 있는 법이다.

일하는 자세와 능력을 헤아리는 것이 인재 관찰법의 요체인데, 최한기는 세 가지를 들었다. 일을 준비하는 모습과 마무리하는 태도, 어려움에 처했을 때 참고 견뎌 내는 능력과 일을 어렵게 여기고(爲難) 접근하는 자세다.

이 중에서 특히 세 번째가 제일 중요하다. 일은 결국 사람들과 더불어 하기 때문인데, 그가 어떤 자세로 사람을 섬기고(事人) 시키는지(役人), 어떤 생각으로 다른 사람과 교제하고(交人) 맞이하는지(接人)에 따라 일이 쉬워지기도 하고 어려워지기도 하기 때문이다.

세종이 지방으로 내려가는 수령들을 일일이 만나보면서 "일을 쉽게 여기고 처하면 성공하지 못하나, 그 일을 어렵게 여겨서 처리하는 이는 반드시 성공한다."고 당부한 것은 바로 이 때문이었다. 겸손하고 신중한 자세는 인재의 핵심 덕목이고, 지도자의 필수 요건인 것이다.

# 35

# 복(福)은 어진 마음(仁)에서 비롯된다

어떻게 하면 다양한 사람들과 어울리며 감사하며 살 수 있을까? 필자는 늘 밥을 사고 선물을 사준다. 이런 행동이 덕을 쌓고 산다고 생각하기 때문이다. 이 덕은 나 아닌 후세에게 다시 복으로 돌아온다.

공자의 생애와 활동을 살피려면 인(仁)에 대한 설명이 따른다. '인'은 한마디로 사람을 사랑하는 마음이라고 요약된다.

공자는 평상시 말을 아끼었다. 그런데 어느 날 마구간에 불이 나서 홀라당 타버리고 말았다.

제자가 공자에게 마구간에 불이 났다고 급히 말하자. 공자가 퇴청해 말씀하기를 "다친 사람 있느냐"고 하시고는 말이 어찌되었는지는 묻지 않으셨다.

구분자퇴조왈상인호불문마(廐焚, 子退朝, 曰: "傷人乎?" 不問馬) 〈鄕黨 13〉

『논어』〈향당"(鄕黨)〉편에 보이는 이 평범한 이야기가 갈수록 폐부를 찌른다.

공자의 집 마구간에 불이 났을 때 공자는 말보다 사람이 다쳤는지 물었다. 현대의 생태적 감수성을 갖고 있는 사람이 들으면 말의 생명은 경시한 거냐고 시비를 걸 수 있겠지만, 공자에게 무엇보다 중요한 건 사람에 대한 사랑이었다. 그래서 언제나 仁의 마음을 간직하고 있어야 한다고 가르쳤다.

공자의 다른 말들도 새겨들을 만하다.

"훌륭한 덕이 있는 사람은 반드시 훌륭한 말을 하지만 훌륭한 말을 하는 사람이 반드시 훌륭한 덕을 지니고 있는 것은 아니다."

"문밖에 나가서 만나는 사람마다 큰 손님을 대하듯이 하고 백성을 부릴 때는 큰 제사를 받들 듯이 해보라."

"널리 배우고 뜻을 단단히 세우며 간절하게 묻고 가까이 생각하면 인이 그 가운데 있으니 잘 찾으라."

사람보다 '말(馬)'(물질의 상징으로 본다면)이 더 중요하게 여겨지는 자본주의 세계에서 공자의 인간에 대한 애정, 사랑은 다시금 우리를 돌아보게 한다. 이는 공자가 인본주의(人本主義: 인간이 모든 것의 중심이 된다는 사상)를 몸소 실천하셨기 때문이다.

공자는 춘추전국 시대 혼란의 원인을 인간의 도덕성 타락으로 봤다.

유학에서는 도덕성 자체를 인간이 타고났다고 여긴다.

안연사자곡지통종자왈자통의(顔淵死, 子哭之慟, 從者曰: "子慟矣.")

왈유통호비부인지위통이수위(曰: "有慟乎? 非夫人之爲慟而誰爲?") [先進 9]

안연이 죽자 공자가 그를 위해 곡하다가 애통하기에 이르렀다.

수행원이 "선생님께서 애통하십니다."라고 하자 "애통한 적이 있었느냐? 이 사람을 위하여 애통하지 않는다면 누구를 위하여 애통하겠느냐?"라고 하셨다.

원양이사자왈유이불손제장이무술언노이불사시위적(原壤夷俟, 子曰: "幼而不孫弟, 長而無述焉, 老而不死, 是爲賊.")

— 이장고기경(以杖叩其脛) 〈憲問 46〉

원양이 쭈그리고 앉아서 기다리자 공자께서 "어려서 공손하지 않고, 자라서 이야기할 만한 업적이 없고, 늙어서 죽지 않고 밥만 축내면 이는 해로운 존재다."라고 하시며 지팡이로 그의 정강이를 두드리셨다.


그런데 인간의 타고난 도덕성이 타락했다니 무슨 의미일까? 이 얘기는 인간은 도덕성도 갖지만 한편으론 욕구도 갖고 있다는 뜻이다. 예로, 목이 마르다는 생리에는 나처럼 목이 마른 사람을 위해 물 한 잔을 남에게 양보하고 싶은 도덕성이 있지만 목마른 욕구도 갖고 있다는 뜻이다.

즉 도덕성을 이기적인 욕심이 가리고 있는 상태를 공자는 타락했다고 정의를 내렸다.

그러므로 공자는 사회적 혼란을 해결하려면 도덕성을 가리고 있는 욕구를 다스리면 해결된다고 생각했다.


그렇다면 공자가 말하는 도덕성이란 과연 무엇을 뜻하는 것일까? 바로 인(仁)을 뜻한다.

많은 뜻을 내포하고 있는데 그중 가장 대표적인 뜻은 인간다움이다.

인간다움이란 남을 사랑하는 마음을 뜻한다.


남을 사랑하는 마음 인(仁)은 조건적, 차별적 사랑을 의미한다.

남을 사랑하기 위해서는 전제 조건으로 앎이 있어야 한다.

이것이 참이구나! 이것이 거짓이구나!라는 것을 분별할 수 있어야 한다.

그리고 분별적 앎으로 사랑을 실천하는 것을 인이라고 한다.

예로 어느 날 안회(공자의 수제자)가 공자에게 물었다.

"스승님, 누군가 나를 근거 없이 미워합니다. 그런데도 그 사람을 제가 인으로 대해야(사랑해야) 합니까?" 그러자 공자는 말한다.

"안회야 너를 이유 없이 미워하는 사람을 네가 감싼다면 그건 너의 인을 낭비하는 것이다. 내가 말한 인은 참된 것은 포용하고 잘못된 것은 곧음으로 대하는 것이다."

즉, 누가 내 왼쪽 뺨을 때리면 때린 근거가 무엇인지 따지고 분별해서 행동하라는 것이다.


도덕성이 뭔지 알아보았으니, 다시 도덕성을 회복하자는 얘기로 돌아오면 도덕성을 회복하자는 것은 이기적인 욕구를 다스리는 것이고 이것은 인을 회복하는 것이다.

인을 회복하기 위한 기본적인 덕목에 대해서 이야기해 보자.


사회적으로 처음 만나는 사람은 누구인가?

첫째, 부모이고,

둘째, 형제다.


그래서 효제가 공자의 인에서 첫 번째 덕목이 된다. 이것들은 다 가족과 관련된 덕이다.

가족 내의 사랑을 밖으로 확장해야 한다. 그것이 바로 충과 신이다.

즉, 공자가 말하는 인의 덕목이 효제충신이다.

효제충신을 실천하기 위한 기본자세로서 공자는 서를 이야기한다.

이 서를 한문으로 쓰면 용서할 서(恕)다.

위 글자를 가리면 마음심(心)이고 아래 글자를 가리면 같을 여(如)자가 된다.

즉, 내 마음과 네 마음이 같다는 뜻이 서다. 내 마음을 미루어 남을 대한다는 말이다.

즉, 추기급인은 극기복례다. 사람에게는 뭔가를 얻고자 하는 마음과 거부하는 마음이 있다.

모든 사람이 그렇겠지만 이런 걸 미루어 다른 사람의 의견을 존중해야 한다.

내가 싫은 일은 남에게 시키지 말아야 한다. 이것이 바로 서다.

이러한 마음 자세로 효제충신을 실천하라고 공자는 말했다.


여기서 충의 개념 하나를 알아보자.

충(忠)은 남에게 참된 마음으로 정성을 다하라는 것이다.

충이라는 것은 분노한 감정을 절제하고 평정된 마음으로 남을 대하는 것이다. 성리학자들은 내면의 성실로 분석했다.

좀 더 충을 깊게 들어가면 충은 유학의 핵심 개념이었지만 법가 사상의 매개가 되면서 충의 의미가 약간 바뀌었다.

법가를 통해 충의 대상이 국가와 군주로 한정된다. '바로 자신의 사욕을 극복한다.'라는 것이 위에 말한 효제충신이고 그것의 근본 덕목이 서다.

서와 충

서: 내가 싫은 것을 남에게 하지 않는 것 (소극적 사랑)

충: 남이 바라는 것을 남에게 해주려고 애쓰는 것 (적극적 사랑)

분별적 사랑이 인이요, 효제가 인이요, 추기급인이 인이요, 극기복례가 인이다.

공자의 극기복례는 자신의 사욕을 극복하여 진정한 예를 회복할 것을 강조한 것이다. 공자의 "예가 아니면 보지 말고, 예가 아니면 말하지 말고, 예가 아니면 행하지 말라."라는 말을 통해 이것의 중요함을 엿볼 수 있다.

공자의 정치사상에 대해서 이야기해 보자. 혹시 정명이라는 말을 들어 보았을 것이다.

신문에도 자주 나오는 단어인데 정명이 무슨 뜻일까? 바를 정자에 이름 명자, 무슨 뜻일까?

이해를 돕기 위해 정명의 일화를 설명해 보면,

공자는 천민 출신이다. 공자가 인의 정치를 펴기 위해서는 천민 출신의 제약을 극복하고 제후의 참모가 되기를 꿈꿔야 했다. 그래서 공자는 제자를 거느리고 세상 여행에 나오게 되는데 마침 한 제후가 공자에게 참모 자리를 제안했다.

그 제후는 어린 시절 아버지를 여의고 어린 나이에 제후가 되었는데 자기의 어머니를 아내로 맞이했다. 그 제후가 공자에게 참모를 제의했다. 물론 공자는 거절했고 말을 돌려 그 제후의 땅을 벗어나려고 하는데 그 제후가 공자에게 달려와 묻는다.

"공자님, 저의 참모 제의를 거절하신 이유에 대해선 묻지 않겠습니다. 단 이왕 오신 거 올바른 정치에 대해서 한 말씀 해주시고 가시죠." 이에 공자가 대답했다.

"군군, 신신, 부부, 자자라." 그리고 떠났다. 이 뜻은 군주, 신하, 어버이, 자식이 항상 자신의 직분에 충실해야 한다는 뜻이다. 이게 바로 정명정치다.


정명정치와 더불어 공자는 덕치주의를 주장했다. 덕치는 인정을 뜻한다.

왠지 도덕, 덕치하면 너무 이상적인 느낌이 든다. 그런데 공자의 덕치는 정말 현실 사상이다.

공자는 도덕 정치가 되려면 전제 조건으로 경제가 안정되어야 한다고 생각했다. 분배의 형평성이 이루어져야 한다고 생각했다.

절대적 빈곤과 상대적 빈곤은 어떻게 다른가? 분배의 형평성이란 상대적 빈곤을 얘기한다. 공자는 "통치자는 재화가 모자란 것보다는 그나마 성장된 결과물을 고르지 못하게 분배하는 것을 걱정해야 한다."라고 말했다. 이것이 현대의 복지국가다. 매우 현실적인 사상이다. 공자는 군주 자신부터 인격체가 되어야 백성을 편안하게 할 수 있다고 주장했다. 이것을 수기안인이라고 한다. 이런 정치사상을 기초로 해서 공자가 지향하는 사회를 '대동사회'라고 한다.

인과 예를 통해 도덕을 확립하고 사회 질서를 회복해야 모든 사람이 잘살 수 있는 사회가 된다. 이런 사회는 신분적으로 평등하고, 재화의 공평한 분배를 지향하는 사회다.

이상적 인간관으로 군자를 주장하는 데 이는 천도를 내면화하고 천지 운행을 주도하고, 만물의 화육을 도모하는 사람을 뜻한다.

◇◇◇◇

# 36

# 무엇이 좋은 삶인가?

사마천(司馬遷)의 『사기』에 눈길을 끄는 대목이 있다.

사마천은 2세기까지 중국에서 나온 역사서 가운데 가장 중요한 것으로 꼽히는 『사기』를 저술했다. 젊어서 여러 지역을 여행한 뒤에 조정의 관리가 되었고, BC 111년 중국 남서부 지방의 군사원정에 참여했다. 태사령이었던 아버지가 죽은 후 같은 관직으로 뒤를 이었다. 태사령은 천문 관측, 달력의 개편, 국가의 대사와 조정 의례의 기록 등을 맡는 직책이었다.

BC 105년 중국 달력의 개편 작업을 담당했다.

거의 같은 시기에 중국 역사서 『사기』 집필에 착수하여 BC 90년에 완성했다. 그에게 커다란 성공을 가져다준 이 책은 과거의 복잡한 사건들을 질서정연하게 기술했다는 점이 돋보였다. 또한 주제가 후기의 역사서들처럼 궁정 중심의 정치적인 것에 한정되어 있지 않고, 훨씬 폭넓은 사회계층을 다루고 있어서 훗날 중국 역사서의 본보기가 되었다.

공자가 잠시 노나라의 재상이 되어 정사를 잘 돌보자 이를 두려워한 이웃 나라의 왕이 간계를 내어 말과 함께 미녀를 보내왔다. 왕이 미녀들에 빠져 정사를 돌보지 않자 그는 미련 없이 나라를 떠났다. 그러면서 다음과 같은 노래를 불렀다.

군주가 여인의 말을 믿으면 군자는 떠나가고 군주가 여인을 너무 가까이하면 신하와 나라는 망하도다. 유유히 자적하며 이렇게 세월을 보내리라.

공자가 뛰어난 도덕적 신념의 소유자이기 전에 삶을 예견하는 뛰어난 예지주의자임을 엿볼 수 있다.

다음 시를 읽어 보자.

꽃이 열매의 상부(上部)에 피었을 때 너는 줄넘기 작란(作亂)을 한다.
나는 발산(發散)한 형상(形象)을 구하였으나 그것은 작전(作戰) 같은 것이기에 어렵다.
국수 – 이태리어(語)로는 마카로니라고 먹기 쉬운 것은 나의 반란성(叛亂性)일까.

동무여, 이제 나는 바로 보마. 사물(事物)과 사물의 생리(生理)와 사물의 수량
(數量)과 한도(限度)와 사물의 우매(愚昧)와 사물의 명석성(明晳性)을, 그리고 나는
죽을 것이다.

― 김수영, 시집 『새로운 도시와 시민들의 합창』(1949)


무엇이 좋은 삶인가?

공자님은 '朝聞道 夕死可矣'라고 이르셨다. 즉 아침에 도를 들으면
저녁에 죽어도 좋다고 하셨던 말씀에서 삶의 깊이를 느끼게 해준다.

최근 필자가 감명 깊게 읽은 책이 있다. 『무엇이 좋은 삶인가』는
서양고전학자 김헌 교수와 중문학자 김원회 교수가 각각 12가지씩
모두 24가지의 철학적 질문을 선정한 다음, 동서양 고전을 통해 해
법을 찾고, 인생의 중요한 주제들에 대해 성찰한 책이다.

『무엇이 좋은 삶인가』속에 두 교수가 선택한 질문으로 '무엇이
좋은 삶인가' '누구에게 인정받을 것인가' 등이 있다.


각각 서울대 인문학 연구원과 중문학과 교수를 맡고 있는 두 명
의 저자는 동양과 서양의 철학, 고전을 바탕으로 인생에 대한 이야
기를 풀어냈다. 그 이야기를 통해 '무엇이 좋은 삶인가'에 대한 길
을 찾아갔다.

김헌 교수님은 '고전이란 모든 사람이 칭찬하지만, 아무도 읽지
않는 책'이라고 한 마크 트웨인을 말을 인용했다.

"그러나 무뚝뚝한 고전 몇 권을 읽고 또 읽으면서 포기하지 않고
뚝심 있게 곱씹어 나가자, 그 고전에서 환한 빛을 보게 됐다. 세상

이 우리에게 던지는 여러 가지 물음들에 내가 서양의 고전을 통해 찾은 길을 이 책에 그려 보았다."고 말했다.

책은 〈명예〉, 〈운명〉, 〈행복〉, 〈정의〉, 〈아름다움〉, 〈분노〉, 〈공동체〉, 〈역사〉, 〈영웅〉, 〈죽음〉 등 12개의 화두를 다루었다.

〈명예〉 편에서는 불멸의 존재로 남으라는 제안을 거절한 오디세우스와 에우리피데스의 비극 '메데이아'에 나오는 유모의 이야기를 대비했다. 이를 통해 저자는 한 사람의 인생에 명확한 정답은 없다는 것을 말한 것 같다. 위대한 영웅의 삶과 소박한 유모의 삶을 통해 우리네 인생을 돌아보게 한다.

"오디세우스는 잊히는 것이야말로 진정한 죽음이라고 생각했다. 그가 꿈꾸는 불멸은 인간의 조건을 벗어나는 초인적인 것이 아니라 필멸이라는 인간의 조건 안에서 이루어지는 인간적인 불멸이었다. 그 유일한 길은 죽음으로 유한한 삶을 오롯이 마감하고, 살아있는 사람들의 기억 속에 불멸하는 명성으로 남는 것이었다."(22쪽)

〈부(富)〉를 다룬 편도 흥미롭게 읽힌다.

"돈을 벌어 가족과 여유롭게 생활하며, 자녀들을 넉넉하게 키우고, 병이 들어도 걱정이 없고, 열심히 일한 뒤에는 돌아가 편안하게 쉴 수 있는 보금자리가 있는 삶을 살기 위해 그저 '정직하고 성실하기만 하면' 충분한 사회를 꿈꾼다. 남을 속이고 짓밟을 필요도 없다. 법을 어기지 않아도 된다. 맡은 일만 열심히 하면 된다. 탐욕이 극심해져 눈에 뵈는 것이 없는 사람들을 '부의 신'이 외면하고, 정직하고 성실한 사람들에게 따뜻한 눈길을 던지는 그런 아름다운 세상을 그려 본다."

저자들은 약 2천400여 년 전 그리스 아테네의 극장에서 펼쳐진 공연을 통해 우리 시대를 비추어본다. 그 공연은 눈이 먼 '부의 신'에 관한 이야기다. 이야기는 정직하고 성실하게 일해도 넉넉하게 부자가 될 수 없는 사회에 대한 의문에서 시작한다.

저자들이 말하는 것은 결국 '공정한 세상'이다. 어쨌든 '부'라는 것은 사람의 삶을 풍요롭게 하고 심성을 넉넉하게 하는 것이다. 문제는 그런 '부'가 어떻게 분배되느냐에 달려 있다. "부가 공정하게 분배되고 그로 인해 누구도 아파하지 않고 고통당하지 않는 삶의 터전을 만드는 것이 중요하다."고 책은 강조한다.

마지막 장인 〈죽음〉에서 저자들은 "인간은 죽음에서도 주인이 돼야 한다."고 당부한다. 그래서인지 제 스스로 죽음의 주인이 되지 못한 이들의 죽음, 내가 왜 죽어야 하는지도 알지 못한 채 죽어야 했던 이들의 죽음이 그토록 애달픈 것인지 모르겠다.

"누구에게나 평온하고 품위 있는 삶을 희구할 권리가 있듯이 평온하고 품위 있는 죽음을 맞이할 권리가 있다."며 공자는 '가르쳐주지 않고 죽이는 것을 일러 학살이라고 한다.(『논어』)'고 일갈했다. 인간에게는 삶에서의 존엄뿐만 아니라 죽음에서의 존엄이 이처럼 중요하고 또 중요하다. 하여 '내'가 '나'의 죽음에 주인이 될 필요가 있다.

# 37

◇◇◇◇

# 성공(成功)하고 싶다면
# 좋은 스승을 만나라

군자는 말한다. 학문이란 중지할 수 없는 것이다. 푸른색은 쪽에서 취한 것이지만 쪽보다 푸르고, 얼음은 물이 얼어서 된 것이지만 물보다 차다. 나무가 곧은 것은 먹줄에 부합하기 때문이지만, 구부려 바퀴로 만들면 구부러진 형태가 곡척에 부합한다. 비록 볕에 말리더라도 다시 펴지지 않는 까닭은 구부려 놓았기 때문이다.

그러므로 나무는 먹줄을 받으면 곧게 되고, 쇠는 숫돌에 갈면 날카로워지는 것이다.

군자는 널리 배우고 날마다 거듭 스스로를 반성하여야 슬기는 밝아지고 행실은 허물이 없어지는 것이다. 그러므로 높은 산에 올라가지 않으면 하늘이 높은 줄을 알지 못하고, 깊은 골짜기에 가

보지 않으면 땅이 두터운 줄을 알지 못하는 법이다.

선비는 선왕의 가르침을 공부하지 않으면 학문의 위대함을 알 수 없는 것이다.

(君子曰, 學不可以已. 靑取之於藍, 而靑於藍. 冰水爲之, 而寒於水. 木直中繩, 輮以爲輪, 其曲中規, 雖有槁暴, 不復挺者, 輮使之然也. 故木受繩則直, 金就礪則利. 君子博學而日參省乎己, 則智明而行無過矣. 故不登高山, 不知天之高也. 不臨深谿, 不知地之厚也. 不聞先王之遺言, 不知學問之大也.)

이 말은 『순자(荀子)』 〈권학(勸學)〉에 나오는 말이다.

"청출어람청어람(靑出於藍靑於藍): 푸른색은 쪽에서 취한 것이지만 쪽보다 푸르다."

"而靑於藍(이청어람): 쪽보다 더 푸르고,

靑出於藍氷水爲之(빙수위지), 而寒於水(이한어수): 얼음은 물이 얼어 만들어지지만 물보다 더 차다"

위대한 교육학자 헬렌 켈러의 위대한 스승 애니 설리번에 대하여 아는 사람이 별로 없다.

헬렌 켈러가 이렇게 될 수 있었던 것은 모두 애니 설리번 덕이었다. 애니 설리번은 가난한 집에서 태어났다. 어릴 때 눈이 잘 안보이게 되었고 그 후 엄마도 결핵을 앓게 되었으며 동생 지미도 결핵에 걸린 채로 태어났다. 결국 엄마가 죽고 아버지는 술주정뱅이가 되었으며 가족이 뿔뿔이 흩어지게 되었다.

애니 설리번과 동생 지미는 빈민구제소에 갔고 죽음을 이겨내고 그곳을 빠져나올 수 있었다. 그리고 몇 차례의 수술 끝에 시력을 되찾았다. 결국엔 학교에도 들어갈 수 있었고 한 친절한 아주머니 덕에 졸업도 할 수 있었다. 그 후 헬렌의 스승이 되어 헬렌을 가르쳤다. 그녀는 헬렌의 성격을 고쳤고 많은 단어를 익히게 하였다.

나중에 애니는 시력을 다시 잃었지만 열정적으로 헬렌을 가르치는 일을 멈추지 않았다. 그녀는 훌륭한 스승이었다.

헬렌이 하버드대학교에 다닐 때는 헬렌과 모든 수업에 함께 하면서 그녀의 손에 강의 내용을 적어주었다.

빛의 천사 헬렌 켈러는 3중 불구자이면서도 절망하지도 삶을 포기하지도 않았다. 왕성한 의욕과 꿋꿋한 의지를 가지고 새로운 삶의 길을 찾아 스스로 피눈물 나는 노력을 계속했다.

하버드대학을 졸업하던 날, 헬렌은 브릭스 총장으로부터 졸업장을 받고서 하염없이 눈물을 흘렸다. 설리번 선생님도 감격의 눈물을 흘렸다. 식장에 있던 모든 사람들은 헬렌의 뛰어난 천재성과 설리번 선생님의 훌륭한 교육을 일제히 찬양하였다.

"항상 사랑과 희망과 용기를 불어넣어 준 앤 설리번 선생님이 없었으면 저도 없었을 것입니다." 그토록 의지가 강한 그녀가 『3일 동안만 볼 수 있다면』이라는 책에 이런 글을 썼다.

"만약 내가 사흘간 볼 수 있다면 첫째 날엔 나를 가르쳐 준 설리번 선생님을 찾아가 그분의 얼굴을 바라보겠습니다. 그리고 산으로 가서 아름다운 꽃과 풀과 빛나는 노을을 보고 싶습니다.

둘째 날엔 새벽에 일찍 일어나 먼동이 터 오는 모습을 보고 싶습니다. 저녁에는 영롱하게 빛나는 하늘의 별을 보겠습니다.

셋째 날엔 아침 일찍 큰길로 나가 부지런히 출근하는 사람들의 활기찬 표정을 보고 싶습니다. 점심때는 아름다운 영화를 보고 저녁에는 화려한 네온사인과 쇼윈도의 상품들을 구경하고 저녁에는 집에 돌아와 사흘간 눈을 뜨게 해 주신 하나님께 감사의 기도를 드리고 싶습니다."


마음의 상처를 치유하는 것은 상처에 대한 적절한 분석과 충고가 아니라 그냥 함께 있어주는 것이다.

마음은 충고를 주기보다 자신을 내어줄 때 아무는 법이다. 좋은 충고보다 좋은 소식이 중요하다.

어떠한 고난과 역경에도 절대로 포기하지 말고 언제나 새롭게 사직할 줄 아는 용기가 필요하다.


필자가 바라본 성공은 무엇인가?


安居樂業(ān jū lè yè) 즉, 편안히 살고 즐겁게 일하고 생활에 만족하면서 즐거운 마음으로 일하는 것이 성공이라고 생각한다.


"들불을 놓아도 다 타지 않고, 봄바람이 불면 다시 돌아난다."
끈질긴 생명력을 비유하는 말에서 성공을 엿볼 수 있다.

| | |
|---|---|
| 언덕 위에 우거진 풀들 | 離離原上草 |
| 해마다 시들었다 무성해진다네 | 一歲一枯榮 |
| 들불을 놓아도 다 타지 않고 | 野火燒不盡 |
| 봄바람 불면 다시 돋아난다네 | 春風吹又生 |
| 향기로운 풀 옛길을 덮고 | 遠芳侵古道 |
| 하늘 푸른빛은 황폐한 성에 맞닿아 있네 | 晴翠接荒城 |
| 또 그대를 떠나보내니 | 又送王孫去 |
| 이별의 슬픔 가득하기만 하네 | 萋萋滿別情 |

– 백거이(白居易) 〈부득고원초송별(賦得古原草送別)〉

이 시는 〈초(草)〉라는 제목으로도 알려져 있다. 백거이가 15세 때 장안(長安)에 가서 당시 시인으로 명성을 날리던 고황(顧況)을 찾아갔다. 고황은 소년 백거이를 대수롭지 않게 여기고는 그의 이름 '거이(居易)'에 빗대어 '장안의 쌀값이 비싸니 살아가기 어려울 것(長安米貴, 居住不易)'이라고 말하며 비꼬았다. 그러나 백거이가 이 시를 보여 주자 '이런 재주가 있다면 살아가기가 쉬울 것(有才如此, 居亦容易)'이라며 감탄하였다고 한다.

'야화(野火)'는 들판의 마른 풀을 태우기 위해 지르는 불을 말한다. '야화소부진 춘풍취우생'은 들불을 놓아도 풀은 완전히 다 타 없어지지 않고 봄이 되면 다시 파릇파릇 돋아나는 것을 묘사한 구절로, 간결하면서도 깊은 함의를 지닌 명구(名句)로 꼽힌다.

# 38

◇◇◇◇

# 산 사이의 좁은 길에서 배운다(山徑之蹊)

세상은 둘 중 하나다. 놀이터가 되든가 아님 지옥이 된다.

山徑之蹊, 산 사이의 좁은 길에서 배운다. 산길은 인간관계와
비슷하다.

며칠만 다니지 않아도 산길은 없어진다.

인간관계도 똑같다. 내 마음과 상대의 마음이 오가지 않으면 끊
기는 법이다.

이런 사람이 많다. 오해하고 오판하고 뒤에서 인간관계를 끊는
자들이 많다.

산길 가운데 희미한 샛길도 사람이 문득 이용하게 되면 어엿한 길이 되지
만 잠시라도 이용하지 않으면 띠풀이 자라나 길을 막아버린다. 지금은 띠풀

이 그대의 마음을 막고 있다.(山徑之蹊間, 介然用之而成路, 爲間不用, 則茅塞之矣. 今茅塞子之心矣.)

- 『孟子』, 〈盡心下〉

山徑之蹊間, 介然用之而成路, 爲間不用, 則茅塞之矣. 豈惟山徑之蹊間爲然哉?

學者, 讀書而不能無思, 思則得之, 不思則不得之矣.

有思矣, 不能無記矣, 記則存, 不記則亡之矣.

思而記之, 又思而繹之, 則知慮長而言行達.

산속에 난 좁은 길은 계속 다니면 금방 길이 만들어지지만, 다니지 않으면 풀이 자라 길을 막는다. 어찌 유독 산의 샛길만 그러하겠는가?

배우는 자가 독서를 하면 생각이 없을 수 없으니, 생각을 하면 그것을 얻을 것이요, 생각을 하지 않으면 그것을 못 얻을 따름이다.

생각이 있었다면, 기록을 하지 않을 수 없으니 적으면 남고 안 적으면 곧 그것을 잃어버린다. 생각을 하고 그것을 기록하고, 또 생각을 하여 그것을 풀어낸다면 곧 알고 생각함이 자라서 말과 행동에 이르게 되느니라.

◇◇◇◇

# 39

# 자신의 강점(強點)을 극대화하라

성공한 사람들을 관찰해 보면, 자신의 단점보다는 강점(強點)을 극대화시켜서 활용했다는 특징이 있다.

모든 분야에 천재적인 재능이 있는 사람은 많지 않다. 다만 그들은 자신의 강점을 최대한 활용했기에 성공할 수 있었던 것이다.

고등학생 단거리 육상선수와 대학생 장거리 육상선수가 백 미터 달리기를 대결하면 누가 이길까?

백 미터 단거리 선수가 승리한다.

장거리 대학생이 매일 5시간씩 1년을 연습하고 또다시 단거리 백 미터를 경주하면 누가 이길까?

1년이 지나도 여전히 단거리 고등학생이 승리한다.

장거리 선수가 순간적으로 스피드를 낸다고 작은 변화는 있을지 모르지만 큰 변화는 없다. 즉 자신의 장점을 극대화시키는 것이 단점을 커버하는 것보다 더 낫다.

피터 드러커의 5가지의 질문에 답하는 일련의 과정을 통해 많은 것을 얻었다.
'미션은 무엇인가? 고객은 누구인가? 고객 가치는 무엇인가? 결과는 무엇인가? 계획은 무엇인가?'

피터 드러커는 60년 넘게 현대 조직과 경영에 영향을 미쳤다. '사람이 조직의 가장 가치 있는 자원이고 경영자의 업무는 사람들이 자유롭게 성과를 창출하도록 돕는 것'이라는 관점이 경영 철학의 핵심이다. 이 철학은 한정된 인력과 자금을 잘 경영하여 효과를 극대화시켜야 한다. 무엇을 하는지, 왜 그 일을 하는지, 조직의 성과를 향상시키려면 무엇을 해야 하는지 평가하기 위한 방법으로 구성되어 있다.

피터 드러커의 질문을 통해 자신과 조직을 들여다보면 강점과 위험을 알 수 있다. 변화와 혁신을 촉진하고, 고객의 피드백에 응답하고, 시장의 트렌드를 파악하여 기회를 잡기 위해 노력하게 된다. 피터 드러커의 5가지 질문은 리더와 조직이 한 단계 도약할 수 있는 에너지가 될 것이다.


질문1. 미션은 무엇인가? - 왜, 무엇을 위해 존재하는가?

질문2. 고객은 누구인가? - 반드시 만족시켜야 할 대상은 누구인가?

질문3. 고객 가치는 무엇인가? - 그들은 무엇을 가치 있게 생각하는가?

질문4. 결과는 무엇인가? - 어떤 결과가 필요하며, 그것은 무엇을 의미하는가?

질문5. 계획은 무엇인가? - 앞으로 무엇을 어떻게 할 것인가?


인구 구조도 변화되고 내부나 외부 사람들의 마음은 예전과 달라졌다. 그들의 마음이 변하는 이유가 변화를 일으키는 힘이 된다. 이럴 때 리더는 즉각적으로 미래를 예상하고 변화에 즉각 대응해야 한다. 이런 일들을 수월하게 하는 사람은 별로 없다. 이럴 때 피터 드러커의 5가지 질문에 스스로 답하는 것은 어떨까?

피터 드러커의 다섯 가지 질문에 대해 충분히 생각해 봐야 한다. 저자가 말한 대로 단순해 보이지만 단순하지 않다. 그러니 충분히 시간을 들여 생각해 보고 이해해야 한다. 올바로 실행하기만 하면 자가 진단은 물론이고 조직의 스킬, 역량, 몰입 수준을 향상시킬 수 있도록 도와줄 것이라고 한다. 프랜시스 헤셀바인이 썼듯이 "결과를 결정하는 것은 결국 리더의 특성과 성격이다."

## 40

◇◇◇◇

# 향기 나는 인품(人品)으로 거듭나자

인향만리(人香萬里), 사람의 향기는 만 리를 간다.

'훌륭한 사람의 인품은 그 향기가 머나먼 천 리까지 이른다'는 좋은 말은 어디에서 유래했는지 알려지지 않은 채 많이 인용되고 있다. 이 말의 앞에 '꽃의 향기는 백 리를 가고(花香百里/화향백리), 술의 향기는 천 리를 간다(酒香千里/주향천리)'는 구절이 있다.

꽃을 사랑하고 술을 좋아하는 사람이 즐겨 읊을 만한 명언인데 여기서 나아가 더 멋진 말도 이어진다.

'난의 향기는 백 리를 가고(蘭香百里/난향백리), 묵의 향기는 천 리를 가며(墨香千里/묵향천리), 덕의 향기는 만 리를 가고도 남는다(德香萬里/덕향만리)'라고 한 것이 그것이다. 난을 사랑하고 사군자를 즐기는 사람이 더 고상하다는 말이다.

이들 두 對句(대구)가 어느 것이 먼저인지, 어느 것이 어느 것을 모방했는지 서로 따지는 것은 부질없다. 음미할수록 모두 마음에 와닿는 말이기 때문이다.

같은 성어는 아니라도 좋은 이웃, 좋은 사람을 가까이 하라는 말은 제법 있다. '덕은 외롭지 않아 반드시 이웃이 있다 德不孤 必有隣(덕불고).'는 『論語(논어)』에 나오는 孔子(공자)님의 말씀이다. 중국의 사서 『南史(남사)』〈呂僧珍(여승진)〉 전에 나오는 '百萬買宅 千萬買隣(백만매택 천만매린), 세 잎 주고 집사고 천 냥 주고 이웃 산다.'는 우리 속담과 같다.

중국의 공자는 40대 후반부터 주역을 본격적으로 연구하기 시작하였다.
어느 날 자신의 남은 인생을 점치는 괘를 뽑아보았는데, '화산려(火山旅)'괘가 나왔다고 한다.(황태연『공자와 세계』)
여(旅)는 나그네 신세를 뜻한다. 세상사의 이치에 통달한 성인으로 여겨지는 공자도 인생 후반부는 나그네를 뛰어넘어 '상갓집의 개'(喪家之狗)로 살았다.
50대 중반부터 60대 후반까지 14년 동안 이리저리 떠돌아다니는 낭인으로 살았던 것이 공자의 팔자였다.
이 기간 동안 죽을 고비를 4번이나 넘겨야 했고, 그날그날 끼닛거리와 잠자리를 걱정했고, 강도에게 포위되어 열흘 이상 굶주리는 상황도 있었다.

'상갓집의 개'라는 표현은 사마천의 『사기』에 나온다. 이 대목이 없었으면 우리는 공자의 파란만장을 제대로 모를 뻔했다.

　상갓집의 개는 밥을 줄 주인이 없는 개다. 동네를 돌아다니면서 음식 찌꺼기를 되는 대로 주워 먹어야 하는 개다.

　주인이 없다는 것을 요즘 식으로 해석하면 직장도 떨어지고 돈도 떨어지고 마누라가 있는데도 쫓겨나서 길바닥에 나앉아야 하는 상황이다. 공자는 되는 일도 없고, 운도 없이 떠돌아다닌 서글픈 팔자였던 것이다. 우리는 통상적으로 성인 공자만 알지, '상갓집 개' 생활에 대해서는 무관심하기 쉽다. 치욕적인 궁형을 당하고도 처절하게 살아야만 했던 사마천은 공자의 떠돌이 인생에서 깊은 동병상련(同病相憐)을 느끼지 않았나 싶다. "공자도 이렇게 고생하며 살았는데, 여기에 비하면 내 처지는 낫구나." 하는 위안을 얻지 않았을까!

　'상갓집의 개'라는 표현은 꼭 집어넣을 필요는 없었다고 보이는데도 불구하고 사마천이 『사기』에 굳이 적어 넣은 것은 삶이라는 것이 성인(聖人)에게도 쉽지 않다는 것을 후세에 전해주기 위한 의도인 것으로 풀이된다.

　"공자뿐만 아니라 옛날 주나라 문왕은 감옥에 갇혔을 때 『주역』을 만들었고 굴원은 초나라에서 추방되었을 때 『이소경(離騷經)』을 만들었다. 좌우명은 장님이 되고부터 '국어(國語)'를 만들었고, 손자는 다리를 끊기고서 (잘리고서) 『병법』을 만들었다."고 사마천은 말한다. 천재적인 능력을 지니고 있었던 역사적 인물들도 감옥 생활을 하거나 추방당하기도 하고, 장님이 되거나, 다리를 절단 당하는 불운과 불행을 피할 수 없었다는 것이 사마천의 인생관이다.

사람들마다 '인생관'이 다르다.

어떤 사람은 '건강한 삶'을 원하고, '부'나 '명예'를 원하는 사람도 있고 '행복한 가정"과 '존경받는 삶'을 원하는 사람이 있는 반면에 '라면에 김치만 있어도 사랑하는 사람과 함께 살기'를 원하는 사람도 있다. 이렇게 사람은 저마다의 가치관과 철학을 갖고 있다.

중년의 나이를 넘으면 성공한 사람 중에 삶의 보람과 의미를 찾기보다는 존경을 받으며 살고 싶은 사람들이 많아진다.

평범한 인생관을 가진 사람은 "존경을 받지는 못할지언정 욕은 먹지 말아야 한다"는 신념을 지니고 산다.

패션 디자이너 '코코 샤넬'은 "스무 살의 얼굴은 자연의 선물이고, 쉰 살의 얼굴은 당신의 공적이다."라는 명언을 남겼다.

중년 이후의 얼굴은 그 사람을 인생을 보여주는 결과라 할 수 있으므로 나이를 잘 먹는다는 것은 정말로 어려운 일이다.

따라서 큰 업적이나 칭찬보다는 상대방에게 상처주지 않는 인생이 더 위대한 삶이 될 수도 있다.

필자 주변에는 "돈이나 명예, 권력보다는 편안한 삶이 좋다."라고 말하는 친구들이 많이 있다.

필자는 그 친구들에게 '사향노루 이야기'를 들려주었다.


어느 숲속에서 살던 사향노루가 코끝으로 와닿는 은은한 향기를 느꼈다.

"이 은은한 향기의 정체는 뭘까? 어디서, 누구에게서 시작된 향기인지 꼭 찾고 말거야."

그러던 어느 날, 사향노루는 그 향기를 찾아 길을 나섰다.

험준한 산 고개를 넘고 비바람이 몰아쳐도 사향노루는 발걸음을 멈추지 않았다.

온 세상을 다 헤매도 향기의 정체를 찾을 수가 없어 실망하던 사향노루는 깎아지른 듯 절벽 위에서 여전히 코끝을 맴도는 향기를 느낀 어느 날, 어쩌면 저 까마득한 절벽 아래에서 향기가 시작되는지도 모르겠다는 생각이 들었다. 사향노루는 그 길로 한 치의 망설임도 없이 절벽을 내려가기 시작했다.

그러다가 한쪽 발을 헛딛는 바람에 절벽 아래로 추락하고 말았다.

사향노루는 다리를 심하게 다쳐 다시는 일어날 수 없었다.

자신이 쓰러져 누운 그 자리에서 오래도록 은은한 향기가 감돌고 있었지만, 죽는 순간까지 향기의 정체가 바로 자신이라는 것을 몰랐던 사향노루는 이 사실을 모르고 인생을 허비하였다.

이 슬프고도 안타까운 사연은 어쩌면 우리들의 인생 이야기인지도 모른다.

지금 이 순간 바로 여기 나 자신에게서가 아니라 더 먼 곳, 더 새로운 곳, 또 다른 누군가를 통해서 행복과 사랑, 진정한 삶의 의미를 찾을 수 있을 것이라고 믿고 있는 우리들이야말로 끝내 자신의 가치를 발견하지 못하고 비명횡사한 사향노루가 아닐까?

필자의 친구들처럼 욕심을 버리고 주어진 인생에 만족하며 "오늘은 우리 인생에서 가장 빛나고 아름답고 향기 나는 삶이다."라는 겸손한 마음으로 살아가는 사람이야말로 '최고의 향기'가 나는 사람이 아닐까?

[제6강]

# 21세기
# 인문학人文學 특강

인문학이라는 단어는 무게감 없이 쉽게 귀와 가슴에 와닿는 배움의 시작이며, 사람과 사람 간의 힘든 장벽을 쉽게 넘어서게 하는 학문이며 인간의 본성과 생각, 문화와 믿음을 다루는 분야다.

그 본질을 알기 위해서는 끝없는 탐구가 필요하다.

예를 들어 "出乎爾者는 反乎爾라(출호이자는 반호이라)너에게서 나간 것이 너에게로 돌아온다."는 뜻은 덕을 많이 쌓는 사람이 복을 많이 받는다는 뜻이지만 형이상학적으로 표현하면 인간의 본심은 착하고, 착한 일을 더 많이 하다 보면 주변이 밝아지고 종국에는 세상이 달라질 것이라는 뜻이다.

그런데 교회 십자가는 늘어나는데 악한 사람이 줄어들지 않는 이유는 무엇일까?

문에 틈이 있으니까 그 틈으로 먼지가 들어오고 마음에 틈이 있으니까 그 틈으로 유혹이 들어오는 법이다.

뜻대로 되지 않아도 원망하지 말고 스스로를 돌아봐야 한다.

내 힘으로 바꿀 수 없는 일은 내 마음을 바꿔야 한다.

수동적으로 열리지 않는 마음의 눈은 자발적인 의지의 힘이 필요하지만 사물의 현상을 시각적으로 확장할 수 있는 철학적인 힘이 필요하다.

한 마디의 말이 날카로운 칼이 되기도 하고, 혹은 솜처럼 따뜻하고 부드럽기도 하다.
어느 쪽을 택할 것인가는 우리의 마음에 달려 있다.

지혜를 얻는 세 가지 방법이 있다.
첫째, 사색으로 가장 고귀한 방법이다.
둘째, 모방으로 가장 쉬운 방법이다.
셋째, 경험을 통해 얻는 것으로 이것이 가장 어렵다.

– 공자

철학자의 눈으로 세상을 밝게 하는 새로운 눈을 가지며, 시대를 거슬러 변하지 않는 인간의 본성과 우주의 흐름을 간파할 수 있는 통찰력을 가져야 한다는 것이다.

# 46

◇◇◇◇

# 스승⒮은
# 가까운 곳에 있다

허물을 벗지 않는 뱀은 결국 죽고 만다.

사람도 매일 매일 허물을 벗고 새로운 생각과 정보를 얻어내야 한다.

지난 과거의 추억 속 낡은 사고에 갇혀 있으면, 빠르게 변화하는 세상의 제자리에 머무르는 것과 같다. 늘 새롭게 변화하기 위해 우리는 사고의 신진대사를 해야 한다.

모두가 세상을 변화시키려고 생각하지만, 정작 스스로 변하겠다고 생각하는 사람은 없다.

톨스토이의 명언처럼 나를 변화시키고 성공의 다리로 안내해 줄 스승을 찾는 것은 인생에서 매우 중요한 일인 것 같다.

푸른색 염료는 쪽에서 얻지만 쪽보다 푸르다. 원 문장은 『순자

『荀子)』〈권학(勸學)〉편의 첫머리에 나오는 '청취지어람이청어람(靑取之於藍而靑於藍)'이지만 사자성어에 맞게 축약, 변조되었다. 더 줄여서 출람(出藍)이라고 하기도 한다.

비슷한 말로 얼음은 물에서 나오지만 물보다 차다는 말(氷水爲之而寒於水(빙수위지이한어수))도 있다.

이 말의 원래 의미는 부지런히 노력하면 원래의 본성보다 훨씬 뛰어난 인간이 될 수 있다는 것이다. 착한 본성을 지키라는 맹자의 주장과는 정반대로 본성을 극복하기 위한 노력을 강조한 것이다. 그러나 현대에는 제자가 스승보다 나은 경우를 비유하는 용도로 사용되고 있다. 원작 초월도 이에 해당하는 경우다. 명불허전과 마찬가지로 반어적인 의미에서 청출어람이라고 하는 경우도 존재한다.

프리드리히 니체는 주저『차라투스트라는 이렇게 말했다』에서 "제자로만 남으면, 스승에게 누를 끼치는 것이다."(Man vergilt einem Lehrer schlecht, wenn man immer nur der Schüler bleibt)(의역: 스승을 능가하지 못하는 제자는 스승을 욕되게 하는 것이다)라고 했는데, 이 또한 청출어람과 통하는 말이라고 할 수 있다.

三人行必有我師(삼인행 필유아사)

여러 사람이 길을 가면 반드시 내 스승이 있다. 누구나 나의 스승이 될 수 있다는 것을 비유하는 말이다.

『여러 사람이 길을 같이 가면 내 스승이 있다. 좋은 점은 가려서 좇고, 좋지 않은 점은 고쳐야 한다.(三人行必有我師焉. 擇其善者而從之, 其不善者而改之.)』

─『논어(論語)』〈술이(述而)〉

'삼인행 필유아사'라는 말처럼 이 세상 모든 사람이 나의 스승이 될 수 있다는 것을 명심하고 사회생활을 해야 한다.

당나라 때의 유명한 화백, 대숭(戴嵩)은 특히 소 그림을 잘 그려서 말 그림에 뛰어난 한간(韓干)과 더불어 한마대우(韓馬戴牛)로 불렸다. 이름만큼 뛰어난 작품성 때문에 그림 값 또한 하늘을 찔렀다.

송나라 진종 때의 재상, 마지절(馬知節)은 어렵게 구한 대숭의 투우도(鬪牛圖) 한 폭을 가보로 여기며 애지중지했다.

옥으로 만든 족자봉에 비단 덮개를 씌워두고, 습기와 좀을 방지하기 위해 수시로 밖에 내다 일광욕을 시켰다.

어느 날 한 농부가 소작료를 바치러 나왔다가 이 그림을 보고 고개를 갸우뚱하더니 야릇한 표정으로 배시시 웃었다. 궁금해진 마지절이 물었다.

"왜 웃느냐?"

"이 그림이 좀 이상해서 웃었습니다."

"이 그림은 당대의 으뜸 화백, 대숭이 그린 것인데 무엇이 이상하단 말인가?"

일국의 재상 마지절이 노여워하자, 당황한 농부가 벌벌 떨며 대답했다.

"저 같은 무식한 농부가 무엇을 알겠습니까. 다만, 저는 소를 많이 키워보고 소가 저희들끼리 싸우는 장면도 많이 보았습니다. 소들은 싸울 때 머리를 맞대고 뿔로 서로 공격하지만, 꼬리는 바싹 당겨 사타구니에 집어넣고 싸움이 끝날 때까지 절대로 빼지 않습니다. 그런데 이 그림은 소의 꼬리가 하늘로 치켜져 올라갔으니 이상해서 웃었습니다."

깜짝 놀란 마지절이 얼굴을 붉히더니 사정없이 그림을 찢으며 탄식했다.

"대숭은 이름난 화가지만, 소에 대해서는 네가 훨씬 유식하구나! 이런 엉터리 그림에 속아, 내가 평생 씻지 못할 부끄러운 헛일을 하고 말았도다."

때론 우리가 아는 보편적인 지식보다 살면서 체득한 지혜로 상황에 대처할 때 좋은 결과를 얻을 수가 있다. 굴곡진 인생을 살아온 백발 어르신의 한숨, 한평생 농사를 지어온 농부의 갈라진 손, 생각보다 스승은 아주 가까운 데 있다.


말하는 것은 지식의 영역이고 듣는 것은 지혜의 영역이다.

– 볼리버 웬델 홈즈

◇◇◇◇

# 47

# 야망(野望)을 크게 가져야
# 몸이 움직인다

鹿鳴(녹명). 사슴의 울음소리란 뜻이다. 사슴은 산천을 돌아다니
다 초원을 만나면 울음소리를 내어 동료들을 부른다고 한다. 함께
초원의 풀을 뜯게 어서 오라는 그 울음소리, 녹명(鹿鳴)은 조조가
적벽대전(赤壁大戰)을 앞두고 선상(船上)에서 장수들을 모아놓고 부
른 <횡삭부>라는 노래에 나오는 내용이다.

관도의 대전에서 원소를 물리친 후 8년째 되는 건안 13년(208)
에 조조는 중국 북부를 완전히 통일하고 공격 목표를 남쪽으로 돌
려 형주와 강동을 집어삼킨 다음 전국 통일의 대업을 성취시키려
고 했다.

때마침 형주의 유표가 죽고 그의 막내아들 유종(劉琮)이 유표의
뒤를 이은 때였다. 유종은 조조의 백만 대군이 형주를 향해 남하

하고 있다는 말을 듣고 겁에 질려 비밀리에 사자를 보내 조조에게 항복했다. 유비가 있는 신야 일대는 조조 군과 유종의 군사에게 완전히 협공당한 형세가 되었다. 유종이 조조에게 항복했다는 사실을 알게 되었을 때는 이미 조조 군이 가까이 다가와 있었다. 유비는 급히 강릉(江陵)을 향해 퇴각하였다. 강릉은 군사상의 요충지일 뿐만 아니라 병력과 물자의 중요한 보급 기지였다.

유비가 강릉을 향해 퇴각한다는 소식을 들은 조조는 5천의 기병을 거느리고 유비의 뒤를 추격하였다. 조조는 주야를 쉬지 않고 300리 길을 하루 만에 달려 곧바로 장판파(長坂坡, 지금의 호북성 당양현 동북)에 이르러 유비를 공격하였다. 대패한 유비는 지름길을 따라 하구(夏口, 지금의 호북성 한구)로 도망쳤다. 하구에는 유표의 장남 유기(劉琦)가 주둔하고 있었다. 유기의 병력과 유비의 군사를 합치니 약 2만이 되었다. 유비는 장판파 싸움에서 처자를 버리고 도망치는 곤욕을 치렀다.

조조의 백만 대군이 남하하고 있다는 소식을 접한 강동의 손권은 군사를 시상(柴桑, 강서성 구강시의 서남쪽)에 주둔시킨 채 정세의 변화를 예의 주시하였다. 조조 군의 남하에 크게 불안감을 느끼고 있었으나 확실한 대책이 없어 우선 노숙을 파견하여 상황을 탐지하도록 하였다.

노숙은 북으로 올라가고 유비는 남으로 내려오면서 두 사람은 당양에서 만났다. 노숙은 유비에게 손권과 연합할 것을 제의했다.

"장강(양자강) 남안의 번구(樊口, 호북성 악성현)까지 일단 후퇴하여 그곳에서 손권의 군사와 연합하여 조조에게 대항하는 것이 어떻겠습니까?"

이에 유비는 제갈공명을 시상에 있는 손권에게 파견하여 대책을 세우도록 하였다.

제갈공명은 손권이 아직 대책을 결정하지 못하고 있음을 보고 이렇게 말하였다.

"조조는 형주를 집어삼키고 사해에 그 이름을 떨치고 있습니다. 지금 조조는 장강을 따라 내려와 강동에 다다랐습니다. 손 장군께서는 어찌하실 작정이십니까? 강동의 힘을 기울여 중원의 조조와 대항할 자신이 있으면 즉시 조조와의 관계를 끊어야 합니다. 만약 그만한 용기가 없으시다면 어찌 지체 없이 전 병력을 철수시키고 조조에게 항복하지 않으십니까?"

손권은 즉시 반문하였다.

"유예주(劉豫州)는 어찌 조조에게 항복하지 않습니까?"

"유예주께서는 한 왕실의 후손으로서 그 덕은 세상에 비할 만한 사람이 없고 또 인재들이 많이 모여 있습니다. 이까짓 곤란한 일로 어찌 사람에게 굴복할 수 있겠습니까?"

얼굴빛이 변한 손권은 불끈 일어나면서 결단을 내렸다.

"오나라 땅에는 10만의 정예군이 있소이다. 어찌 조조 따위에게 항복할 수 있겠소. 길은 오직 하나뿐이오."

공명은 적과 이편의 정세를 상세히 분석하여 손권에게 설명하고 조조 군의 치명적인 약점, 그리고 손권과 유비의 연합군이 승리할 수 있는 조건을 지적하고 설파함으로써 유비와 연합하여 조조에게 대항한다는 손권의 결의를 확고부동하게 만들었다.

이때 조조도 손권에게 편지를 보내왔다.

"내가 조서를 받들어 반역의 무리들을 치기 위해 대군을 남하시키자 유종은 즉시 항복하였소. 이제 나는 수군 80만 명을 거느리고 손 장군과 함께 강동에서 멋진 사냥을 펼칠 작정이오."

반은 협박이요, 반은 조롱하는 투였다.

손권이 조조의 편지를 문무백관에게 보이자 일동이 놀라 얼굴빛이 변하였다. 장사 장소(張昭)를 위시하여 모두 이구동성으로 말하였다.

"조조 군의 형세가 너무 강대하여 당할 수가 없으니 항복하는 것이 좋겠습니다."

직이지 않도록 하였다. 주유의 부장 황개(黃蓋)가 주유에게 계책을
올렸다.

"조조 군은 전선을 연결하여 배의 머리와 꼬리가 맞닿아 그 진
퇴가 자유롭지 못하니 화공(火攻)으로 일거에 격파할 수 있다고 생
각합니다."

주유는 황개의 계책을 받아들여 우선 몽충(蒙衝), 투함(鬪艦) 10척
에 마른 섶과 갈대를 가득 싣고 기름을 부은 다음 외부에서 보이
지 않게 포장으로 덮고 그 위에 기를 꽂았다. 그리고 그 후미에는
쾌속선이 따르게 하였다.

준비가 완료되자 황개는 우선 조조에게 거짓으로 항복하겠다
는 내용의 글을 보냈다. 항복하러 가겠다는 날짜와 시간에 황개는
맨 앞에서 전선들을 이끌었다. 강 중간 지점에 이르자 일제히 돛
을 달고 쏜살같이 앞으로 나아갔다. 조조의 군사들은 황개가 거느
린 전선을 바라보면서 저마다 소리를 질렀다.

"저기를 봐라, 황개가 항복하러 온다."

조조의 수군 진영까지 거리가 약 1킬로미터 지점까지 접근했을
무렵 황개는 재빨리 신호를 올려 각 배에 가득 실은 섶과 갈대에
일제히 불을 질렀다. 때마침 세찬 동남풍이 불어대자 황개의 선단

은 맹렬한 불꽃을 튀기면서 쏜살같이 조조의 함대로 돌진하였다.

쇠고리로 꼼짝 못하게 연결해 놓은 조조의 함대는 도망치려 해도 움직일 수가 없었다.


삽시간에 불길에 싸여 강 언덕의 석벽까지도 온통 붉게 물들이며 천지가 불바다로 변했다. 조조 군은 물에 빠져 죽는 자와 불에 타죽는 자가 수를 헤아릴 수 없이 많았다. 적벽 일대는 아비규환의 생지옥으로 변해버렸다.

이틈을 타 주유의 부장들이 정예 기병을 거느리고 마구 무찔러대니 진군의 북소리는 천지를 진동하였고 조조 군의 목은 추풍낙엽처럼 떨어져 나갔다. 조조도 겨우 목숨을 보전하여 허창으로 도망쳤다.


이것이 역사상 유명한 '적벽 대전'이며, 삼국이 정립(鼎立)하는 계기가 된 전투이다.

만약 적벽의 대전에서 조조가 승리하고 손권과 유비가 패배했더라면 중국은 이 시점에서 통일되었을 것이다. 그러나 역사는 굽은 길을 더듬어 가는 모양이다. 적벽 대전을 계기로 유비는 제갈공명의 계책에 따라 형주와 익주를 차지하여 그의 발판을 굳히고, 손권은 강동을 굳게 지켜 동남쪽으로 세력을 확장해 나갔다.


제갈공명이 제시한 천하삼분의 계책은 사실 중국을 통일하기 위한 하나의 단계에 지나지 않았다. 중국 통일을 막는 적이 조조

임에는 틀림없었지만, 힘의 차이가 너무 나서 부득이 손권과 연합하여 조조를 무찔러야 한다는 것이 그의 계책이었다.

그렇지만 유비와 손권과의 관계는 그렇게 원활하지 못하였다. 조조 쪽에서도 손권과 연합하여 유비를 협공할 작전을 구상하였고 유비와 손권 사이에는 형주의 영유권을 둘러싸고 다투는 일이 많았다. 원래 형주의 주인은 유표였는데 그의 아들 유종이 조조에게 항복했고 조조는 적벽 대전에서 패주하였다. 그러자 유비는 형주를 자기 것이라고 주장하였고, 손권은 적벽 대전에서 승리할 수 있었던 것은 오로지 주유가 거느리는 수군의 공이므로 승전의 성과는 당연히 자기가 차지해야 한다고 맞섰던 것이다.

그러나 유비는 형주를 차지한 후 다시 강남의 여러 군을 공략하여 승승장구하고 있었다. 주유는 손권에게 글을 올렸다.

"유비는 영웅의 자질이 있고 관우와 장비 등 범 같은 장수를 거느리고 있으니 지금 세 사람을 모두 강동의 접경 지방에 놓아두는 것은 극히 위험한 일입니다. 하루 속히 유비를 오나라 땅으로 옮겨 관우, 장비와 떨어지게 하는 것이 좋겠습니다."

그러나 손권은 이를 거절하였다.

유비는 방통(龐統)의 계책에 따라 형주는 제갈공명과 관우에게 지키게 하고 친히 군사를 거느리고 양자강을 거슬러 올라갔다. 파군(巴郡)으로부터 촉군(蜀郡)에 들어가 유장(劉璋)을 공격하고 성도(成都)에 입성하여 마침내 익주를 점령하였다. 형주에 있던 제갈공명은 이때 성도로 돌아왔다. 손권은 유비가 형주와 익주에서 맹위를 떨치는 것에 크게 불안을 느꼈다. 그는 사자를 보내 형주를 돌려달라고 요청하였다. 그러나 유비는 이를 순순히 돌려주려 하지 않았다. 마침내 손권·유비 사이에 형주 쟁탈전이 벌어졌다. 그 후 유비는 손권과 상수(湘水)를 경계로 형주를 나누어 갖는 조건으로 화해하고, 촉으로부터 한중(漢中)에 들어갔다. 그는 그곳을 차지한 후 스스로 한중왕(漢中王)이 되었다.

적벽 대전에서 수군의 도독으로 손권과 유비의 수군을 총지휘했던 주유는 적벽 대전이 끝난 이듬해 36세의 젊은 나이로 죽고 노숙이 손권을 보좌하게 되었다. 제갈공명이 촉의 성도에 돌아온 것이 건안 19년(214)이고, 그보다 2년 전에 손권은 건업(建業, 현재의 남경)을 근거지로 정하였다. 이렇게 해서 촉한·위·오의 삼국정립이 이루어졌다.

건안 22년(217) 노숙이 죽고 오나라 손권과 위나라 조조가 화친을 맺었다. 그해에 삼국의 정세에 큰 변화가 일어났다.

다음은 조조 본인의 포부와 야망을 드러낸 시이기도 하지만 당대 최고의 문학적 가치가 있다고 하는 글이다.

오늘 주석(酒席)에서 함께 나눈 대화이기도 했던 내용의 일부를 옮긴다.

〈橫朔賦 횡삭부〉曹操(조조)

對酒當歌(대주당가) 술잔을 마주하고 앉아 노래를 하네

人生幾何(인생기하) 인생은 얼마나 짧은가

譬如朝露(비여조로) 해 뜨면 사라지는 아침이슬과 같은 것

去日苦多(거일고다) 보내버린 날들이 너무 많아 괴로움뿐이네

慨當以慷(개당이강) 원통하고 슬퍼 탄식해도

憂思難忘(우사난망) 마음속 근심 잊을 길 없네

何以解憂(하이해우) 어찌 이 근심을 해결할까

唯有杜康(유유두강) 오로지 술뿐이로구나

鹿鳴(유유녹명) 사슴이 서로 울음을 내어

食野之苹(식야지평) 들의 풀을 함께 먹는 것처럼

"도전은 나이가 아니라 용기로 하는 것이다. 젊었을 때 흘리지 않은 땀은 나이를 먹었을 때 눈물로 돌아온다. 한 살이라도 힘이 있을 때 도전하고, 또 도전해야 한다. 도전하면 성공과 실패를 맛볼 수 있지만, 도전하지 않으면 아무것도 경험하지 못한다는 것을 명심해야 한다. 도전은 나이가 아니라 용기로 하는 것이다."

– 노무라 가쓰야

일본의 유명 감독의 말이다. 노무라 가쓰야 감독은 75세의 나이에도 '감독으로서 미국 무대에 도전해 보고 싶다'고 말했다.

도전하면 성공을 하거나 아니면 실패를 하게 된다. 성공도 좋지

만, 젊어서 실패는 더 좋다고 할 수 있다.

　도전하지 않으면 아무 일도 일어나지 않는다.

　오랫동안 꿈을 꾸는 사람은 그 꿈을 닮아 간다. 바람은 목적지가 없는 배를 밀어주지 않는다. 즉, 행운은 목표가 없는 사람에게는 오지 않는다.

## 48

◇◇◇◇

# 감사(感謝)와 사랑(愛)은 자기 안에 행운(幸運)의 씨앗을 심는 일이다

태양이 떠 있을 때는 달의 존재를 잊고 환한 보름달이 떠 있을 때는 별들의 존재를 잊는다. 그리고 수많은 별들이 떠 있을 때는 인공위성의 존재를 잊을 것이다. 이는 사람들이 세상을 보는 관점이다. 그러나 작게 빛나는 것들을 발견하고서 환호하는 이들도 있다. 중요한 것은 내가 어떻게 보일 것이냐가 아니라 자신이 어떻게 빛날 것인가이다. 마음을 열고, 진정 상대방을 존중하고 감사할 줄 아는 마음이 중요하다.

ㅡ『100도씨 선물』 중에서

감사와 사랑은 자기 안에 행운의 씨앗을 심는 일이다.

감사하는 마음을 가진 사람은 인생에 불행이 닥치거나 어떠한 방해물을 만날지라도 내적인 기쁨을 잃지 않는다. 비록 자신의 계획이 무산되는 일이 생기더라도 감사하는 마음이 있다면 어딘가에 열려 있을 새로운 문을 찾을 수 있다. 보다 넓고 환한 길로 연결된 문을 찾을 수 있다.

감사는 걱정, 불안, 두려움에 대한 해독제가 될 수 있다. 감사야말로 시련을 견디는 힘이자, 내 안에 행운의 씨앗을 심는 일이다. 어려운 상황에 닥칠수록 감사할 일을 찾아나서야 한다.


"아이를 사랑한다고 생각하시나요, 부모 자신의 관념을 사랑한다고 생각하시나요?"


부모님들과 이야기하던 중에 나온 쉽게 대답할 수는 없는 질문이다. 한 어머니가 "나는 아이를 사랑한다는 관념을 사랑하는 것 같아요."라고 대답했다.


아이를 사랑하는 마음은 남과 다를 바 없지만 아이들에게 무엇인가를 해줄 때, 아이들의 소망이 아니라 자신의 소망에 의해서 해준다고 생각했기 때문이다. 결국 자기만족을 위한 사랑이라는 사실을 고백한 것이다. 나는 자신 있게 대답한 어머니가 존경스러웠다.


어떤 부모든 자기만족을 위한 사랑을 인정하기 쉽지 않다. 우리의 교육 체계와 사회적 분위기에서 아이들은 '통제'와 '교육'의 대상이지 '대화'의 상대자는 아니다.

나는 공자에게 두 가지 사랑법을 배웠다.

공자는 스승으로서 제자를 사랑하는 방법, 아버지로서 아이를 사랑하는 방법을 알려주었다.

물론 당시 시대적 상황과 고정 관념 때문에 군신 관계처럼 설정돼 있지만, 진심과 본질만 걷어내서 보면 배울 만한 가르침으로 먼저 '집중하는 사랑' 이야기가 있다.

자로가 물었다. "들은 것은 곧 행해야 합니까?"

공자께서 말씀하셨다. "부형이 계시는데 어떻게 들은 것을 바로 행하겠느냐!"

염유가 물었다. "들은 것은 곧 행하여야 합니까?"

공자께서 말씀하셨다. "들었으면 바로 그것을 행하여야지!"

공서화가 물었다. "유가 '들은 것은 곧 행하여야 합니까?' 하고 물었을 때에는 선생님께서 '부형이 계시다.'고 말씀하시고, 구가 '들은 것은 곧 행하여야 합니까?' 하고 물었을 때에는 선생님께서 '들었으면 바로 행하라.'고 말씀하셨습니다. 저는 어리둥절하여 감히 까닭을 묻고자 합니다."

공자께서 말씀하셨다.

"구는 소극적이기 때문에 그를 나아가도록 해준 것이고, 유는 남보다 두 배나 적극적이기 때문에 그를 물러서도록 해준 것이다."

— 『논어』

『논어』를 여러 번 읽으면서 공자와 제자의 문답을 유심히 관찰해 보니, 이와 같이 흥미로운 점을 발견했다. 제자의 성향에 따라서 공자의 대답이 달라졌다. 즉, 공자의 대답 안에는 제자가 반영 돼 있었다. 자로와 염유는 같은 질문을 했지만 공자는 정반대의 대답을 해주었다. 스승인 공자는 제자들의 평소 언행과 자신의 생각을 정리해 두었다가 질문을 들었을 때 맞춤형 답변을 해준 것이다. 제자에 따라서 달라지는 공자의 답변 방식 때문에 공자를 '스승의 표상'이라고 일컫기도 한다. '집중하는 사랑'은 아이를 둘 이상 키우는 부모들에게 도움이 된다. 아이들은 누구나 사랑을 갈구하기 때문에 아이에 맞게 사랑을 주는 문제는 난제 중의 난제다.

또 하나의 독특한 사랑법은 '수고롭게 하기'와 '존중하기'다.

공자께서 말씀하셨다.
"자신이 어떤 사람을 사랑한다고 해서 그 사람을 수고롭게 하지 않을 수 있겠느냐?"

― 『논어』

아이에게 혼자서도 잘할 수 있게 수고를 가르치는 것은 무척 중요하다. 아이를 사랑한다고 일을 시키지 않으면 이건 아이를 망치는 길이다. 자신이 덮었던 이불을 정리한다든지 자기 방을 청소하게 하거나 본인이 먹었던 식사 그릇을 세척하게 하는 것도 다 공부고 학습이다.

청소와 쓰레기 분리수거를 시킨 엄마에게 "엄마, 나는 학생이야, 학생의 본분은 공부야."라는 대답이 돌아오면, 대부분의 부모는 "알았어. 들어가 공부해."라고 말한다. 언젠가 성인이 되거나 대학생이 되면 원래 자신이 생각했던 사람으로 돌아오게 될 것이라는 생각 때문이다. 그러나 그런 경우는 쉽게 이뤄지지 않는다.

공자께서 백어에게 말씀하셨다.

"너는 『시경』의 〈주남〉과 〈소남〉을 연구한 적이 있느냐? 사람으로서 〈주남〉과 〈소남〉을 연구하지 않으면, 그는 마치 담 벽을 마주 대하고 서 있는 것과 같을 것이다!"

— 『논어』

진항이 백어에게 물었다. "당신은 특이한 가르침을 들은 게 있겠지요?"

그가 대답하였다. "없습니다. 일찍이 홀로 서 계실 때에 제가 종종걸음으로 마당을 지나가는데, '시를 배웠느냐?' 물으시더군요. '배우지 못했습니다.'라고 대답하니, '시를 배우지 않으면 남과 말할 수가 없느니라.'고 하셨습니다. 저는 물러나 시를 배웠지요.

다른 날 또 홀로 서 계실 적에 제가 종종걸음으로 마당을 지나가는데, '예를 공부했느냐?' 하고 물으시더군요. '못했습니다.'라고 대답하니, '예를 공부하지 않으면 남 앞에 설 수가 없느니라.'고 하셨습니다. 저는 물러나 예를 공부했지요. 들은 것은 이 두 가지입니다."

— 『논어』(16-13)

공자는 자식에게 『시경』과 예를 공부하라고 하면서 해야 하는 이유를 밝히기만 했다. 구체적으로 챙기지 않았다. 공자의 자식이 생각해 보고 옳다고 생각하면 공부를 하는 식이다.

　어찌 보면 권위적인 가장인 것 같지만, 자식과의 거리감을 유지하고 있는 아버지라는 것을 알 수 있다. 나도 이 방법을 따라서 아이들에게 집안일을 강제로 시키지 않았다.

　공자의 자립심을 통해 아이들이 스스로 할 수 있는 일을 자연스럽게 찾아 준다면 사회에서도 일의 중요순위와 봉사와 헌신 그리고 사람을 존중하고 사랑하는 방법을 자연스럽게 터득하게 될 것이다.

# 49.

◇◇◇◇

# 사자소학(四字小學)으로 배우는 명심보감(明心寶鑑)

복이 있다고 다 누리지 말라. 복이 다하면 몸이 빈궁해진다. 권세가 있다고 다 부리지 말라. 권세가 다하면 원수와 서로 만나게 된다. 복이 있거든 항상 스스로 아끼고 권세가 있거든 항상 공손하라. 인생의 교만과 사치는 처음은 있으나 많은 경우에 끝이 없다.

범을 그리면서 가죽을 그릴 수 있으나 뼈는 그리기 어렵다. 사람을 알아 얼굴을 알 수 있어도 그 마음은 알지 못한다.

− 『명심보감』

자왈 입신유의이효기본 상사유례이애위본 전진유열이용위본 (子曰 立身有 義而孝其本이오 喪祀有禮而哀爲本이오 戰陣有列而勇爲本이오)

치정유리이농위본 거국유도이사위본 생재유시이역위본 (治政有理而農爲本 이오 居國有道而嗣爲本이오 生財有時而力爲本이니라)

공자가 말하기를, "입신에 의가 있으니 효도가 그 근본이요, 상사에 예가 있으니 슬퍼함이 그 근본이요, 싸움터에 질서가 있으니 용맹이 그 근본이 된다. 나라를 다스리는 데 이치가 있으니 농사가 그 근본이 되고, 나라를 지키는 데 도가 있으니 계승이 그 근본이 되며, 재물은 생산함에 시기가 있으니 노력이 그 근본이 되느니라."고 하셨다.

경행록 운 위정지요 왈 공여청 성가지도 왈 검여근 (景行錄에 云 爲政之要는 曰 公與淸이요 成家之道는 曰 儉與勤이라)

『경행록』에 이르기를, "정사를 다스리는 데 긴요한 것은 공평하고 사사로운 욕심이 없이 깨끗이 하는 것이요, 집을 이루는 길은 낭비하지 아니하고 부지런한 것이니라."고 하였다.

독서 기가지본 순리 보가지본 근검 치가지본 화순 제가지본 (讀書는 起家之本이요 循理는 保家之本이요 勤儉은 治家之本이요 和順은 齊家之本이니라)

글을 읽는 것은 집을 일으키는 근본이요, 이치에 따름은 집을 잘 보존하는 근본이요, 부지런하고 절약하여 낭비하지 아니하는 것은 집을 잘 치리하는 근본이요, 화목하고 순종하는 것은 집안을 잘 다스리는 근본이니라.

공자삼계도 운 일생지계 재어유 일년지계 재어춘 일일지계(孔子三計圖에 云 一生之計는 在於幼하고 一年之計는 在於春하고 一日之計)는 재어인 유이불학 노무소지 춘약불경 추무소망 인약불기 일무소판 (在於寅이니 幼而不學이면 老無所知

요 春若不耕이면 秋無所望이요 寅若不起면 日無所辦이니라)

공자가 삼계도에 이르기를, "일생의 계획은 어릴 때에 있고, 일년의 계획은 봄에 있고, 하루의 계획은 새벽에 있다. 어려서 배우지 않으면 늙어서 아는 것이 없고 봄에 밭 갈지 않으면 가을에 바랄 것이 없으며, 새벽에 일어나지 않으면 그날의 할 일이 없다."고 하셨다.

성리서 운 오교지목 부자유친 군신유의 부부유별 장유유서 붕우유신 (性理書에 云 五敎之目은 父子有親하며 君臣有義하며 夫婦有別하며 長幼有序하며 朋友有信이니라)

『성리서』에 이르기를, "다섯 가지 가르침의 조목은 아버지와 자식 사이에는 서로 친함이 있어야 하며, 임금과 신하 사이에는 의리가 있어야 하며, 남편과 아내 사이에는 분별이 있어야 하며, 어른과 어린이 사이에는 차례가 있어야 하며, 친구와 친구 사이에는 믿음이 있어야 하느니라."고 하였다.

삼강 군위신강 부위자강 부위부강 (三綱은 君爲臣綱이요 父爲子綱이요 夫爲婦綱이니라)

삼강이라는 것은 임금은 신하의 본이 되고, 아버지는 자식의 본이 되며, 남편은 아내의 본이 되는 것이니라.

왕촉왈 충신 불사이군 (王燭曰 忠臣은 不事二君이요)

열녀 불갱이부 (烈女는 不更二夫니라)

왕촉이 말하기를, "충신은 두 임금을 섬기지 않고, 열녀는 두 지아비를 섬기지 않느니라."고 하셨다.

충자왈 치관 막약평 임재 막약염 (忠子曰 治官엔 莫若平이요 臨財엔 莫若廉이니라)

충자가 말하기를, "벼슬을 다스림에는 공평 이상의 것이 없고, 재물에 취급함에는 청렴 이상의 것이 없느니라."고 하셨다.

장사막 좌우명 왈 범어 필충신 범행 필독경 음식 필신절 (張思叔座右銘에 曰 凡語를 必忠信하며 凡行을 必篤敬하며 飮食을 必愼節)

장사숙의 좌우명에 말하기를, "무릇 말은 충성되고 믿음이 있어야 되며, 무릇 행실은 반드시 돈독하고 공경히 하며, 음식은 반드시 삼가하고 알맞게 하며,

자획 필해정 용모 필단장 의관 필정숙 보리 (字劃을 必楷正하며 容貌를 必端莊하며 衣冠을 必整肅 步履를 하며) 필안상 거처 필정정 작사 필모시 출언 필고행(必安詳하며 居處를 必正靜하며 作事를 必謀始하며 出言을 必顧行하며)

글씨는 반드시 똑똑하고 바르게 쓰며, 용모는 반드시 단정하고 엄숙히 하며, 의관은 반드시 정제하며, 걸음걸이는 반드시 점잖아야 하며 거처하는 곳은 반드시 바르고 정숙하게 하며, 일하는 것은 반드시 계획을 세워 시작하며, 말을 할 때는 반드시 그 실행 여부를 생각해서 하며,

상덕 필고지 연락 필중응 견선여기출 견악여기병 (常德을 必固持하며 然諾을 必重應하며 見善如己出 見惡如己病하라)

평상시 덕을 반드시 굳게 가지며, 일을 하락하는 것은 반드시 신중히 생각해서 응하며, 선을 보거든 자기에게서 나온 것 같이 하며, 악을 보거든 자기의 병인 것 같이 하라.

범차십사자 개아미심성 서좌당좌우 조석시위경 (凡此十四者는 皆我未深省이라 書此當座右하여 朝夕視爲警하노라)

무릇 이 열 네 가지는 모두 내가 아직 깊이 깨닫지 못한 것이다. 이를 자기의 오른편에 써 붙여 놓고 아침저녁으로 보고 경계할 것이니라."고 하였다.

범익겸좌우명 왈 일불언 조정이해변보차제 이불언 주현관원장단득실 (范益謙座右銘에 曰 一不言 朝廷利害邊報差除 二不言 州縣官員長短得失이요)

삼불언중인소작과악지사 사불언 사진관직추시부세 오불언 재리다소 (三不言 衆人所作過惡之事요 四不言 仕進官職趨時附勢 五不言 財利多少요)

염빈구부 육불언 음설희만평논여색 칠불언구멱안물간색주식 (厭貧求富 六不言 淫설戲慢評論女色 七不言 求覓人物干索酒食이요)

우인부서신 불가개탁침체 여인배좌 불가규인사서 범입인가 (又人付書信을 不可開坼沈滯요 與人拜座에 不可窺人私書요 凡入人家에)

불가간인문자 범차인물 불가손괴불환 범끽음식 불가간택거취 (不可看人文字요 凡借人物에 不可損壞不還이요 凡喫飮食에 不可揀擇去取요)

여인 동처 불가자택편리 범인부귀 불가탄선저 훼 (與人同處에 不可自擇便利

요 凡人富貴를 不可歎羨詆 毁니)

범차수사 유범지자 족이견용심지부정 어정심수신 대유소해 (凡此數事에 有
犯之者면 足以見用心之不正이라 於正心修身에 大有所害라)

인서이자경 (因書以自警하노라)


범익겸 좌우명에 이르기를,

첫째, 조정에서의 이해와 변방으로부터의 보고와 관직의 임명
에 대하여 말하지 말며

둘째, 주현 관원의 장단과 득실에 대하여 말하지 말며

셋째, 여러 사람이 저지른 악한 일을 말하지 말며

넷째, 벼슬에 나가는 것과 기회를 따라 권세에 아부하는 일에
대하여 말하지 말며

다섯째, 재리의 많고 적음이나 가난을 싫어하고 부를 구하지
말며

여섯째, 음탕하고 난잡한 농지거리나 여색에 대한 평론을 말하
지 말며

일곱째, 남의 물건을 탐내거나 주식을 토색하는 것을 말하지
말라

그리고 남이 부치는 편지를 뜯어보거나 지체시켜서는 안 되며,
남과 같이 앉아 있으면서 남의 사사로운 글을 엿보아서는 안 되
며, 무릇 남의 집에 들어감에 남이 만든 글을 보지 말며, 남의 물건
을 빌렸을 때 이것을 손상시키고 돌려보내선 안 된다.

무릇 음식을 먹음에 가려서 취하지 말며, 남과 같이 있으면서

스스로의 편리만을 가리어 취하지 말라.

무릇 남의 부하고 귀한 것을 부러워하거나 헐뜯지 말라. 무릇 이 몇 가지 일을 범하는 자가 있으면 마음 쓰는 것의 바르지 않음을 알 수 있으며 마음을 바르게 하고 몸을 닦는 데 크게 해 되는 바가 있는지라. 이로 인하여 이 글을 써서 스스로 경계하노라고 하였다.

무왕 문 태공 왈 인거세상 하득귀천빈부부등 원문설지 (武王이 問 太公이曰 人居世上에 何得貴賤貧富不等 願聞說之하여)

욕지시의 태공 왈 부귀 여성인지덕 개유천명 (欲之是矣이로다 太公이 日 富貴는 如聖人之德하여 皆由天命이어니와)

부자 용지유절 불부자 가유십도 (富者는 用之有節하고 不富者는 家有十盜니라)

무왕이 태공에게 묻기를, "사람이 사는 데 어찌하여 귀천과 빈부가 고르지 않습니까? 원컨대 말씀을 들어서 이를 알고자 합니다." 태공이 대답하기를, "부귀는 성인의 덕과 같아서 다 천명에 말미암거니와 부자는 쓰는 것이 절도가 있고 부하지 못한 자는 집에 열 가지 도둑이 있나이다."

무왕 왈 하위십도 (武王 曰 何謂十盜입니까?)

태공 왈 시숙불수 위일도 (太公이 曰 時熟不收가 爲一盜요)

수적불요 위이도 (收積不了가 爲二盜요)

무사연등침수 위삼도 (無事燃燈寢睡 爲三盜요)

용나불경 위사도 (慵懶不耕 爲四盜요)

불시공력 위오도 (不施功力 爲五盜요)

전행교해 위육도 (專行巧害 爲六盜요)

양여태다 위칠도 (養女太多 爲七盜요)

주면나기 위팔도 (晝眠懶起 爲八盜요)

탐주기욕 위구도 (貪酒嗜慾 爲九盜요)

강행질투 위십도 (强行嫉妬 爲十盜니라)

무왕이 말하기를, "무엇을 십도라고 합니까?"

태공이 대답하기를, "곡식이 익은 것을 제 때에 거둬들이지 않는 것이 첫째 도둑이요, 거두고 쌓는 것을 마치지 않는 것이 둘째 도둑이요, 일없이 등불을 켜놓고 잠자는 것이 셋째 도둑이요, 게을러서 밭 갈지 않는 것이 넷째 도둑이요, 공력을 들이지 않는 것이 다섯째 도둑이요, 오로지 교활하고 해로운 일만 행하는 것이 여섯째 도둑이요, 딸을 너무 많이 기르는 것이 일곱 도둑이요, 낮잠 자고, 아침에 일어나기를 게을리 하는 것이 여덟째 도둑이요, 술을 탐하고 환락을 즐기는 것이 아홉째 도둑이요. 심히 남을 시기하는 것이 열째 도둑입니다."라고 하셨다.


무왕 왈 가무십도이불부자 하여 (武王이 曰 家無十盜而不富者는 何如입니까?)

태공 왈 인가 필유삼모 (太公이 曰 人家에 必有三耗니다)

무왕 왈 하명삼모 태공 왈 (武王이 曰 何名三耗입니까?)

太公이 曰 창고루람불개 서작난식 위일모 (倉庫漏濫不蓋하여 鼠雀亂食이 爲一耗요)

수종실시 위이모 (收種失時이 爲二耗요) 포살미곡예천 위삼모(抛撒米穀穢賤이

爲三耗니다)

무왕이 말하기를, "집에 열 가지 도적이 없는데 부유하지 못한 것은 어찌 그럽니까?" 태공이 말하기를, "그런 사람의 집에는 반드시 삼모(세 가지 소모함)가 있을 것입니다."

"무엇을 삼모라고 말합니까?"

"창고가 뚫려 있는데도 가리지 않아 쥐와 새들이 어지러이 먹어대는 것이 첫째 소모(耗)요,

거두고 씨 뿌림에 때를 놓치는 것이 둘째 소모요,

곡식을 퍼 흘리어 더럽고 천하게 다루는 것이 셋째 소모입니다."라고 하셨다.


무왕 왈 가무삼모이불부자 하여(武王이 曰 家無三耗而不富者는 何如입니까?)

태공 왈 인가(太公이 曰人家에)

필유일착이오삼치사실오역육불상칠노팔천구우십강 자초기화 비천강앙(必有一錯二誤三痴四失五逆六不祥七奴八賤九愚十强하여 自招其禍요. 非天降殃이니다)

무왕이 묻기를, "집에 삼모도 없는데 부유하지 못한 것은 어찌하여 그럽니까?"

태공이 대답하기를, "그런 사람의 집에는 반드시 일착(一錯), 이오(二誤), 삼치(三痴), 사실(四失), 오역(五逆), 육불상(六不祥), 칠노(七奴), 팔천(八賤), 구우(九愚), 십강(十强)이 있어서 스스로 그 화를 부르는 것이요, 하늘이 재앙을 내리는 것이 아닙니다."라고 하셨다.


무왕 왈 원실문지 (武王이 曰 願悉聞之하나이다)

태공 왈 양남불교훈 위일착 (太公이 曰 養男不敎訓이 爲一錯이요)

영해불훈 위이오 (孩不訓이 爲二誤요)

초영신부불행엄훈 위삼치 (初迎新婦不行嚴訓이 爲三痴요)

미어선소 위사실 (未語先笑가 爲四失이요.)

불양부모 위오역 (不養父母가 爲五逆이요)

야기적신 위육불상 (夜起赤身이 爲六不祥이요.)

호만타궁 위칠노 (好挽他弓이 爲七奴요)

애기타마 위팔천 (愛騎他馬가 爲八賤이요.)

끽타주권타인 위구우 (喫他酒勸他人이 爲九愚요)

끽타반명붕우 위십강 (喫他飯命朋友가 爲十强이니다)

무왕 왈 심미성재 시언야 (武王이 曰 甚美誠哉라 是言也이여!)

무왕이 말하기를, "그 내용을 듣기를 원합니다."

태공이 대답하기를, "아들을 기르며 가르치지 않는 것이 첫째 잘못이요, 어린 아이를 훈도하지 않는 것이 둘째 그름이요, 신부를 처음 맞아들여서 엄하게 가르치지 않는 것이 셋째 어리석음이요, 말하기 전에 웃기부터 먼저 하는 것이 넷째 과실이요, 부모를 봉양하지 않는 것이 다섯째 거스름이요, 밤에 알몸으로 일어나는 것이 여섯째 상서롭지 못함이요, 남의 활을 당기기를 좋아하는 것이 일곱째 상서로움이요, 남의 말을 타기를 좋아하는 것이 여덟째 천함이요, 남의 술을 마시면서 다른 사람에게 권하는 것이 아홉째 어리석음이요, 남의 밥을 먹으면서 벗에게 주는 것이 열째 뻔뻔함이 되는 것입니다."라고 하셨다.

무왕이 말하기를, "아아! 심히 아름답고 진실하도다. 그 말씀이어!"라고 감탄하셨다.


혼용무도(昏庸無道)는 세상이 어지럽고 도리가 제대로 행해지지 않았을 때 쓰는 말이다.

『명심보감초(明心寶鑑抄)』는 고려 시대 충렬왕 때(1305년) 민부상서(民部尙書)·예문관대제학(藝文館大提學)을 지낸 추적(秋適)이 어린이들의 인격 수양을 위해 중국 고전에서 선현들의 금언과 명구를 편집하여 만든 책이지만, 현대에 이르러서도 마음을 밝히는 보배로운 거울이라 할 수 있다.

# 50

◇◇◇◇

# 향기(香氣) 나는 사람(人)으로
# 거듭나자

雪泥鴻爪. 중년의 나이를 넘으면 존경은 받지 못할지언정 욕은 먹지 말아야 한다.

소동파 시의 〈설니홍조(雪泥鴻爪)〉는 '기러기가 눈밭에 남기는 선명한 발자국'이란 뜻이다. 그러나 그 자취는 눈이 녹으면 없어지는 것이 인생이다. 인생의 흔적도 이런 것이 아닐까?

인생은 언젠가는 사람들의 기억에서 사라지는 덧없는 이슬과 같다. 각자 자신의 큰 꿈을 위해 계획을 세우고 목표를 달성해서 성실하게 살아가는 우리들은 이유 없이 태어나지 않았다는 것을 항상 생각하며 살아야 한다.

中國 故事에 '강산이개 본성난개(江山易改 本性難改). 강산은 바꾸기 쉽지만 본성은 고치기 힘든 것 같다'라는 말이 있다.

나이 먹을수록 익어가야 하는데 더 어린애가 되어 가는 어른이 있다. 말 한 마디에 온화하고 덕이 있는 말이 아닌 상처를 주는 어른이 있다.

소크라테스가 "너 자신을 알라."고 일갈했을 때, 그의 친구들이 그럼, "당신은 자신을 아느냐?"라고 되물었다. 소크라테스는 "나도 모른다." 그러나 적어도 나는 "나 자신을 모른다는 것은 알고 있다."라고 말했다.

자신의 부끄러움을 아는 것이 본성을 고치는 첩경이 될 수 있다.

'중년의 나이를 넘기면 삶의 보람과 의미를 찾기보다는 존경을 받아야 한다.'는 말처럼 '존경받지 못할지언정 욕은 먹지 말아야 한다.'

패션 디자이너 '코코 샤넬'은 "스무 살의 얼굴은 자연의 선물이고, 쉰 살의 얼굴은 당신의 공적이다."라는 명언을 남겼다. 중년 이후의 얼굴은 그 사람이 살아온 인생에 대한 결과라 할 수 있다. 나이를 잘 먹는다는 것은 정말로 쉽지 않다.

따라서 큰 업적이나 칭찬을 받기보다는 지탄을 받거나 상대방에게 상처 주지 않는 인생이 더 위대한 삶이 아닐까?

다음은 미셸 오바마의 『비커밍』에 나오는 구절이다.

"넬슨 만델라를 만난 덕분에, 내게 꼭 필요했던 깨달음을 얻을 수 있었다. 진정한 변화는 느리게 온다는 깨달음, 몇 달이나 몇 년이 아니라 몇 십 년이나 평생이 걸릴 수도 있다는 깨달음이었다."

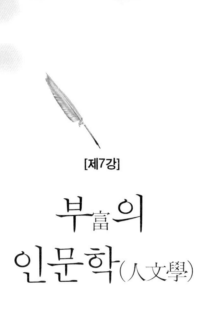

[제7강]

부<sub>富</sub>의
인문학(人文學)

◇◇◇◇

필자는 사업에 실패했거나 직장에서 성공하지 않은 사람의 명함이나 흔적을 지갑에 담고 다니지 않았다. 부자가 되어 성공하기를 간절히 원했기 때문이다. 전 세계 부호들과 큰 부자가 된 수많은 성공한 기업가의 위인전과 책을 읽고 강의를 들어 보았으나 원하는 목표점에 도달할 수 없었다.

"가난하긴 쉬워도 부유하긴 어렵다." 중국 송나라 대시인 소동파(1036~1101)의 말처럼 "큰 부자는 하늘이 내려 준다."는 말이 실감난다.

필자는 초등학교, 중학교, 고등학교 12년 개근상을 받았다. 근면하게 살 자신은 있었다. 만 50세가 될 때까지 열심히 성실히 노력하고 근면하게 시간을 보내면 성공할 줄 알았다. 하지만 만 50세까지는 부자가 될 수 없었다. 그러나 지금은 스스로 부자가 되는 방법을 찾아 시간적·경제적 자유인이 되었다.

언택트와 초고령화로 정보 격차가 가속화되고 있다. 최근 주요 은행들은 전국의 지점들을 통폐합하고 사람 대신 ATM 기계를 확충하고 있다. 은행을 방문하는 연령대가 50대 후반부터 60대 이상이기 때문이다. 기술 활용의 능력 차이로 정보 격차가 발생하면서 경제적 사회적 여건도 달라지고 있다. 그로 인해 富益富貧益貧(부익부 빈익빈) 현상이 더 커지고 있다. 부자들이 사용하는 시간과 가난한 사람들이 사용하는 시간과 일하는 공간에서 빈부의 격차가 더 벌어지는 세상이 되었다.

정보 격차(Digital Divide). 정보 격차란 계층 간, 지역 간(도시와 비도시), 성별 간, 국가 간(선진국과 중진국, 후진국, 개발도상국) 지식과 정보에 대한 접근이 불평등하게 이루어짐에 따라 격차가 벌어지는 것을 말한다. 변화의 다양성이 급속도로 이루어져 상류층과 하류층의 소득 차가 점점 벌어져 부빈(富貧) 현상이 날로 더 심화 되어 富(부)가 富(부)를 키우고 가난한 사람은 더욱 더(益) 가난(貧)한 시대가 되었다.

가난한 부모의 자녀가 부족한 생활비와 교육비를 벌기 위해 아르바이트를 지속할수록 편의점 건물주와 운영자는 더 부자가 되고, 시간과 노동을 맞바꾸는 삶을 지속하는 아르바이트생은 시간이 흐를수록 가난이 대물림된다.

국가는 세금으로 소득의 양극화를 개선하고, 부의 편중을 막는 복지 정책을 실현하고 있어 개선이 많이 되었다. 하지만 대기업에게만 일자리가 몰려 중소기업은 사업과 매출액이 더 악화되고 중소기업에서 근무하는 근로자들의 일자리가 없어져 결국 야심찬 정부 정책은 그 반대 양상이 많이 드러나고 있다.

'2050 미래 사회 보고서'에 의하면 우리가 그리는 미래 모습들은 유토피아와 디스토피아가 공존하지만 2030년까지 일자리 20억 개가 소멸되고 현존하는 일자리의 80%가 사라진다는 보고서는 실로 충격이 아닐 수 없다.

전문가들은 디지털 디바이드를 극복하지 못하면 사회 안정에 해가 될 수 있다고 주장한다.

자본주의 삶 속에 숨겨진 돈의 비밀, 부(富)가 어떻게 만들어지고 축적되는지 문제를 해결하기 위해 필자는 그 훌륭한 도구를 찾고 또 찾았다. 자본가는 왜 부자가 되고 노동자들은 왜 가난에서 벗어날 수 없는 것일까?

『논어』에 '견리사의'라는 말이 나온다. 공자의 제자인 자로가 스승 공자에게 성인에 관해 묻자, 공자는 이익을 눈앞에 두었을 때 옳음을 먼저 생각하는 사람이 성인이라 답하였다.

정당한 방법으로 얻을 수 있는 것이 아니라면 탐하지 말라는 뜻이다.

이득을 앞에 두고 의로움을 먼저 따지는 성인의 경지는 나에게 너무 아득하기만 하다. 그러나 이제 정상적인 방법으로 필자가 이야기하는 마지막 강좌에서 누구나 가난에서 벗어날 수 있다.

필자는 자본주의 사회에서 돈의 위력을 많이 봤다. 돈이 많으면 대형 로펌의 유능한 변호사 선임해서 유전무죄(有錢無罪 돈이 있으면 죄가 없다), 무전유죄(無錢有罪 돈이 없으면 죄가 되는 상황을 냉소적으로 이르는 말)가 되는 사건사고를 많이 경험하고 있다.

고졸 출신의 인권 변호사였던 대통령 이야기가 〈시민 노무현〉이란 제목의 영화로 제작 상영되었다. 참고로 필자는 대통령 선거에서 노무현을 선택하지 않았다.

그러나 존경받는 사람이 된 위대한 노무현 대통령이 태어난 곳 봉화마을을 방문하여 감동을 받아 전율을 느끼게 되었다.

사법 연수생이었던 이재명은 노무현 변호사의 강연을 듣고 인권 변호사의 꿈을 키웠다고도 한다. 우리는 그 현장에 있지 않았지만 노무현 변호사의 열정적인 강연이 머릿속에 그려진다.

가난했던 두 사람, 장학금이 없었다면 학교도 다니지 못했을 두 사람이었지만 한 사람은 대통령이 되고, 다른 한 사람은 여론 조사 결과 대통령 후보 1순위가 되었다.

한 사람은 고등학교만 마치고, 또 한 사람은 중고등학교 시절 없이 대학교만 다녔다. 필자와 같은 인생을 살아 와서 그런지 더 정감이 간다.

노무현 변호사는 박정희 대통령의 군사 독재와 맞서면서 호된 고난을 겪었고 정치 보복을 당하자 자신의 명예를 지키려고 하늘의 별이 되었다.

"사람을 위해 법이 있는 것이지 법을 위해 사람이 있는 것이 아닙니다. 수 천 년 동안 살아오면서 인간은 원칙을 가지게 되었습니다. 그러나 그 원칙이 깨지기 시작했습니다. 죄를 짓고 벌을 받아야 할 가해자가 피해자를 농락하고 버젓이 사회에서 수많은 돈으로 이 사회를 혼탁하게 하고 있습니다. 장관 될 자격을 갖추고 청문회를 통과할 사람, 정직한 사람, 약자와 서민을 위해 일 할 사람은 많지 않습니다. 하물며 대통령을 하겠다는 사람들 중 자격을 갖춘 사람은 더 없습니다. 이제 이 노무현이 대통령이 되어 이 사회를 바꿔 보겠습니다. 저를 뽑아 주십시오." 영남대 캠퍼스에서의 정치연설을 필자는 지금도 자주 들곤 한다.

승잔거살(勝殘去殺). 좋은 정치가 세상과 사람을 바꾼다.

− 『논어』, 〈자로〉

거짓과 비이성이 난무하고 지배하는 사회에서 열심히 일만 하는 사람들은 이제 그 자리를 지킬 수 없는 세상이 되었다. 가난한 국민이 더욱더 나락과 파탄으로 떨어지는 이유는 노동의 종말 때문이다.

주4일제가 거론되고 있다. AI(인공로봇)가 사람 대신 일하고 어렵고 힘든 일들은 모두 외국인이 하기 때문에 생활은 더 나아지지 않는 결과가 되고 있다.

사람들은 수많은 인문학을 공유하며 살아간다. 그곳에서 삶의 지혜를 얻기 때문이다. 명(命)이란 하늘의 의지이며 인간의 힘으로는 어쩔 수 없다. 대개의 경우 이 '명(命)'이 의식되는 것은 빈곤, 불행, 요절 등의 역경에 빠졌을 때다. 사람들은 마음의 불안을 회복시키는 역할을 '명'에서 찾았고 처한 입장 그 자체도 '명(命)'이라 생각했다.

예컨대 인간의 수명, 빈부, 화복 등은 모두 태어나기 전부터 정해져 있으며 변경 불가능한 것으로 생각해 왔다.

부자들의 인생철학을 엿보면 우리는 누군가에게 무엇인가를 팔고 있기 때문에 사람을 귀하게 생각하라는 가르침이 있다.

蘇東坡云(소동파운) 富不親兮貧不疎(부불친혜빈불소는) 此是人間大丈夫(차시인간대장부요),

**富則進兮貧則退**(부즉진혜빈즉퇴는), **此是人間眞小輩**(차시인간진소배니라)

　직역(直譯)하면 소동파가 이르기를, "부유하다고 친하지 않으며, 가난하다고 멀리하지 않음은 이것이 바로 인간으로서 대장부라 할 것이요. 부유하면 가까이하고 가난하면 멀리하는 것은 이는 곧 사람 중에서 참으로 마음이 작은 무리니라."라고 하셨다.

　즉, 사람이 잘 산다고 친절히 대하고, 못 산다고 기피하는 세상 사람들의 인정세태를 개탄하면서 이러한 인간이 바로 소인배라고 칭하며 『명심보감』은 "사람을 가려 사귀지 말라"고 일침을 가했다.


　大富由命(대부유명) 小富由勤(소부유근).

　명(命)은 천명 혹은 운명(運命)을 의미하며 근(勤)은 근면을 뜻한다. 즉 '작은 재산은 근면에 의해 얻지만 큰 재산은 운명에 의해 좌우된다.'는 뜻이다.


　『명심보감』〈성심편상(省心編上)〉에 '소부재근 대부재천(小富在勤 大富在天)'이라는 말이 있다. 작은 부자는 근면에 달려 있지만 큰 부자는 하늘에 달려 있다는 의미다.

　그러나 한편으로는 인간의 노력도 무시할 수가 없다. 그래서 넓게는 '명'의 존재를 용인하면서도 그 범위 안에서 근면의 필요성을 강조하는 것이 속담의 취지라고 보아야 할 것 같다.

입지사의성(立志事意成).

일에 뜻을 세우면 마침내 이루어진다. 나무를 심을 때에는 마치 자식을 기르듯이 조심조심해야 하지만 한 번 심어 두면 마치 버린 것처럼 그대로 두어야 한다. 이것이 나무를 키우는 비결이다.

小船難堪重裁(소선난감중재) 深逕不宜獨行(심경불의독행)

작은 배는 무거운 짐을 감당할 수 없고, 으슥한 길을 혼자 다님은 마땅치 않다.

貧居鬧市無相識(빈거요시무상식) 富住深山有遠親(부주심산유원친)

가난하면 시끄러운 시장에서도 아는 사람이 없고, 부유하면 깊은 산에 살아도 멀리서 찾아오는 친구가 있다.

天不生無祿之人(천불생무록지인) 地不長無名之草(지불장무명지초)

하늘은 먹을 것이 없는 사람을 내지 않고, 땅은 이름 없는 풀을 키우지 않는다. 즉 노력하면 굶어 죽지는 않는다.

蘇東坡 曰(소동파 왈) 無故而得千金(무고이득천금)이면 不有大福 必有大禍(불유대복 필유대화)니라.

소동파가 말하였다 "까닭 없이 천금을 얻는 것은 큰 복이 아니라, 반드시 큰 재앙이 있는 것이니라." 즉, 수고하지 않고 횡재하는 것은 복이 아니라 불행의 씨앗이라는 것이다. 노력하지 않고 부를 축적한다면 오히려 재앙이 될 수 있다는 표현일 것 같다.

大廈千間(대하천간) 夜臥八尺(야와팔척), 良田萬頃(양전만경) 日食二升(일식이승)

큰 집이 천 칸이나 되어도 밤에 여덟 자에 눕고, 좋은 밭이 만 이랑이라고 하여도 하루 두 되를 먹는다. 작은 부자는 노력으로 가능하지만 큰 부자는 하늘이 내려준다.

인문학은 인간과 관련된 근원적인 문제나 사상, 문화 등을 중심적으로 연구하는 학문이다.

세상의 모든 진리는 질문에서 시작한다. 그 모든 질문이 있는 곳에서 어떤 이는 진리를 깨닫고 어떤 사람은 큰 부자가 되기도 한다. 사람의 깊이는 몸무게가 아니라 배움을 통해 새로운 장벽을 넘나들다 보면 부유한 사람이 다가오고 그들의 정보를 통해 부자가 될 수도 있을 것이다.

故 이병철 회장님의 이재술(理財術)로 부자가 되기 위한 뇌세포를 배워보자.

三星그룹의 故 이병철 회장의 젊은 시절 일화(逸話)다. 일본에서 대학을 다니다가 중도에 그만두고 자신의 고향인 경남 '의령'에서 농사를 지을 때의 이야기다.

이분은, 일찍부터 이재술(理財術)이 뛰어났던지 논(畓)에서 돈 버는 방법을 연구해 냈다. 당시 논 1마지기(200평)에서 농사가 잘 되어야 쌀 2가마니가 생산되던 시절이었다.

故 이병철 회장은 시험 삼아 논 1마지기에는 벼를 심고 그 옆에 있는 또 다른 1마지기 200평에는 미꾸라지 새끼 1,000마리를 사다가 봄부터 길렀다.

수확철인 가을까지 양쪽 모두 똑같은 비용을 투입하여 재배하고 길렀는데 벼를 심은 논에서는 역시 쌀 2가마니가 생산되었고 미꾸라지를 기른 논에서는 커다란 미꾸라지가 약 2,000마리로 늘어났다. 그것을 전부 잡아서 시장에 팔았더니 쌀 네 가마니 값을 받았다. 그 이듬해에 또 시험 양식(養殖)을 했다.

한쪽 논 200평에는 역시 어린 미꾸라지 1,000마리를 작년과 같이 길렀고 다른 논 200평에는 미꾸라지 1,000마리와 미꾸라지를 잡아먹고 사는 천적(天敵)인 메기 20마리를 같이 넣고 길러서 가을에 양쪽을 모두 수확하고 보니 처음 논에서는 2,000마리의 미꾸라지가 생산되었다.

메기와 미꾸라지를 같이 넣어 길렀던 다른 논 200평에서는 메기들이 열심히 미꾸라지를 잡아먹었는데도 4,000마리로 늘어났고 메기는 200마리로 늘어났다. 그래서 그걸 모두 팔았더니 쌀 8가마니에 해당되는 돈을 벌었다.

왜 그랬을까? 이 우주(宇宙) 생명계(生命界)는 어려움과 고통과 위험(危險)이 닥쳐오면 긴장하여 더 활발히 움직이고 생존본능(生存本能)이 강화되어 더 열심히 번식하고, 훨씬 더 강인(强靭)해지기 때문이다.

미꾸라지 논에서 쌀이 아니라 돈을 수확한 理財의 천재는 힘이 들수록 발전의 계기가 된다는 사실을 깨달아 지금의 삼성그룹을 탄생시킬 수 있었다.

〈신징(新京)보〉가 최근 시 주석의 발언과 발언에 사용한 고전 문구를 해석한『시진핑 용전(用典)』에 따르면 시 주석이 가장 많이 인용한 고전은 유교 경전과 명언이었다.

『논어(論語)』가 11번으로 가장 많았고,『예기(禮記)』6번,『맹자(孟子)』4번,『순자(荀子)』3번이었다.

『시진핑 용전(用典)』은 〈런민(人民)일보〉가 최근 시 주석의 연설과 강연, 글에 나온 명언 135개를 분석해서 펴낸 것이다.

『시진핑 용전(用典)』을 분석하면 시진핑(習近平) 주석은 강연이나 발표문에서 주로 유교 경전과 북송(北宋)의 대표적인 문인 소식(蘇軾·1036~1101)의 글을 인용한 것으로 나타났다. 소동파로 불리는 소식의 일부 명언은 시 주석이 즐겨 인용하는 문구로 꼽혔다.

시 주석은 소식의 글을 애용했다. 특히 '천하지환, 최불가위자, 명위치평무사, 이기실유불측지우, 좌관기변이불위지소, 즉공지어불가구(天下之患, 最不可爲者, 名爲治平無事, 而其實有不測之憂, 坐觀其變而不爲之所, 則恐至于不可救)'라는 글을 자주 인용해 왔다.

이 고전 문구는 〈조조론(晁錯論)〉의 첫 구절로 '앉아서 변하는 것만 지켜보며 재난과 변란에 대해 조치를 취하지 않으면 그 재난과

변란은 결국 만회할 수 없는 지경으로 발전한다.'는 의미를 담고
있다.

　필자는 10년 동안 〈마음수련〉을 구독했다. 월간 〈마음수련〉에
부에 관한 멋진 글이 있어 소개하려 한다.
　일식집 박철수 사장님의 〈돈과 나의 인생 이야기〉다.

　우리 삶에는 돈보다 중요한 게 훨씬 많다든가, 하는 멋진 말은
많지만 그야말로 말일 뿐이지 어찌 돈에 매이지 않을 수 있겠는
가. 박철수 씨 또한 그랬다. 돈 없어도 보고 있어도 보고, 많이 벌
어도 보고 잃어도 보았다는 그에게 돈은 곧 행불행을 좌우하는 신
자체이기도 했다.
　하지만 다행히도 그는 돈으로부터 자유로워질 수 있었다.
　"큰 부자는 하늘이 낸다."는 말도 이해할 수 있었다. 마음을 비
우자, 자기만을 위하는 작은 마음에 채우려 했던 돈에 대한 집착
은 버려지고 비로소 큰 부자가 될 마음 그릇이 되었다는 그의 이
야기를 들어본다.

　그는 철이 들면서부터 '나는 이렇게는 안 살 것이다'라는 욕구
가 싹트기 시작했다. 1978년, 고등학교를 졸업하자마자 무일푼으
로 무작정 서울로 상경했다. 주방보조, 서빙 등 닥치는 대로 일을
했다.
　월급은 한 푼도 안 쓰고 모아서 시골에 계신 부모님께 보내드렸

다. 삼촌의 소개로 일식집 주방 보조를 시작했다.

타고난 눈썰미와 노력으로 어렵지 않게 조리사 자격증을 딴 그는 마치 물 만난 고기처럼 신나게 일하고 신나게 벌었다. 그에게 행운이 따르는 것 같았다. 망하기 직전의 일식집도 그가 들어가기만 하면 성업을 이루는 것이다. 주방장으로 이름을 날리게 되고, 월급이 130만 원에서 300만 원까지 올라갔다. 그렇게 일식 요리를 배운 지 6년 만이었다. 친구들이 주방장만 하지 말고 사장도 해보라고 투자를 해줘 '부부회센터'라는 식당을 차릴 수 있었다. 그는 인복도 많았던 것이다.

그러나 곧 한계에 부딪히게 된다. 나밖에 모르고 나를 위해서만 돈을 쓰니까 하늘도 더 이상 돈을 벌게 해줄 수 없었던 것이다. "원래부터 내가 잘나서가 아니라 세상이 도와준 덕에 살았던 거예요. 사람이 세상이잖아요."

긍정적인 마음을 따라오는 게 돈이다.

'돈의 흐름이라는 것은 자기의 그릇 그대로'라는 것이다. 결국 돈이라는 것도 긍정적인 마음으로 열심히 살 때 따라오는 것이었다. 그럴 때의 돈은 복이다. 하지만 부정적인 마음에는 독이 될 뿐이었다.

초보들에게 재료 고르는 법, 손질법, 관리 방법 등의 노하우를 가르쳐주고 칭찬을 많이 해주었다. 직원들이 즐거우니 손님들도 분위기가 좋다며 자주 찾았다.

"옛날에는 손님들도 다 돈으로 보였어요. 형님, 사장님 해가면서 비즈니스도 잘했지요. 돈으로 사람을 평가하고. 지금은 '고맙습니다.'가 전부예요. 그냥 감사하니까." 가락동에 식당을 개업한 지 5년 째 지금 꾸준히 상승세를 달리던 장사가 요즘 들어 불황으로 주춤거리고 있다. 하지만 박철수 씨는 걱정하지 않는다.

"이제 '내'가 하는 게 아니라 '세상'이 해주는 것이라는 걸 알고 있으니까요." 자신은 그저 열심히 일하고 긍정적으로 생각하고, 하늘같은 마음이 되기 위해 한 발 한 발 노력하면 될 뿐이라는 박철수 씨. 그래서일까. 식당 주변에 법원도 들어오고 물류센터도 들어오게 됐다는 소식에 주위에서 '복 많다'는 소리를 듣는다.

'나는 누구인가? 어디서 왔는가? 어디로 가는가?'

藏器待時, 恥於自獻 – 東坡全書 "포부를 숨긴 채 때를 기다리고, 스스로 자랑함을 부끄러이 여겨라!"

누구나 유명해지고 부자가 되는 것은 아니지만 필자는 부자 되는 방법을 금융에서 찾았다.

그리고 수많은 신흥 부자를 탄생시키고 있으며 돈 때문에 자신과 자녀의 꿈을 포기하는 일이 없도록 노후에도 돈 걱정 없는 사회를 만들어 주고 있다.

금융(finance)이란, 이자를 받고 자금을 융통하여 주는 것을 말한다. 금융(金融, finance)은 금전을 융통하는 일, 즉 자금의 수요 공급에 관계되는 활동으로 수입을 얻는 방법이다.

필자는 30년 동안 금융기관에서 근무하며 자본주의의 위력을 실감했다. 그리고 수많은 고객을 만나 자산관리를 해주며 이들은 어떻게 부자가 되었을까, 생각하며 서브 노트를 만들어 기록하고 정리하여 보았다.

자기 자본이나 다른 사람의 돈을 빌려 정보를 입수하여 부자가 된 자수성가나 부를 대물림 받아 부자로 생활하는 등 다양한 부자들이 있었다.


실제 필자의 강의를 수강했던 서울대 출신 수강생(75년생)은 아파트를 30채 보유하고 있었다. 전북 익산에서 온 성균관대 법학과를 졸업한 80년생 수강생은 아파트를 100채 보유하고 있었다.

4년 전에 구입한 매수금액 5억에 매입한 길음동 아파트의 현재 시세가 15억이고 수원 영통에 5억 주고 매입한 아파트는 현 시세 13억이 되었다고 자랑을 했다.

아파트를 100채 구입하려면 자기 자본이 많이 있어야 한다고 생각하겠지만 실제 투자된 자금은 2-5천만 원이다.

길음동 아파트는 4억8천만 원 전세가 있는 상태에서 매입했기 때문에 실투자금 2천만 원과 등기 비용이 전부였다.

영통아파트 매입 당시 전세 4억5천만 원 있는 상태에서 갭 투자로 매입하여 실투자금 5천만 원과 등기 비용이 전부였다.

40대 초반과 중반인 이 두 수강생이 현재 보유한 재산을 환산해 보니 100억대와 300억대였다. 그러나 이들은 매월 납입 이자가 월 2천5백만 원에서 3천만 원이었다. 그리고 재산세와 관리비 등 부담이 있어서 필요할 때마다 부동산을 1채씩 매매하여 생활하지만 1년이 지나면 사용 금액 이상으로 부동산 가격이 상승해 있었다.

필자를 무척이나 아끼고 좋아하는 서울 반포아파트에 거주하시는 고액 예금주는 2002년 반포주공아파트 24평형을 2억 4천만 원을 주고 매입했다.

이 아파트가 재건축이 되어 48평형 아파트를 무상으로 받고 현금 1억을 받았다.

매입 당시 아파트는 주공아파트로 대지 지분이 34평이었기 때문에 건설사에서 수지 분석으로 건물을 지어도 초과 이익이 충분하였기 때문이다. 이 아파트를 담보로 필자의 도움을 받아 고시원을 매입(고시원 담보대출 감정가 80%, 자기자본 20%)하여 수익률 37~45%의 수익형 부동산에 투자하고 있다. 아파트의 시세를 확인해 보니 40억 정도였다.

이분들은 이제 세금이 걱정이다. 세금을 적게 내고 자녀에게 증여하는 방법과 상속하는 방법을 찾아 강남구청 세무 강의에는 빠져 본 적이 없다고 한다.

그러나 일반인들이 돈 벌어 부자가 되기는 쉽지 않게 되었다.

필자는 이 해답을 금융에서 찾았다. 무점포 1인 은행을 설립하여 잠자는 동안에도 이자가 이자를 붙여 주말에도 돈이 들어오게 하는 금융시스템이다.

자금의 여유가 있는 부분에서 또는 기관 예금이나 자산 운용사의 예금을 차입하여 그 조달 자금으로 필요한 사람들에게 운용 자금으로 활용하여 이자 차익을 이전하는 금융 시스템이다.

금융은 그 거래 방식에 따라 직접 금융과 간접 금융으로 구분된다. 직접 금융이란 자금의 최종 차용자가 직접 자금의 최종 대여자에게 주식·채권, 유동화(근저당권부채권담보–질권대출) 등으로 재공급하여 더 큰 이익을 얻을 수 있는 시스템이다.

필자도 어려서 너무도 가난한 집안에서 자란 터라 부자가 되기 위해 수많은 책을 읽고 유튜브로 부자들의 강연을 듣곤 했다. 그러나 필자가 직접 움직여 큰돈을 벌수 있는 일(재테크 TOOL)은 많지 않았다. 자본금도 없던 필자는 생계형 경매에 입문하게 되었다.

당시에는 부동산 경락 잔금 담보 대출의 90%(담보인정비율–LTV)를 금융 기관에서 경매 잔금을 대출해 주었기 때문에 자기자본 10%와 등기 비용만 있으면 생계형 경매투자가 가능했던 시절이다.

현재 정부는 부동산을 규제하기 위해 LTV(담보인정비율), DTI(총부채상환비율), RTI(Rent To Interest–임대업이자상환비율)를 완화하지 않기 때문에 대출이 쉽지 않아 돈이 부족한 사람은 투자금(자기자본)이 많아야 한다.

LTV(Loan To Value ratio–담보인정비율)을 정부가 통제하고 있다.

LTV는 주택을 담보로 돈을 빌릴 때 인정되는 자산 가치의 비율이다. 만약, 주택담보대출비율이 60%이고, 3억짜리 주택을 담보로 돈을 빌리고자 한다면 빌릴 수 있는 최대 금액은 1억 8천만 원(3억 ×0.6)이 된다.

DTI(Debt To Income)는 총부채상환비율을 말한다. 즉, 총소득에서 부채의 연간 원리금 상환액이 차지하는 비율을 말한다. 금융기관이 대출자의 상환 능력을 소득으로 따져서 대출 한도를 정하는 계산 비율이다. 대출 상환액이 소득의 일정 비율을 넘지 않도록 제한하는 규제다.

RTI(Rent To Interest-임대업이자상환비율)는 부동산 임대업 이자상환 비율로서 담보 가치 외에 임대 수익으로 어느 정도까지 이자 상환이 가능한지 산정하는 지표다. 산출 방식은 (상가가치×임대수익률)÷(대출금×이자율)이다.

DSR(debt service ratio-총부채원리금상환비율)이란 대출을 받으려는 사람의 소득 대비 전체 금융 부채의 원리금 상환액 비율을 말한다. 즉 총대출 상환액이 연간 소득액에서 차지하는 비중으로서 금융위원회가 가계 부채를 줄이기 위해 대출 상환 능력을 심사하는 지표가 모두 적정해야 대출이 가능하기 때문에 경락 대출이 쉽지 않아 자기 자본이 많이 필요하다.

이런 내용으로『평범한 샐러리맨 투 잡 경매로 5년에 10억 벌다』라는 책을 발간하게 되었다.

그리고 수많은 경매 학원에서 강의 요청이 있었기에 필자는 강의가 적성에 잘 맞는다는 생각으로 지금까지 노후를 책임지는 부동산 투자법, NPL경매(新돈의보감, NPL 知테크: 아는 만큼 더(加) 번다), 신(神)의 재테크 GPL실전 투자법, 돈 되는 재개발 재건축 리모델링 투자법 등의 강의를 하며 수천 명의 제자와 인연을 맺었다. 이렇게 인연을 맺은 제자들과『이상준 박사 NPL 투자연구소』(https://cafe.daum.net/happy-banker)의 수강생들을 신흥 부자로 탄생시키고 있다.

필자의 강의를 수강한 사람들(3천여 명)은 변호사, 의사, 한의사, 회계사, 세무사, 퇴직 지점장, 현직 지점장, 공무원, 대기업 임직원, 평범한 주부들이다. 제주도, 경남 진주, 부산, 전남 완도, 강원도, 익산, 경기도, 수도권 등 다양한 지역의 수강생들이 강의를 듣고 있다.

정규 강의를 마치고 필자는 매 기수 수강생에게 이런 문자를 보낸다.

"수강생 여러분, 그동안 수고 많으셨습니다. 이제 여러분의 이름을 떠올리면 얼굴이 생각납니다. 그동안 정도 들었는데 마지막 주 강의를 마치고 점심식사를 대접해야 했습니다. 코로나19 사회적 거리 두기 캠페인에 동참하기 위해 같이 식사하지 못해 못내 아쉬웠습니다. 하지만 개별적으로 시간을 같이 할 기회들이 있을 것이라는 생각이 듭니다.

수강생 여러분! 100미터 상공에서 안전장치 없이 용접 일을 하던 사람이 집에 도착할 즈음 트럭에 치어 죽었습니다. '원칙대로 해서 부자 된 사람이 있었을까요?'라고 생각하는 사람들이 있을 수 있습니다. 하지만 우리가 학습한 투자 방법으로 원칙대로 해서 가난으로부터 벗어날 수 있습니다.

비행기 타다 죽을 확률보다 말 타다 죽을 확률이 더 높다고 합니다.

돈은 인격체입니다. 돈을 귀하게 여기고 존중한다면 돈도 그 사람을 따라 움직입니다.

똑 같은 1천만 원, 1억 원 등 액면의 돈도 결코 같은 돈이 아니기 때문입니다.

돈은 벌게 된 방식에 따라 성격과 성향이 다르기 때문에 돈마다 품성이 다르다고 합니다.

고된 노동으로 일궈낸 종자돈, 로또 당첨금, 카지노에서 딴 돈, 저축으로 이뤄낸 종잣돈, 돈의 주인은 벌어들인 돈의 성향에 따라 함부로 아무 곳에 사용하지 못하게 됩니다.

일 년에 수입이 5,000만 원인 사람이 있습니다.

매월 400만 원 버는 사람과 어떤 달은 1,000만 원 넘게 벌지만 어떤 달은 한 푼도 못 버는 사람의 현금 흐름이 다르기 때문입니다.

3분씩 숨을 몰아쉬기는 쉬워도 10분씩 몰아쉬기는 쉽지 않기 때

"사막이 아름다운 것은 그것이 어딘가에 우물을 감추고 있기 때문이야. 눈으로는 찾을 수 없어, 오직 마음으로 찾아야 해. 사람들은 어디에 있어? 사막은 조금 외롭구나. 사람들 속에서도 외롭기는 마찬가지야."

"내 비밀을 말해 줄게. 비밀은 아주 단순해. 그건 마음으로 보아야 잘 보인다는 거야. 가장 중요한 건 눈에는 보이지 않아."

"높은 히말라야 설산에 사는 토끼가 가장 조심해야 하는 것이 무엇인지 아니? 동상이 아니야. 평지에 사는 코끼리보다 자기가 크다고 착각하지 않는 것이지."

자신이 부자가 되는 일은 머리가 좋거나 능력이 있어서라고 착각하면 안 된다. 모든 일들은 항상 순리대로 돌아가지 않기 때문이다. 일과 사람 그리고 세상에서 가장 소중한 일이 무엇인지 혼동하지 말아야 부자가 될 수 있다.

돈의 속성은 무엇일까? "돈으로 구입하지 못하는 것이 없다."라고 한다.

우리 아이들에게 얼마든지 훌륭한 교육을 받게 하고, 선택의 자유를 줄 수 있으며, 돈을 벌기 위해 자신이 좋아하는 일을 포기하지 않게 하여도 된다.

돈을 생각해 보자. 우리가 입는 옷과 음식은 누가 주는 것일까? 내가 시간을 들인 노동의 대가일까? 아니면 남이 내 호주머니에 돈을 넣어 준 것일까? 돈은 땀을 흘려야 값진 것일까? 아이디어와 콘텐츠를 제공하거나 플랫폼을 만들어 수수료 명목으로 얻은 돈은 빛나지 않고 값이 없는 것일까?

우리가 먹는 음식은 다른 사람의 시간을 먹는 것이라고 한다. 요리를 해주는 요리사의 시간과 노동, 정성들여 재료를 재배하는 농부의 시간을 먹는 것이기에 우리의 삶은 시간을 먹는 것이다. 결국 시간이 돈이다. 사람마다 벌어들이는 수입이 각자 다르다. 그 사람이 제공하는 시간이 가치를 만든다. 바쁘거나 시간이 없다는 표현은 가치를 부여하지 않는 핑계에 지나지 않는다. 우리에게 주어진 삶에서 먹고 사용하는 모든 사물은 시간을 먹고 산다.

모든 위기는 기회를 동반한다. 위기는 산불과 흡사하다. 산불 자체는 위험하지만 오래된 나무를 일거에 없애고 새로운 숲이 조성되는 놀라운 기회를 제공한다. 산불을 좋아하거나 일어나는 것을 바라는 사람은 없다. 그래도 산불은 세상을 위해 숲을 재생한다. 짐 로저스는 '최악의 산불이라 하더라도 위기(危機)는 위협뿐만 아니라, 더불어 따라 오는 새로운 기회가 생긴다.'고 했다.

우리의 목표는 돈을 버는 것이 아니다. 우리가 선택하는 모든 기회와 노력은 더 좋은 세상, 함께 잘 살아가는 것을 위한 것이다.
개인의 이익 대신 세상과 공존하며 더 좋은 가치를 창출하는 데 집중하다 보면 자연스럽게 따라오는 것이 바로 매출과 이익이다.

경영 철학이 있는 스티브 잡스가 세계적인 부호의 순위에 오른 이유일 것이다. 자본주의 경제의 '낙수 효과'는 돈이 저절로 높은 곳에서 낮은 곳으로 흘러 주변에 퍼져 그 나라의 경제 성장이 세상을 더욱 정의롭고 평등하게 만드는 것이다.

끝으로, 1082년 소동파가 유배지인 후베이 성(湖北) 황저우(黃州)의 장 강(長江: 양쯔 강)에 배를 띄워 적벽에서 선유하면서 표현했던 우화이등선(羽化而登仙)이라는 문구처럼 세속을 벗어나 몸에 날개가 돋아 신선이 되어 날아오르는 것 같은 삶이 독자 여러분들과 함께 하시길 갈망합니다.

이 글을 읽는 모든 독자와 가족 지인들 모두에게 온갖 복이 함께 이르고, 온갖 상서로움이 몰려들어 천 가지 만 가지의 좋은 일들이 구름처럼 모여 부자가 되기를 희망합니다.

— 千祥雲集(천양운집)

# 우리 스스로 명품이 되자

"오늘 죽을 것처럼 살아가고, 평생을 살 것처럼 공부하자." 필자의 좌우명이다.

"분주하게 돌아가는 세상, 나는 과연 최선을 다하는 것일까? 최선을 다하지 않았다면 그 이유가 무엇일까? 왜 많은 사람들은 행복하지 못할까? 가진 것에 만족하며 주어진 삶을 사랑하면 행복할 텐데 사람들은 왜? 만족하지 못할까?" 필자는 궁금한 게 많다.

철학자의 첫 번째 관문은 질문이다.

부정적인 사람은 "왜? 나한테만 이런 일이?"

긍정적인 사람은 "왜 나한테 기적 같은 일이 매일 일어나는 것일까?"라고 생각한다.

이 두 사람이 이렇게 생각하는 이유는 어디에 있을까?

필자는 자라온 환경에서 얻어진 지혜라고 말하고 싶다.

필자는 중학교 1학년 여름. 빚만 남기고 갑작스럽게 세상을 떠난 아버지 때문에 지독히도 가난한 유년시절을 보냈다. 먹을 것이 없어 칡뿌리, 민들레, 쑥으로 배를 채우고 살았던 적도 있었다. 강아지, 토끼, 병아리, 돼지새끼를 키우며 어렵게 삶을 영위하다 초등학교(당시 국민학교)에 들어갔는데 운동부에 들어가면 훈련을 마치고 라면과 계란을 먹을 수 있어서 육상부에 들어가 굶주린 배를 채웠다.

중학교에 입학하기 전 하룻밤 사이에 이 글을 만들고 머리가 하얗게 세었다고 하여 '백수문(白首文)'이라고도 하는 천자문과 고시(古詩)를 독파하기 시작하면서 학문에 심취했다. 국가대표 선수가 되라는 주위에 기대를 뒤로하고 인간이 살아가는 데 있어 중요한 인생관과 세계관을 탐구하는 학문인 철학(哲學)과 고전(古典)에 빠져들었다. 남송 때 주희가 말한 것처럼 책을 읽을 때, 口到(구도)로서 입으로 소리를 내어 읽고, 眼到(안도)로서 눈으로 읽으며, 心到(심도)로서 마음을 집중하여 책을 제대로 이해하는 독서삼도(讀書三到)를 실천하였다.

이렇게 『논어』, 『맹자』, 『대학』, 『중용』, 『시경』, 『서경』, 『역경』, 『연해자평정해』, 『격암유록』 등을 공부하고 삶에 큰 깨달음을 얻었다.

20대 초반 우연히 인천 자유공원에 놀러 갔다가 인생의 두 번째 스승 '조 선생'을 만나 명리학(命理學)의 3대 원전(原典) 중 하나인 『연해자평(淵海子平)』, 즉 송(宋)의 동재(東齋) 서승(徐升)이 편찬하고 명(明)의 죽정(竹亭), 양종(楊淙)이 증교(增校)한 명리학 교본을 선물로 받았다. 스승님이신 조 선생께서 이 책을 선물로 주시면서 "100번을 읽으면 깊은 바다를 들여다보듯 사람의 과거, 현재, 미래가 보일 것이다."라고 하셨다. 처음 이 책을 접했을 때 글 전체가 한자로 되어 있어서 1번 읽는 데 꼬박 3개월이 걸렸다. 이 책은 육십갑자의 이해를 돕는 서적이었다.

처음부터 논리적으로 배우지 않으면 배움이 모래 위에 집을 짓는 상이라 곧 허물어지니 제대로 배우라고 스승님은 말씀해 주셨다. 조 선생님은 의사였는데 사람의 오장육부를 들여다보니 그 사람의 과거, 현재, 미래를 배우고 싶어 공부를 시작했다 한다. 30년 전 당시 필자가 찾아갔을 때 수많은 국회의원들이 국정과 자신의 정치 운명을 알아보기 위해 스승인 조 선생님을 찾아오고 있었다. "내가 제자를 키우지 않지만 자네 눈빛이 선해 보여 이 책과 사주 명리학을 가르쳐 주겠네."라고 하신 말씀이 아직도 귓가에 맴돌고 있다.

두보(杜甫)의 시 〈증위좌승(贈韋左丞)〉에, "만 권의 책을 독파하고 나니 붓을 들어 글을 짓는 것이 신들린 것 같더라(讀書破萬卷 下筆如有神)"고 했다. 본인의 공부를 술회한 것처럼 독서파만권 하필약유신(讀書破萬卷 下筆若有神) 이후 다양한 글을 집필했지만 그 흔적은 가난 때문에 어디에 있는지 알 수가 없었다.

필자는 고등학교 입학 당시 인문계를 포기하고 실업계 상고에 입학하게 된다. 고등학교에 입학 후 철학과 인문학에 심취해서 당시 친구들로부터 '공자'라는 별명을 듣고 살았다. 고3때 집안 생활비를 대주시던 형님이 교통사고로 사망하자, 실의에 빠져 고등학교를 졸업하고 바로 군에 입대하였다.

필자는 강원도 최전방 강원도 인제군 원통면 서화리 민통선에서 군인 시절을 보냈는데 민간인을 볼 수 없는 곳이었다. 많은 선임병들에게 연애편지와 대대장 연설문을 써주고 군대 내에서는 '문학소년'이라는 별명을 얻었다. 필자가 쓴 연설문으로 '반공의 날'에 웅변대회에서 최우수상을 받아 특별휴가를 받기도 하였다.

군대를 제대하고 동양철학과 서양철학을 독파하다 생계를 위해 서울 종로시험센터에 들렀다가 우연히 신문으로 신입행원 모집시험을 보고 영어, 상식, 수산개론, 시험을 보고 차석으로 입행했다. 입행 시 쓴 자기소개서는 화제가 되었다. 어떻게 이런 인재가 우리 직장에 들어 왔냐며 소문이 퍼졌다.

그냥 평상시 올바른 생각과 인성으로 책을 많이 읽었을 뿐이었는데….

입사 후 못다 한 공부를 위해 서울 고척동 누나 집에서 출퇴근을 하며 주경야독(晝耕夜讀)하였다.

낮에는 일하고 밤에는 글을 읽으며 바쁘고 어려운 중에도 꿋꿋이 공부했다.

　처음 입사 후 직장상사는 업무가 끝나면 매일같이 술집에 데리고 다니며 술을 가르쳤다. 처음에는 왜 이렇게 쓰디 쓴 소주를 마시며 사람들은 즐거워하는 것일까? 이해를 못했지만 아버지의 피는 속일 수가 없었다. 그렇게 술 마시며 즐기느라 잠시 공부를 게을리하며 10년을 허송세월로 보냈다.

　"야~ 상준아 넌 뭘 그렇게 세상 어렵게 사냐! 뭔 공부야, 그냥 인생을 즐기며 살아, 이 형을 봐, 재미있게 인생을 풍미하여 세월을 낚으며 노래도 부르며 즐겁게 살잖아~ 우리 아우도 힘들게 세상 살지 말고 즐기며 살아. 언제 어떻게 될지가 모르는 게 인생이야~" 직장 상사의 이런 말을 듣고 이 사람이라면 승진도 시켜주고 직장에서 성공도 하겠구나 싶어, 술과 풍류를 즐기며 10년을 보냈다. 그러던 중 필자를 승진 시켜줄 것 같았던 과장, 지점장은 직장을 용퇴하고 나갔다. 필자는 어이가 없었다. "이 사람의 말을 듣고 덧없이 흘려보낸 10년의 삶을 누구도 보상해 주지 않는구나~" 통곡을 했다.

　작년 이분의 딸이 수원에서 결혼식을 올려 참석하였다. 그리고 이 이야기를 다시 꺼내자, "전혀 기억이 없는데."라고 말씀하신다. "누가 내 인생을 살아주거나 보장해 주지는 않는다." 다시 한 번 누굴 탓해봐야 자신만 손해라는 것을 깨달았다. 이 선배 지점장의 퇴직 후 결심을 했다. 후회 없는 삶을 살아야겠다고.

　어려서 같이 자란, 동아일보 부장으로 근무하는 친구가 필자 집 주변에 직장동료 문상하러 온 적이 있었다. 병원 장례식장 커피숍에서 필자에게 들려준 충격적인 이야기를 통해 필자는 다시 태어났다. 표고버섯은 참나무를 두들겨서 종균을 깨어 주어야 버섯이 자란다고 하듯이, 참나무가 망치에 충격을 받은 느낌으로 정신이 번쩍 들었다. 그 이후 주경야독으로 시작한 공부로 야간대학을 졸업하고 곧바로 대학원에서 박사 학위를 받았다. 필자가 대학교와 대학원에서 강의를 하다 보면, 어려서 광주상고, 경기상고, 이리상고 등을 졸업하고 은행이나 대기업에 다니면서 야간대학을 졸업하고 박사 학위까지 취득하는 샐러리맨을 많이 본다. 참 본받을 만한 일이다. 공부는 결코 우리 인생을 배반하지 않기 때문이다.

　직장생활과 공부를 병행하며 성공해 가는 필자를 좋아하고 축하해 주고 반기는 직장동료는 많지 않았다. 음해하는 직원으로 인하여 입사 20년 만에 평직원으로 발령이 났다. 입사 동료는 지점장을 달고 있었는데 말이다. 필자는 주경야독으로 야간대학에서 경제학과 경영학을 공부하고 졸업했다. 일은 점점 늘고 해야 할 공부는 쌓여서 주경야독을 하며 대학원에서 국제금융 MBA를 졸업하고 박사 학위를 취득하였다.

　필자는 '인생 수업'으로 수많은 지식과 지혜와 지성을 일깨워 주며 다양한 연령대의 사람들과 소통하며 인문학을 전파하고 있다.

도서관과 유튜브로 수많은 현자를 만나고 버거운 삶을 살아가는 청소년들에게 인문학으로 지금까지 살아온 삶과 앞으로 살면서 겪게 될 아픔 또한 인생이라는 것을 일깨워 주고 새로운 길을 열어주고 있다. 꿈을 잃은 수많은 사람들에게 새로운, 자신만의 길을 찾게 해주고, 방황하는 아이들이 던지는 질문에 우문현답으로 삶의 지혜를 얻게 해주고 싶다.

코로나19로 인하여 비대면 거래와 온라인 소통이 가능한 시대가 되었다. 사람과 사람 사이에 벌어지는 다양한 감동적인 이야기와 매일 매일 새롭게 태어나는 삶으로 인문학의 길을 안내하고 있다.

개개인의 간절한 꿈과 열정적인 실천에 따라 결과는 반드시 따라올 것이다.

살다 보면 세상에 노력하지 않아도 얻어지는 일이 있을 수 있다. 그러나 진심을 다해 열정을 가지고 지속적으로 노력해야만 원하는 것을 얻을 수 있음을 알게 될 것이다. 우리 인생은 내가 만들어 가는 것이다. 수영할 줄 모르는 사람이 수영장을 바꾼다고 수영을 잘하게 되지 않을 것이다. 도전하기 싫은 사람이 도구를 바꾸거나 직장을 옮긴다고 근본적인 문제해결이 되지 않으며, 건강하지 않은 사람이 비싼 약을 먹는다고 병이 낫지 않는다. 모든 문제의 근원은 우리 자신에게 있다. 우리 마음에 긍정과 희망 그리고 열정이 있다면 원하는 것은 무엇이든 얻을 수 있을 것이다.

독자 여러분!

지혜롭게 사는 것은 소중한 것들을 잘 헤아릴 줄 아는 것입니다. 이것은 마치 끝없는 샘물은 퍼먹을수록 더욱더 깨끗한 물이 지속적으로 샘솟는 것과 같습니다. 인문학이 그렇습니다.

어떤 사람은 매일 성경책을 읽고 필사를 합니다. 또 어떤 이는 불경을 읽으며 자신을 수양합니다. 그러나 대부분의 사람은 목표를 향해 불타는 열정으로 질주합니다. 목표와 희망은 자신감을 불러일으키고 확실한 결정을 내리도록 스스로를 돕습니다.

인문학은 사람과 사람 사이에 논리적으로 해석하기 어려운 '옹달샘'과 같은 것입니다.

우리들은 수양하는 도인이 아니기 때문에 욕심이 생깁니다. 꿈과 목표를 위해 더 멀리 그리고 더 빨리 더 많은 것을 얻기 위해서는 경쟁을 하게 되고 자신도 모르게 타인에게 피해를 주거나 정신적으로 힘들게 하기도 합니다.

이 세상에 가장 중요한 것은 내가 어디에 있는가가 아니라 어느 쪽을 향해 가고 있는가를 파악하는 것입니다. 실천은 생각에서 나오는 것이 아니라 잘 준비할 때 이루어집니다.

살다 보면 세상에 노력하지 않아도 얻어지는 일이 있을 수 있습니다. 그러나 진심을 다한 열정으로 지속적으로 노력해야만 원하는 것을 얻을 수 있다는 것을 알게 될 것입니다. 우리 인생은 내가 만들어 갑니다.

수영할 줄 모르는 사람이 수영장을 바꾼다고 해결되지 않습니다. 도전하기 싫은 사람은 도구를 바꾸거나 직장을 옮긴다고 해결되지 않으며, 건강하지 않은 사람은 비싼 약을 먹는다고 병이 낫지 않습니다. 모든 문제의 근원은 우리 자신에게 있습니다. 우리 마음에 긍정과 희망 그리고 열정이 있다면 원하시는 무엇이든 얻을 수 있게 될 것입니다.

현자에게 배우는 인문학과 진리로 우주를 품을 수 있는 넓은 마음의 능력자가 됩시다. 결국 새로운 삶에서 올바른 방향으로 밝은 세상을 보는 능력을 키우는 힘이 바로 '교양 있는 인생수업의 힘'입니다.

다양한 언어와 문화를 소재로 하는 인문학의 범주는 생각보다 크고 깊습니다. 인간의 에너지 파장을 학문으로 풀어내기란 여간 쉬운 일이 아니기 때문입니다. 인문학 수업은 어렵고 복잡한 책을 읽어야만 얻을 수 있는 것은 아닙니다. 필자는 드넓은 우주 속 사막의 모래먼지부터 깊은 수심 속 지혜의 바다에 이르기까지 오늘을 살아가는 우리가 한번쯤 곱씹어야 할 인문학 이야기를 엮어서 유용한 인생수업으로 골라 적었습니다.

거미가 거미줄을 풀어내듯 흥미롭고 감동적인 이야기로 풀어내는 인문학 이야기, 고전으로 배우는 인생수업, 세상에서 가장 쉽게 배우는 인문학 인생 수업은 우리 삶에 희망이 됩니다. 다시 한 번 새로운 꿈을 꾸고 도전하기 바랍니다.

부정 대신에 긍정을! 절망 대신에 희망을!

독자여러분!
"남을 돕는다고 하면 보통 사람은 자신을 희생한다고 하지만 사실 남을 도울 때 최고의 행복을 얻는 것은 자기 자신이다."라는 달라이 라마의 말을 기억하고 모두 부자가 되어 어둡고 그늘진 이웃에게 손을 내밀고 이 사회의 마중물이 되어 주시기 바랍니다.

끝으로 "자기 자신의 주장을 굽힐 줄 아는 겸손한 사람은 많은 사람을 얻어 중요한 위치에 오를 수 있으며, 남에게 지는 것을 싫어하고 남을 이기기만 좋아하는 사람은 반드시 적을 만나게 될 것이다."라는 『명심보감』의 글을 가슴속에 새기어 주변의 많은 사람들로부터 존경받는 삶을 살아주세요.

이 글을 읽는 모든 독자들이 희망과 사랑과 감동이 있는 아름다운 인생을 향해 한 발 더 다가서기 바랍니다. 어려운 시기를 불평

불만 없이 아빠를 믿어주고 함께해준 사랑하는 우리 쌍둥이 딸 수지, 수민에게 이 책을 바칩니다. 감사합니다.


이상준(靑翼–푸른날개) 드림

출간 후기

◇◇◇◇◇◇◇

# 여러분의 삶에도
# 매일 지혜와 지성이 한 줄씩 쌓여
# 성공으로 가 닿을 수 있기를 기원합니다

**- 권 선 복**
(도서출판 행복에너지 대표)

오늘날 인문학은 경제학이나 심리학 등 다양한 분야에 걸쳐 전 방위적인 학문의 토대가 되었습니다. 따라서 문학·역사·철학 외에 경제학뿐 아니라 건축학이나 수학 등 이른바 이공계 학문도 그 근원에는 인문학의 요소가 있다고 할 수 있습니다. 즉 인간의 삶을 위한 모든 학문에는 인문학적 바탕이 깔려 있는 것입니다. 저자 이상준 님은 이러한 인문학을 토대로 부의 가치와 부를 이루는 방법에 대해 이야기하고 있습니다.

저자는 책에서 이렇게 말합니다. 세상을 객관적으로 바라보고 해석하는 힘을 얻으려면 인문학적 소양을 쌓아야 한다고 말입니다. 이처럼 저자는 어렵고 복잡한 인문학이 아닌 우리 주변에서 일어나는 소소한 이야기에 고전을 접목시켜 친근하고 실용적인 인문학의 세계로 우리의 삶을 현자의 길로 밝게 안내하고 있습니다. 뿐만 아니라 경제학과 부의 이야기를 접목시킴으로서 성공으로 향하는 길을 제시하고 있습니다.

우리의 삶을 만들어가는 것은 지혜와 지성입니다. 이 책은 가볍게 읽히면서도 지혜와 지성을 얻을 수 있는 인문학 교양서라고 할 수 있습니다. 읽어나갈수록 성공의 자리에 가까워지는 걸 느낄 수 있을 것입니다. 사람의 미래는 자신이 생각하는 비전과 간절한 꿈에 의해 결정됩니다. 이 책을 읽는 여러분의 삶에도 지혜와 지성이 매일 한 줄 한 줄 쌓여 성공으로 가 닿을 수 있기를 기원합니다.